원리와 실무 중심의

# 통계적 사고 방법

고승곤 지음

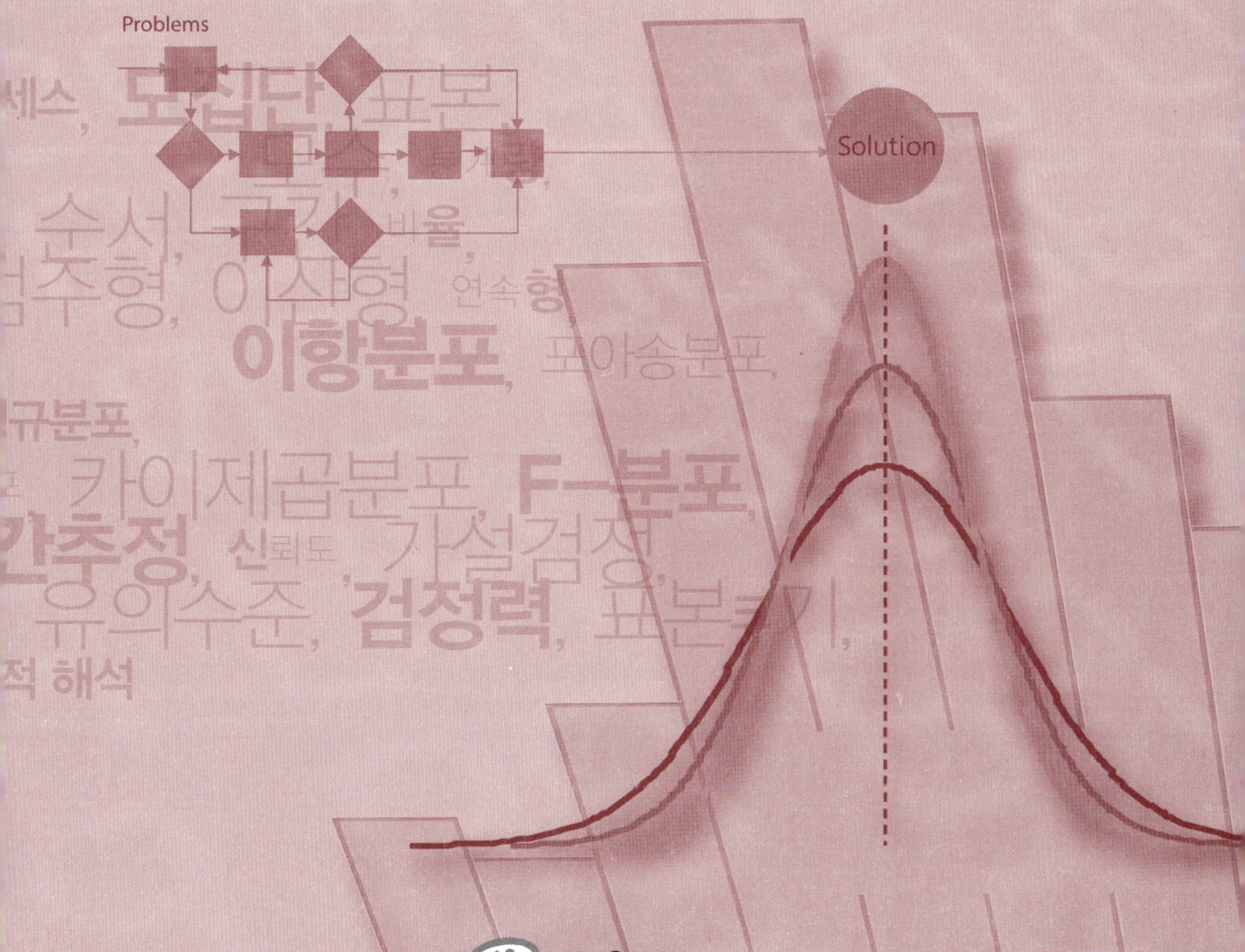


교우사

# 시작하며

통계학이란 이제 더 이상 강의실에서만 논의되는 학문이 아니다. 현장에서는 끊임없이 새로운 데이터가 수집되고 이를 통하여 새로운 사실들을 찾고자 노력한다. 경영자와 관리자들은 「데이터를 보자」, 「통계를 써라」라며 실무자들에게 요구하고 실무자들은 분야를 막론하고 데이터와 씨름하고 있다.

이 책은 실제 현장에서 데이터를 다루는 실무자와 경영자 그리고 올바른 통계 분석 도구를 사용하기 전에 반드시 이해해야 할 통계적 상식을 설명하고자 하였다. 통계 전공자들은 자신이 배운 이론의 원리를 검토해복 통계 분석 도구들의 유용성에 대하여 다시 한번 생각해 보는 기회를 제공할 것이라고 믿는다.

기업 현장에서 실무자들의 교육 프로그램을 구성한다면 약 34시간 정도면 충분히 소화할 수 있다. 대학교에서 경영학, 교육학, 심리학 등의 분야에서 교양 강좌로 사용한다면 한 학기면 충분히 소화할 수 있다. 책을 쓰게된 동기가 통계적 사고 방법을 위한 개념을 설명하고자 하였으므로 별도의 통계소프트웨어는 포함하지 않았다. 하지만 Minitab, SAS, SPSS, R과 같은 통계 소프트웨어를 이용한 실습을 병행한다면 더 효과가 있을 것이라 생각된다.

지난 20년간 실무자들과 데이터와 씨름하면서 그들이 궁금해 하던 부분을 가능하면 쉽게 설명하려고 노력하였으나 설명이 부족하거나 뜻하지 않은 오류가 있을 수 있을 것이다. 이는 앞으로의 노력과 연구를 통하여 보완해 나갈 것을 약속드리며, 이 책의 출판을 흔쾌히 허락해 주신 교우사 오판근 사장님께 깊은 감사를 드린다.

부디 이러한 시도가 실무자들과 통계 비전공자분들에게 통계분석의 도구를 「올바로」사용할 수 있는 방향을 제시할 수 있기를 기대해 본다.

2014. 12

저자 고 승곤

# 차 례


■ 시작하며 III

## 제 1 장. 개요와 준비 1

1.1 데이터, 통계 그리고 통계학 3
1.2 올바른 데이터의 수집 6
1.3 통계적 의사결정 15
연습문제 23

## 제 2 장. 측정 척도와 데이터의 유형 25

2.1 개요 27
2.2 측정 척도 28
2.3 측정 활동 31
2.4 데이터의 유형 34
2.5 데이터 레쥬메와 새로운 데이터 생성 38
연습문제 46

## 제 3 장. 관심 특성과 확률 변수 47

3.1 개요 49
3.2 시행, 결과, 표본공간 그리고 확률 49
3.3 관심 특성과 확률 변수 55
3.4 확률분포의 도출 58
연습문제 61

## 제 4 장. 이산형 확률분포 63


4.1 개요 65
4.2 이항 분포 66
4.3 포아송 분포 75
4.4 포아송 분포의 실무적 응용 81
연습문제 85


## 제 5 장. 연속형 확률분포 87


5.1 개요 89
5.2 연속형 확률분포의 특징 91
5.3 정규 분포 99
5.4 정규 분포의 실무적 해석 107
연습문제 112


## 제 6 장. 추정량, 표본분포 그리고 통계적 추론 113


6.1 개요 115
6.2 바람직한 추정량의 조건 116
6.3 표본평균의 표본분포 120
6.4 표본 분산의 표본분포 125
6.5 유용한 표본분포 130
    6.5.1 카이제곱 분포 132
    6.5.2 t-분포 137
    6.5.3 F-분포 143
6.6 통계적 추론의 필요성과 한계 149
연습문제 155

## 제 7 장. 구간 추정 157

7.1 개요 159
7.2 구간 추정의 원리 160
7.3 모평균의 차이 166
    7.3.1 상호 독립인 두 집단 167
    7.3.2 쌍체 집단 174
7.4 모분산과 모분산의 비 178
    7.4.1 모분산 179
    7.4.2 모분산의 비 181
7.5 모비율과 모비율의 차이 183
    7.5.1 모비율 184
    7.5.2 모비율의 차이 188
연습문제 190

## 제 8 장. 가설 검정 191

8.1 개요 193
8.2 가설 검정의 원리 195
8.3 모평균의 차이 204
    8.3.1 상호독립 집단 204
    8.3.2 쌍체 집단 212
8.4 모분산과 모분산의 비 215
    8.4.1 모분산 215
    8.4.2 모분산의 비 218
8.5 모비율과 모비율의 차이 221
    8.5.1 모비율 221
    8.5.2 모비율의 차이 223
연습문제 226

## 제 9 장. 검정력과 표본 크기의 결정 227

9.1 개요 229
9.2 표본 크기 결정의 원리 230
9.3 모평균의 차이 234
9.4 모분산과 모분산의 비 238
9.4.1 모분산 238
9.4.2 모분산의 비 238
9.5 모비율과 모비율의 차이 243
9.5.1 모비율 243
9.5.2 모비율의 차이 245
9.6 실무적 고려 사항 249

## 제 10 장. 기초적인 통계 분석의 도구 소개 251

10.1 정리 253
10.2 기초적인 통계분석의 도구 254
10.3 실무적 고려 사항 256

## [부록] 통계분포 표 259

I. 표준 정규분포 표
II. 카이제곱($\chi^2$)분포 표
III. $t$-분포 표
IV. $F$-분포 표

# 그림 차례

[그림 1.1] 실무 현장과 통계적 전략/전술/실행 방법 6
[그림 1.2] SIPOC와 COPIS의 차이점 8
[그림 1.3] 구매 프로세스에 대한 프로세스 맵핑(예) 9
[그림 1.4] 활동 A와 B에 대한 그래프와 중요 요약값 11
[그림 1.5] 합리적인 의사 결정을 위한 실무적 조건 12
[그림 1.6] 데이터 요약 결과(A)와 이를 이용한 확률 분포(B) 14
[그림 1.7] 통계적 의사결정의 절차 16
[그림 1.8] 3개 중에서 2개를 임의 추출했을 경우의 모수와 통계량 20
25
[그림 2.1] 측정 척도와 데이터 유형의 중요성 27
[그림 2.2] 4 가지 측정 척도와 가능한 정보의 종류 28
[그림 2.3] 측정의 정밀성 확인 : 반복성과 재현성 33
[그림 2.4] 측정 척도와 데이터의 유형 35
[그림 2.5] 데이터 레쥬메 작성시 고려 사항 39
[그림 2.6] 데이터 빌딩을 위한 통계적 방법 42
[그림 2.7] 승변환 함수 44

[그림 3.1] MECE에 의한 논리적 구조화 52
[그림 3.2] 수학적 확률과 시행 횟수별 통계적 확률 54
[그림 3.3] 2 개의 주사위를 던졌을 때 나타나는 표본 공간과 확률변수 56
[그림 3.4] 연속형 확률분포 도출을 위한 실무적 고려 사항 59

[그림 4.1] $Bin(4, \pi)$에서 $Y=2$일 확률 68
[그림 4.2] $n=10, 30, 50$인 경우, $\pi(0<\pi<1)$에 따른 $Y$의 분산 70
[그림 4.3] $n=30,\ p=0.2, 0.5, 0.8$인 이항 분포의 확률구조 그리고
평균과 분산 71
[그림 4.4] 주문 업무 (A)와 (B)의 확률분포 74

[그림 4.5] $\lambda = 1, 5, 10, 15, 20$을 갖는 포아송 분포에서 관찰된 결점의 수 : $n = 100$의 포아송 확률 난수 77
[그림 4.6] 포아송 분포 : $\lambda = 1, 5, 10$인 포아송 분포의 확률구조 그리고 평균과 분산 78
[그림 4.7] $(n, \pi)$와 $n\pi$간의 관계 79

[그림 5.1] 동일 대상에 대한 서로 다른 측정 장비에 의한 측정 89
[그림 5.2] 표본의 히스토그램과 모집단의 확률분포 95
[그림 5.3] 형태, 위치, 척도에 따른 연속형 확률분포 97
[그림 5.4] 모평균 또는 모분산의 변화에 따른 정규분포의 확률밀도 함수 101
[그림 5.5] 정규분포 과 표준 정규분포 102
[그림 5.6] 표준 정규분포의 확률밀도 함수와 누적분포 함수 107

[그림 6.1] 각 표본별 서로 다른 추정량 A, B, C, D, E의 분포 119
[그림 6.2] $Y \sim N(100, 10^2)$으로부터 $n = 5, 10$개의 표본을 선택하는 경우 120
[그림 6.3] $n = 5, 15, 30, 50$일 때, 표본평균의 확률 구조 122
[그림 6.4] 표본 크기($n$)에 따른 표본평균의 표준오차 124
[그림 6.5] 표본 $\{1, 2, 3, 4, 5\}$에 대한 $\sum_{i=1}^{n} (y_i - \bar{y})^2$의 의미 125
[그림 6.6] $\sigma^2 = 100$일 때 $\frac{1}{n}$(제곱합)과 $\frac{1}{n-1}$(제곱합)에 대한 빈도 구조 126
[그림 6.7] 표본 크기 $n = 5, 15, 30, 50$에 따른 표본분산의 빈도 구조 127
[그림 6.8] $\frac{1}{n-1}$(제곱합)의 불편성과 표본크기에 따른 $\frac{1}{n}$(제곱합)의 편의 128
[그림 6.9] 자유도 4, 14, 29, 49를 갖는 카이제곱 분포 133
[그림 6.10] 자유도에 따른 $t$-분포와 표준 정규분포 138
[그림 6.11] 하위 누적확률 0.95를 갖는 $t$-값과 z-값 138
[그림 6.12] 서로 다른 자유도 $(\nu_1, \nu_2)$에서의 $F$-분포의 형태 144
[그림 6.13] 점 추정, 구간 추정 그리고 가설 검정 150
[그림 6.14] 모집단 → 표본 → 데이터의 과정에서 발생 가능한 문제점 151

[그림 6.15] 실무적 문제와 통계적 문제 해결 절차 152

[그림 7.1] 표본 크기에 따른 표본 평균의 표본분포와 표준 오차 161
[그림 7.2] 표본 크기별 구간 추정 결과 : 95% 신뢰구간 161
[그림 7.3] 모평균과 가능한 표본평균들 162
[그림 7.4] 구간추정의 개념 163
[그림 7.5] 표준 정규분포를 이용한 구간의 한계 결정 164
[그림 7.6] 모평균은 동일하지만 모분산이 서로 다른 경우 178
[그림 7.7] 이항분포의 정규 근사 조건 : $\min[np, n(1-p)] \leq 5$ 186
[그림 7.8] 정규 근사에 의해 구해진 95% 신뢰구간의 길이 187

[그림 8.1] 유의수준과 의사 결정 기준 198
[그림 8.2] 유의수준과 $p$-값에 의한 의사결정 200
[그림 8.3] 유의수준 $\alpha$와 제 II 종의 오류 $\beta$ 201
[그림 8.4] $H_1$의 여러 가지 값에 대한 검정력 곡선 202
[그림 8.5] 표본 크기에 따른 검정력 곡선의 변화 203

[그림 9.1] 투입 자원과 의사결정의 유용성을 고려한 최적 표본 크기 229
[그림 9.2] 양측 가설의 유의 수준과 검정력 232
[그림 9.3] 검정력 판단 248

[그림 10.1] 기본적인 통계 분석의 도구 254

1
장

# 개요와 준비

## Why Statistical Thinking ?

### H. G. Wells

앞으로 언젠가 통계적 사고는 읽기와 쓰기처럼 현대인의 필수 조건이 될 것이다.

### R. A. Fisher

통계학이란 모집단 Population, 변동 Variation
그리고 차원의 축소 Dimension Reduction에 관한 학문이다.

---

### 학습 목표

- 통계적 사고의 필요성과 기본 원리를 이해한다.
- 비즈니스 프로세스와 데이터간의 관계를 이해한다.
- 기본적인 통계 용어를 이해한다.

---

### 차례

1.1 데이터, 통계 그리고 통계학
1.2 올바른 데이터의 수집
1.3 통계적 의사 결정

---

### 중요 용어

- 프로세스, 변동, 모집단, 표본, 모수, 통계량
  Process, Variation, Population, Sample, Parameter, Statistic

의미 있는 활동을 하는 모든 사람은 데이터를 수집한다. 예를 들어 중요한 약속을 지키기 위하여 출발 전에 시간을 확인하고, 운전 중에 연료 게이지를 확인하여 운행 가능한 거리를 예상한다. 학생이라면 열심히 공부하여 시험을 치르고 시험 점수를 통하여 성취도를 확인하고, 직장인이라면 주어진 기간에 업무를 완수하기 위하여 단계별로 진척 정도를 확인하고 연말이면 계량적인 측정을 통하여 성과를 평가받는다.

사실 모든 개인과 기업은 나름의 데이터를 측정한다. 그리고 이를 분석하여 중요한 사건에 대하여 합리적으로 행동하고자 노력한다. 또한 각 활동에 대한 판단 기준을 정교하게 보완하여 현재보다 더 좋은 개선 방향을 찾고자 노력한다. 이러한 과정은 기업의 경영, 사회의 진보 그리고 개인의 발전에 중요한 영향을 미친다.

그렇다면 누구나 데이터를 다룰 수 있어야 한다. 물론 일상적이고 익숙한 상황에서는 나름의 경험과 직관을 통해 판단 할 수 있다. 하지만 일상적이지 않거나 익숙하지 않거나 또는 일상적이고 익숙하더라도 자신이 원하는 결과에 중요한 영향을 미친다면 객관적인 사실을 수집하여 분석하고 이를 근거로 판단하는 것이 바람직하다.

# 1.1 데이터, 통계 그리고 통계학

Data, Statistic and Statistics

가장 근본적인 질문을 떠올려 보자. 왜 데이터^Data^를 언급하면 꼭 통계^Statistic^를 떠올리는가? 통계의 정의는 다음과 같다.

> **통계 Statistic**
> 특정 집단을 대상으로 조사 또는 실험에 의하여 구해진 결과에 대한 요약된 형태의 표현

통계란 데이터로부터 일정한 형태로 요약된 것을 말한다. 즉, 요약되어지는 재료가 데이터인 것이다. 위의 정의를 좀 더 자세히 확인해 보자.

- 특정 대상

  데이터가 수집되는 대상 - 사람, 사물, 사회, 기업 활동, 자연 현상 등 -을 의미한다. 이는 측정 계획과 데이터의 수집 방법에 따라 규모/크기가 클 수도 있고 작을 수도 있다. 하지만 반드시 통계를 이용하여 주장하고자 하는 목적/목표에 적합한 대상이어야 한다.

- 조사 또는 실험

  데이터의 수집 방법을 말한다. 일반적으로 조사란 어떠한 통제 또는 조정 없이 있는 그대로의 현상을 측정하는 것을 말하고, 실험이란 목적/목표에 적합하도록 환경의 일정 부분을 통제하면서 측정하는 것을 말한다. 예를 들어, 대한민국 국민들에게 교육 정책에 대한 지지 여부를 확인하고자 한다면 조사를 통하여 데이터가 수집될 것이고, 온도가 제품에 영향을 주는가를 확인하고자 한다면 온도 이외의 원인들이 제품에 영향을 주지 않도록 통제한 상태에서 온도 변화에 따른 제품 특성을 확인하는 실험을 통하여 데이터가 수집될 것이다.

- 요약된 형태

  요약이란 중요한 정보를 대부분 반영하면서 간단히 표현할 수 있어야 한다. 따라서 원하는 대상으로부터 수집된 데이터를 목적/목표에 적합하도록 간단한 숫자 또는 문자로 정리하게 되는데, 이때 다양한 통계적 요약 방법이 활용된다. 또한 도출된 결과를 쉽게 이해할 수 있도록 표나 그래프를 이용하여 표현하기도 한다.

원하는 목적 달성에 중요한 정보가 될 수 있는 통계를 도출하기 위하여 체계적으로 정리된 학문을 통계학Statistics이라고 한다. 이의 정의는 다음과 같다.

> **통계학 Statistics**
> 다양한 현장/활동에서 불확실한 현상을 대상으로 관찰된 데이터를 수집/정리하거나 데이터가 수집된 현상/대상을 표현하는 적절한 모형을 사용하여 객관적이고 합리적인 정보와 지식 그리고 결론을 얻고자 노력하는 실무자들의 학문 분야

19세기 이후 통계학은 천문학, 우생학, 농업 기술, 공업 기술, 경영학, 경제학, 사회학, 교육학, 심리학, 금융학 등의 다양한 실무 분야에서 연구되고 적용되어 왔다. 즉, 불확실한 상황에서 과거의 지식과 경험으로는 합리적인 판단을 할 수 없거나 새로운 사실이 간절히 필요한 실무자들의 노력으로 정돈되고 발전되어 왔다. 따라서 그 적용 분야와 연구 활동은 매우 다양하고 지금도 새로운 영역으로 확대되고 있다.[1)]

이 책에서는 통계학에 대한 학문적 접근보다는 경영/사회/기술 등의 기업 활동을 중심으로 목표에 적합한 데이터의 수집과 분석 그리고 이를 위한 체계적인 전략으로서 통계적 사고 방법을 다루고자 한다. 물론 이를 통하여 이해된 통계적 개념과 방법은 기업 활동이외의 분야에서도 동일하게 적용될 수 있다.

[그림 1.1]은 실무 현장에 대한 올바른 목표 설정과 데이터 수집 계획을 위한 전략Strategy으로서의 통계적 사고 방법, 이를 구현하기 위한 전술Tactics 로서의 실무적 적용 방법과 통계적 검증 그리고 그 실행Execution 방법으로써 데이터의 수집, 분석에 필요한 통계 분석 도구 간의 관계를 보여준다. 따라서 실무적으로 통계 분석 도구를 사용하기 전에 통계적 사고 방법과 통계적 검증에 대한 의미를 명확히 이해해야 할 필요가 있다.

---

1) 새 일반통계학, 고승곤 외 2명, 2004, 교우사

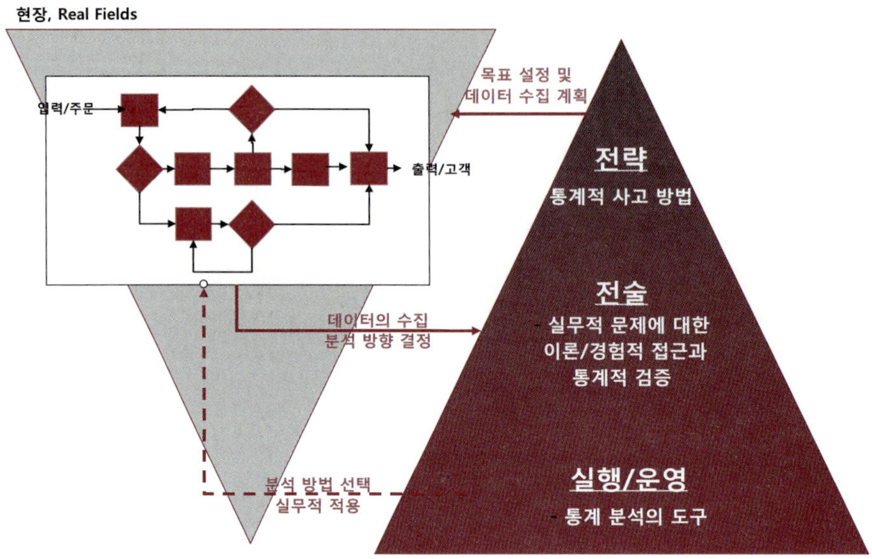


[그림 1.1] 실무 현장과 통계적 전략/전술/실행 방법

## 1.2 올바른 데이터의 수집

Collecting Meaningful Data

기업의 모든 활동은 현재까지 달성한 성과를 유지해야 할 뿐만 아니라 급변하는 시장에서 경쟁 우위를 지키기 위하여 끊임없이 개선되어야 한다. 이러한 점에서 중요한 활동에 대한 현상 파악 그리고 개선 요소의 결정을 위한 통계적 사고 방법은 필수적이라고 할 수 있다.

의미 있는 데이터를 수집하기 위해서는 먼저 그 목적/목표에 따라 측정해야 할 활동들을 명확히 정의해야 한다. 따라서 비즈니스 프로세스Business Process라고 부르는 일련의 활동들을 먼저 고려해야 한다.

프로세스Process란 다양한 분야에서 사용되고 있는 일반 용어 중의 하나이다. 예를 들어, IT 업계에서는 컴퓨터 내의 실행 프로그램 또는 작업의 흐름을 설명하고자 사용된다. 기술/공학 분야의 연구소 또는 생산 현장에서는 제품의 설계/생산을 위하여 진행되는 다양한 활동들을 일정 순서와 상호작용Interaction을 고려하여 효율적으로 나열한 모음을 의미한다.

경영학의 대가 피터 드러커Peter Drucker[2] 는 「누구나 프로세스를 갖는다.」라며 프로세스의 중요성을 강조하였고, 「측정되면 관리될 수 있다.」라는 말로 데이터를 강조하였다. 기업 활동의 진단과 개선을 위한 비즈니스 프로세스 또는 간단히 프로세스의 정의는 다음과 같다.

> **프로세스 (Business) Process**
> 특정 목표를 위하여 실행되는 활동들의 모임을 말하며, 평가, 관리 그리고 개선의 목적이 되는 대상

모든 활동은 그 자체가 하나의 프로세스이거나 특정 프로세스의 구성 요소이다. 예를 들어, 출근 활동을 생각해 보자. 출근을 위하여(**특정 목표**) 옷을 입고, 전철을 타고, 일정한 거리를 걸어서(**실행 활동들**) 회사에 도착한다. 그리고 지각을 하지 않기 위하여 도착 시간을 측정하고 (**평가**), 이를 지속적으로 유지하기 위하여(**관리**) 시간/장소별 적절한 교통수단과 최적 경로를 찾고자 노력(**개선**)한다.

목적에 적합한 데이터 수집을 위해서는 무엇보다 먼저 그 대상이 되는 프로세스를 명확히 이해해야 한다. 이는 통계적 분석의 유용성을 극대화할 수 있는 유일한 방법이기도 하다. 따라서 데이터를 수집하기 전에 프로세스와 그 주변 활동들을 명확히 정의하고 구분해 둘 필요가 있다. 상위 프로세스 맵Upper-level Process Map이라고 불리는 SIPOC는 이러한 요소들을 나열하고 명확히 구분하는데 도움이 된다.

---

2) Peter Drucker, 1909-2005, 미국 작가이자 경영학자, 스스로 '사회생태학자'라고 주장하였다.

**SIPOC(또는 COPIS)의 구성 요소**

- Supplier(공급자) : 입력을 제공하는 개인 또는 집단
- Input(입력) : 공급자에 의해 제공되는 유형/무형의 자원 또는 정보
- Process(프로세스) : 입력 자원/정보가 출력으로 변환되는 일련의 활동
- Output(출력) : 프로세스내의 활동들에 의하여 만들어지는 유형 또는 무형의 결과물
- Customer(고객) : 출력을 요구하거나 기대하는 개인, 집단 또는 활동

최근에는 SIPOC 요소들의 가치 흐름이 고객 중심Customer-Focused이어야 한다는 점을 강조하기 위하여 이를 COPIS라고 부르기도 한다. [그림 1.2]은 SIPOC와 COPIS의 차이점을 보여준다.

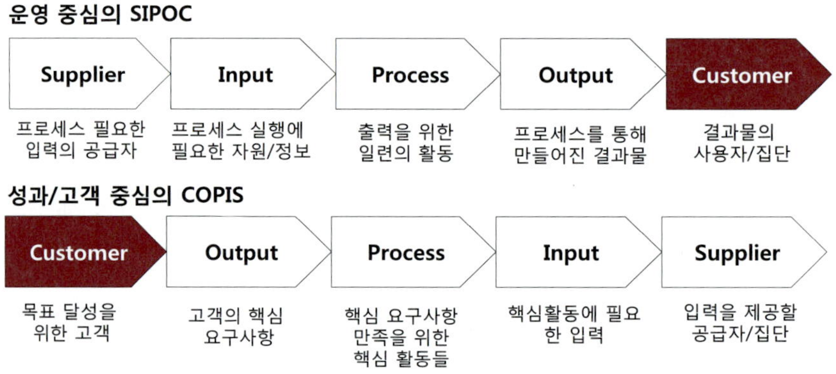


[그림 1.2] SIPOC와 COPIS의 차이점

SIPOC의 각 요소를 구별하고 절차에 따라 플로우 차트Flow Chart형식으로 도시하면 전체적인 가치 흐름을 이해하는데 도움이 된다. 이러한 활동을 프로세스 맵핑Process Mapping이라고 한다.

**프로세스 맵핑 Process Mapping**

관심 대상이 되는 전체 프로세스의 시작/끝을 명확히 정의하고 각 단계의 활동을 순서에 따라 나열한 도표

프로세스 맵핑은 다음의 표준 기호를 이용하여 작성한다.[3)]

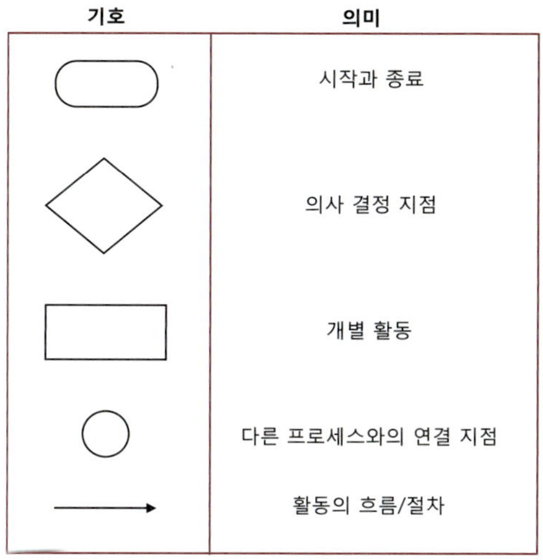


[그림 1.3]은 프로세스 맵핑의 간단한 예를 보여준다.

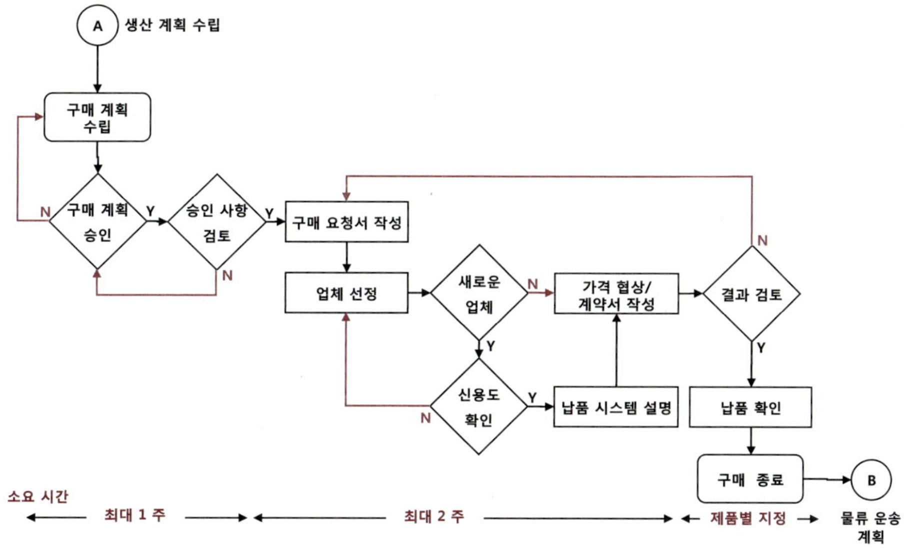


[그림 1.3] 구매 프로세스에 대한 프로세스 맵핑(예)

3) American National Standard Institute, www.ansi.org

프로세스 맵핑 결과로부터 진단과 개선이 필요한 활동을 구별하고 그 활동을 대표하는 중요 특성을 선정한 다음, 체계적인 측정 활동을 통하여 데이터를 수집한다면 프로세스의 현재 수준을 신속하고 정확하게 검토할 수 있을 뿐만 아니라 개선해야 할 문제점을 찾을 때도 도움이 된다. 물론 수집된 데이터를 이용하여 분석된 결과의 유용성 역시 높아진다.

### 예제 1.1

다음은 물류센터에서 진행되는 2 개의 중요 활동(A, B)에 대한 처리 시간(분)을 측정한 것이다. 각 활동은 임의로 선택된 10일 동안 조사되었다. 측정된 데이터를 그래프로 표현하면 [그림 1.4]과 같다.

| 활동 A | 1 | 2 | 3 | 4 | 5 | 6 | 7 | 8 | 9 | 10 |
|---|---|---|---|---|---|---|---|---|---|---|
| 시간 | 278 | 189 | 216 | 189 | 276 | 166 | 181 | 171 | 282 | 265 |

| 활동 B | 1 | 2 | 3 | 4 | 5 | 6 | 7 | 8 | 9 | 10 |
|---|---|---|---|---|---|---|---|---|---|---|
| 시간 | 204 | 217 | 220 | 215 | 81 | 167 | 225 | 191 | 208 | 202 |

다음의 기본적인 질문 사항에 대하여 각자 답변해 보도록 하자.

#### 기본적인 질문 사항

1. 각 활동 별로 어느 정도 시간이 소요되는가?(진단)
2. 두 활동 A와 B 중에서 어느 활동이 더 바람직한가?(비교)
3. 각 활동의 관리를 위하여 목표 시간을 설정한다면 어느 정도가 적절한가?(관리)
4. 주문 시간을 줄이고자 한다면 어느 활동이 개선 대상이 되는가?(개선)

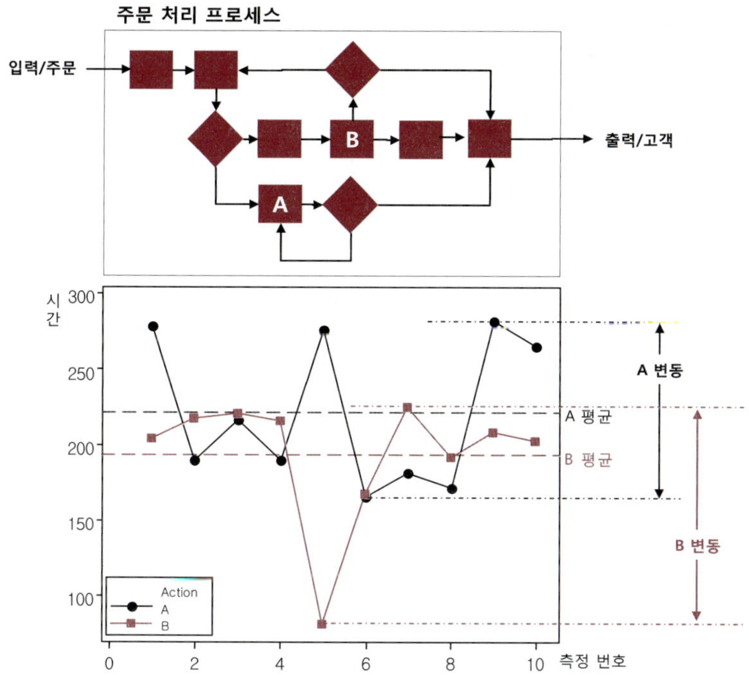


[그림 1.4] 활동 A와 B에 대한 그래프와 중요 요약값

[기본적인 질문사항]에 대하여 간단히 답할 수 있는가? 단순히 평균 또는 변동이 작다고 해서 바람직하다고 할 수 없다. 또는 10일의 결과를 이용하여 판단된 결과가 적절한 것인지도 의문이 생긴다. 만일 20일 동안 측정한다면 10일 동안 측정된 데이터와 동일한 판단을 할 수 있을 것인가? 만일 30일 동안 측정해 본다면 평균과 변동은 어떻게 변할 것인가? 어떤 질문에도 실제로 해 보기 전에 객관적으로 답하기 힘들다.

하지만 실무에서는 이러한 질문에 적절한 답을 할 수 있어야 한다. 즉, 주어진 데이터를 의미 있게 요약하고 비교할 수 있어야 한다. 그리고 그 결과를 이용하여 적절한 기준을 결정하고 관리할 수 있어야 한다. 이러한 과정에서 개선이 필요한 부분이 발견된다면 이에 대한 개선안을 실행할 수 있어야 한다. 그리고 마지막으로 실행하고자 하는 개선안에 대한 반작용은 없는지를 검증할 수 있어야 한다. 게다가 이러한 절차와 과정을 시점 별로 반복해야 할지도 모른다. 경영/사회/기술 분야에서 데이터를 이용하여 올바른 판단을 하기 위해서는 다음의 절차를 고려해야 한다. 이를 위하여 관련 분야에 대한 실무적인 지식과 함께 통계적 사고 방법과 통계분석 도구를 이해해야 한다.

**프로세스의 진단/개선을 위한 절차**

(1) 프로세스의 올바른 이해를 위한 프로세스 맵핑 실시
(2) 현재 수준 파악을 위한 데이터의 수집과 진단
(3) 바람직하지 않은 프로세스 내 활동(들)의 구별과 개선 목표 수립
(4) 개선 목표 달성을 위한 프로세스 개선
(5) 개선된 프로세스의 유지/관리

이러한 절차의 적용이 한 번에 끝날 수도 있겠지만 주어진 현상에 대한 이해 정도에 따라서 그리고 목적/목표의 규모/크기에 따라서 [그림 1.5]와 같이 반복적으로 진행될 수 있다.

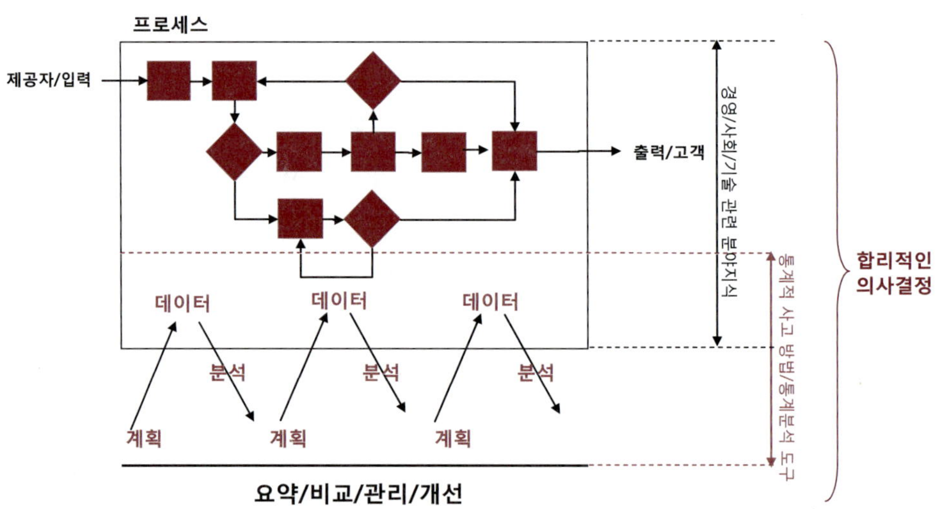


[그림 1.5] 합리적인 의사 결정을 위한 실무적 조건

합리적인 의사 결정에 필요한 통계적 사고 방법을 이해하기 위해서는 가장 먼저 다음의 명제에 동의할 수 있어야 한다.

> **모든 관심 특성은 변수[Variable]이다.**
> - 모든 프로세스의 활동들은 환경의 영향을 받는다.
> - 프로세스에서 반복적으로 측정되는 모든 관심 특성은 동일한 값을 갖지 않는다.
> - 따라서, 관심 특성은 변동[Variation]을 갖고 분포[Distribution]로 표현된다.

누구에게나 익숙한 이동 시간을 생각해 보자. 거리가 일정하고 수단(예 : 버스, 지하철, 승용차, 도보 등)이 결정되면, 출근 시간을 수학적으로 계산할 수 있다. 하지만 실제로 시간을 측정해 보면 매일 동일하지는 않다. 때로는 예상과 달리 시간이 오래 걸리는 경우도 있고, 매우 적게 걸리는 경우도 있다. 또한 수단을 어떻게 선택하느냐에 따라서(예: 버스에서 지하철로 수단을 바꾼 경우) 또는 언제 측정했는가에 따라서 (예: 오전 또는 오후) 이동 시간은 달라진다. 이렇게 관심이 있는 특성(이동 시간)을 측정했을 때, 데이터가 서로 다른 값을 갖는 상태를 변동[Variation]이라고 한다.

측정된 데이터는 그 패턴을 확인하기 위하여 [그림 1.6]의 (A)와 같이 점도표[Dot Plot]로 그려볼 수 있다. 또한 원하는 분석 목적에 따라 히스토그램[Histogram], 박스 그림[Box Plot] 등의 다양한 그래프를 사용할 수 있다. 만일 비슷한 환경에서 이러한 활동을 무수히 반복한다고 가정한다면 (A)에서 사용된 동일한 데이터를 이용하여 (B)와 같은 확률분포[Probability Distribution]로도 표현할 수 있다.

생각해 보자. 다음 주에 중요한 회의가 생겨서 이동 시간을 정확히 예측해야 한다면 [그림 1.6]의 (A) 와 (B)중에서 무엇을 근거로 판단하는 것이 타당하겠는가?

**[데이터의 수집 환경]**

- **거리 : 약 9 Km**
- **이동 수단 : 승용차**
- **데이터 수집 : 서울 중심가에서 약 3개월간**
- **범주 설명**
  **오전 : 06:00~09:00**
  **오후 : 20:00~24:00**

**(A)** 데이터 요약

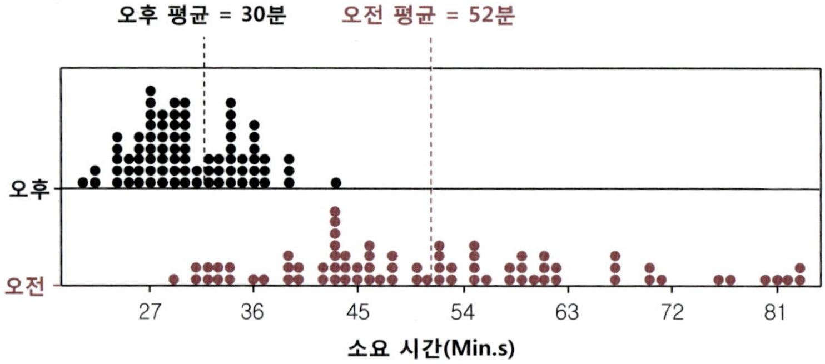


**(B)** 데이터를 이용한 확률 분포

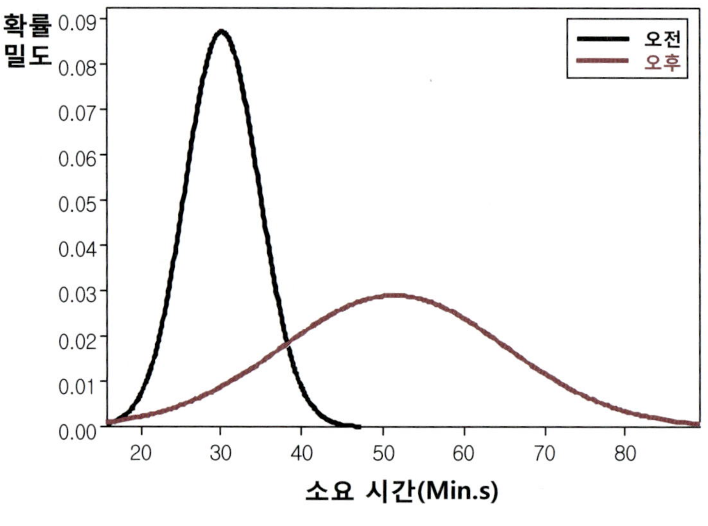


[그림 1.6] 데이터 요약 결과(A)와 이를 이용한 확률 분포(B)

# 1.3 통계적 의사결정

Statistical Decision Making

1.2절의 마지막 질문에 대하여 어떤 결정을 하였는가? 그리고 우리는 왜 간단한 숫자가 아니라 복잡한 그림을 보고 판단해야 하는가? 이 답은 간단하다. 중요하다고 생각하는 현상으로부터 측정되는 관심 특성이 변수이기 때문이다. 따라서 의미 있는 변수를 올바르게 측정한다면 반드시 변동을 갖게 되고 이를 표현할 수 있는 유일한 방법은 분포이다.

[그림 1.6]의 (A)와 같이 수집된 데이터를 있는 그대로 요약하고 해석하는 방법을 탐색적Exploratory 분석이라고 한다. 탐색적 분석의 도구로는 다양한 요약 그래프들과 요약 값들이 있다. 이러한 요약 값들을 통계적으로 기술 통계량Descriptive Statistic(s)이라고 부른다. 기업에서 일상적으로 사용하는 평균, 범위, 최소값 또는 최대값 등은 특별한 언급이 없는 한 수집된 데이터로부터 계산된 기술 통계량이라고 할 수 있다.

이와 구별되는 분석 방법을 추론적Inferential 분석이라고 한다. 이는 탐색적 분석에 의해 도출된 가설Hypothesis[4]의 진위 여부를 확인하고 검증하는 방법을 말한다. 따라서 관찰된 데이터에 대한 탐색적 분석은 대부분 추론적 분석을 위한 준비 단계에 해당한다. 즉, 단순히 현상에 대한 정리에만 관심이 있는 경우라면 탐색적 분석으로 충분할 수 있지만 실제로 현장에 적용할 중요한 실무적 해결책을 결정한다면 반드시 추론적 분석을 통하여 확인되어야 한다.

[그림 1.6]의 (B)는 추론적 분석의 예이다. 탐색적 분석에 의하여 확인된 오전/오후 이동 시간이 서로 다른 평균과 변동을 갖는다는 사실을 확인하고 이를 기초로 동일한 환경에서 이러한 활동을 지속한다면 어떻게 될 것인가 라는 추론적 분석의 결과이다. 이를 이용하여 원하는 사건에 대한 확률을 계산하여 판단할 수 있다. 예를 들어, 오후에 이동할 때 60분 이상 걸릴 확률은 0에 가까운 반면 오전에 이동할 때 60분 이상 걸릴 확률은 거의

4) 「관찰 가능한 명제」를 의미한다.

30%를 넘는다는 것을 알 수 있다. 이와 같이 원하는 사건에 대한 확률 계산 방법은 제 4장과 제 5장에서 다루기로 한다.

대부분의 실무적인 관심 사항들은 이미 데이터가 측정된 상황에 대한 정리뿐만 아니라 그 환경이 지속되는 미래에 대한 예측을 포함한다. 예를 들어, 주문 프로세스에서 어떤 활동들을 대상으로 일정한 양의 데이터를 수집했다면 그 동안 활동들이 올바로 진행 되었는가를 평가하는 것도 의미가 있겠지만, 현재와 같은 방법으로 계속 지속했을 때 어떤 결과가 예상되는가가 더 중요한 관심 사항일 수 있다.

이러한 추론적 분석에 기초한 의사 결정 과정을 통계적 의사 결정Statistical Decision Makings이라고 한다. 이는 경영/사회/기술 분야의 발전에 기여한 과학적인 방법의 기초이며 [그림 1.7]와 같은 절차를 따른다.

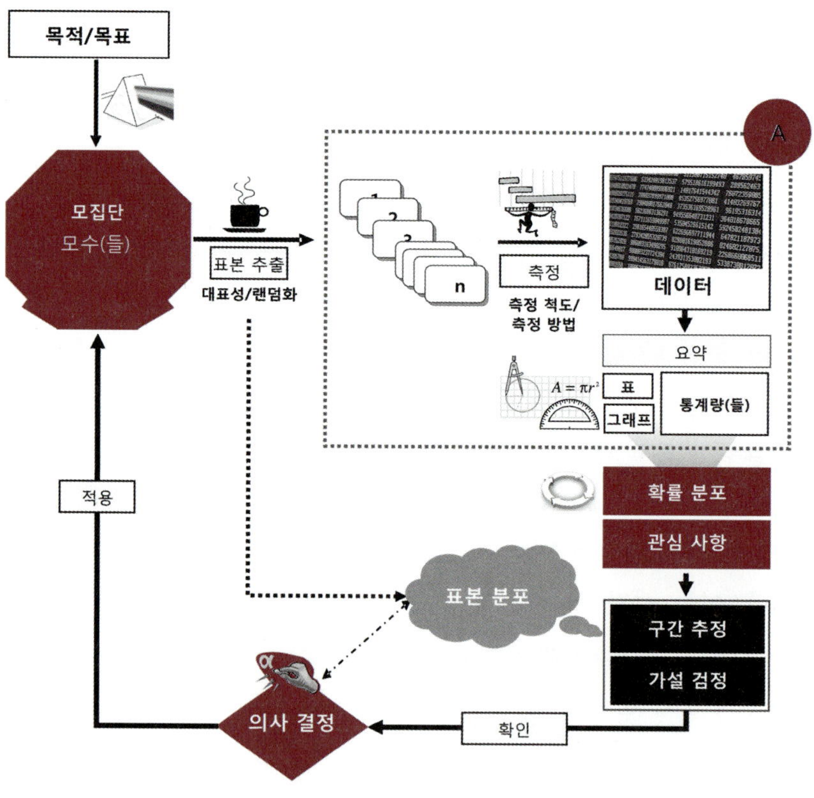


[그림 1.7] 통계적 의사결정의 절차

먼저 기초적인 통계 용어[Terminology]를 소개해 보자.

### 기초 통계 용어

1. **모집단** Population
   : (분석) 목적의 대상이 되는 집단
2. **모수** Parameter
   : 모집단의 관심 특성을 나타내는 양적인 측도
   알려지지 않은 상수로서 주로 그리스 소문자로 표현 (예) $\mu$, $\sigma$ 등
3. **표본** Sample
   : 데이터의 측정을 위하여 선택된 모집단의 일부
4. **통계량** Statistic(s)
   : 표본으로부터 측정된 데이터들의 함수로서 주로 모수에 대한 정보를 표현
   주로 알파벳 또는 모수에 햇트(^)을 추가하여 표현 (예) $\overline{y}$, $\hat{\mu}$ 등

일반적인 기업 활동에서 「통계를 활용 한다」 또는 「데이터를 이용 한다」는 것은 측정 활동을 통하여 데이터를 수집하고 요약하여 정보를 얻는다는 [그림 1.7]의 Ⓐ 영역을 의미하는 경우가 많다. Ⓐ 영역은 특별한 교육을 받지 않아도 즉시 실행 가능하며 기업 현장에서 이미 널리 활용되고 있다.

이러한 방법과 통계적 의사 결정간의 차이점은 [그림 1.7]에서 Ⓐ영역 이외의 단계와 절차에 있다. 결국 통계적 의사 결정을 과학적 분석이라고 부르는 이유는 Ⓐ 영역 이외의 단계와 절차 때문이지 단순히 데이터를 이용한다는 의미가 아니다. 이를 위하여 중요 용어를 확인해 보도록 하자.

모집단[population]이란 관심 대상이 되는 집단을 말한다. 이는 그 목적에 따라 크기가 클 수도 있고 작을 수도 있다. 또한 그 크기가 수학적 기호인 무한대[infinity]로 정의되는 경우를 무한 모집단이라고 부르고, 그렇지 않은 경우를 유한 모집단이라고 부른다. 현장의 프로세스를 대상으로 하는 진단/평가/개선이 목적인 경우에는 대부분 무한 모집단을 가정한다. 이는 기업 활동의 프로세스가 대부분 지속성을 가지며, 수집된 상황까지의 정리보다는 앞으로 일어날 결과에 대한 예측을 더 중요시한다는 점을 반영한 것이다.

올바른 데이터의  집을 위해서는 알고자 하는 실체Truth가 명확해야 한다. 어떤 프로세스의 중요 특성(예: 결재 시간 또는 출력 결과물의 수 등)에 대한 데이터를 수집한다면, 그 시점까지 조사된 활동만이 아니라 그 활동을 측정한 프로세스 자체에 대한 판단을 원할 것이다. 또한 제품/서비스의 기능(예 :처리 속도 또는 미완결 수행 건수 등)을 확인하고자 한다면, 데이터가 수집된 몇 개의 제품/서비스에 대한 결과를 알고 싶은 것이 아니라 동일한 생산/서비스 프로세스에 의해 생산되는 전체 제품에 대한 판단을 원할 것이다. 이러한 전제하에서 알고자하는 실체, 즉 관심 대상이 되는 집단을 모집단이라고 부른다.

모집단의 특징은 모수Parameter로 표현된다. 모수란 모집단에서 측정되는 관심 특성에 대한 특징을 표현하는 것으로, 알려지지 않은 상수Constant로 가정한다. 일반적으로 모수는 $\mu, \sigma, \rho$ 등의 그리스 소문자로 표현하며, 분석의 목적을 적은 수의 모수로 표현할 것을 권장한다. 이는 모든 추론적 분석의 전제 조건이며 모수 절약의 원칙이라고 한다.

표본sample이란 모집단의 일부를 말한다. 이는 측정 활동의 대상이며 데이터의 출처이다. 따라서 표본은 관심 특성의 특징에서 모집단과 비슷해야한다. 이를 표본의 대표성Representativeness이라고 한다. 즉, 바람직한 표본이란 모집단을 잘 대표하는 표본을 의미한다.

대표성은 데이터를 다루는 모든 분야에서 중요한 개념이다. 예를 들어, 비수기에 했던 활동의 결과를 조사하여 성수기의 활동을 설명하고 예측한다면 무슨 의미가 있겠는가? 이는 표본의 대표성에 심각한 문제가 있는 경우라고 할 수 있다.

일정한 척도와 방법에 의하여 표본의 구성 원소들을 측정하여 문자나 숫자로 표현하면 이를 데이터Data[5]라고 부른다. 데이터는 서로 다른 값Value 또는 일정한 수의 범주Categories를 갖는다. 예를 들어, 시간을 측정했다면 53분이라는 값을 얻을 것이고 성별을 조사하였다면 '남자' 또는 '여자'라는 범주를 얻을 것이다. 수집된 데이터는 필요에 따라 표, 그래프 또는 숫자의 형태로 요약된다. 물론 동일한 데이터에 대하여 표, 그래프 그리고 숫자를 모

5) 이를 「협의의 데이터」라고 부르기도 한다. 그 이유는 데이터라는 의미가 매우 다양하게 사용되기 때문에 통계 분석의 대상이 되는 데이터라는 좁은 의미로 제한하기 위함이다.

두를 적용할 수도 있다. 일반적으로 구체적인 여러 개의 값들을 모두 표현하고자 할 때는 표가 유용하며, 추세나 패턴을 대략적으로 파악하고자 할 때는 그래프가 유용하다. 그리고 데이터로부터 정보를 요약하거나 요약된 정보를 비교하고자 할 때는 표 또는 그래프보다는 숫자로 표현하는 것이 효과적이다.

데이터로부터 계산되는 값을 통계량statistic이라고 부른다. 따라서 실무적으로 계산되는 대부분의 값은 통계량이라고 해도 과언이 아니다. 통계량은 $\overline{y}$, $s$, $r$ 등과 같이 알파벳의 형태로 표현하거나 $\hat{\mu}$, $\hat{\sigma}$, $\hat{\rho}$ 등과 같이 모수에 햇트(^)표시를 더하여 나타내기도 한다.

통계적 분석 방법을 올바로 이해하기 위해서는 반드시 모수와 통계량을 명확히 구분해야 한다. 즉, 분석 목적을 반영하는 관심 특성이 결정되었을 때 모수는 모집단의 특징이며 통계량은 표본의 결과라는 점을 명확히 이해해 두어야 한다.

간단한 예를 보자. 평균적인 소요 시간에 관심이 있는 주문 업무가 있다. 예를 들어, 이 업무는 단 3번만 진행된다고 가정하자. 그리고 3번의 주문 업무를 모두 측정할 수 없어서 임의로 선택된 2번의 업무만을 측정한다고 하자. 이를 정리해 보면 다음과 같다.

- 모집단 : 3번의 주문 업무(A, B, C)
  - 관심 특성 : 소요 시간
  - 모수 : 3 번의 업무 소요 시간의 평균

- 표본 : 임의로 선택된 2번의 주문 업무[(A, B) 또는 (A, C) 또는 (B, C)]
  - 관심 특성 : 소요 시간
  - 통계량 : 임의로 선택된 2번의 업무 소요 시간의 평균

모집단과 표본에서 관심특성은 동일하지만 그 구성 요소는 서로 다르고 모수와 통계량도 서로 다를 것임을 확인할 수 있다. 좀 더 구체적으로 모집단의 주문 업무의 소요 시간을 60, 70, 80분으로 가정하고 [그림 1.8]에서 다음 사항을 확인해 보자.

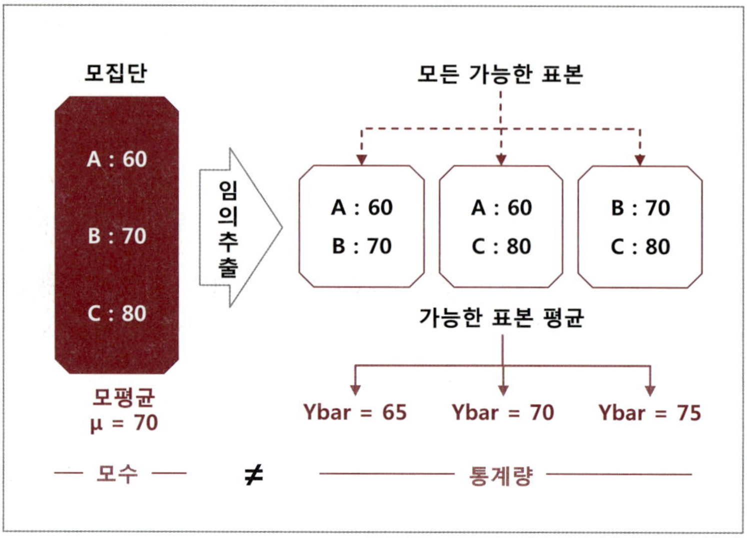


[그림 1.8] 3개 중에서 2개를 임의 추출했을 경우의 모수와 통계량

### 1. 모수와 통계량은 동일하지 않다.

모집단의 구성 요소를 3 개라고 가정하고 표본의 수를 2 개로 가정하였다. 따라서 표본(A, C)인 경우에는 모수와 통계량이 동일한 값이 나왔다. 하지만 일반적으로 무한모집단을 가정하는 프로세스에서 일정한 수의 표본을 선택한다면 모수와 통계량이 동일할 가능성은 거의 없다.

### 2. 통계량은 선택된 표본에 따라 서로 다르다.

소요 시간이라는 관심 특성의 모수인 모평균 $\mu$는 유일한 값을 갖지만, 모집단에서 선택된 서로 다른 표본으로부터 계산된 표본 평균 $\bar{y}$는 서로 동일하지 않다. 이는 통계량 역시 변수라는 점을 알려준다.

이와 같이 선택된 표본이 달라지면 그로부터 계산되는 통계량 값이 달라진다. 따라서 어떻게 표본이 선택되는가에 따라 통계량은 서로 다른 값을 갖는데 이러한 통계량의 변동을 반영한 분포를 **표본분포**Sampling Distribution라고 한다.

> **모든 통계량은 고유의 분포를 갖는다.**
> - 모든 통계량은 표본에서 측정된 데이터로부터 계산된다.
> - 선택된 표본이 동일하지 않다면 데이터로부터 계산되는 통계량은 서로 동일하지 않다.
> - 이는 표본 선택에 의해 나타는 것으로 표본오차를 표현한다.

실무에서 모집단 전체를 조사/실험하는 경우는 거의 없다. 또한 실무적으로 모두 조사하거나 실험할 수 없는 경우도 많다. 예를 들어, 제품의 내구성을 파악하기 위하여 파손될 때까지 압력을 가하는 실험을 한다면 실험에 사용된 제품은 모두 폐기되어야 할 것이다. 이러한 경우 정확한 분석을 위하여 생산된 제품들을 모두 실험한다면 판매할 제품은 남아있지 않을 것이다. 따라서 표본의 결과가 관심 대상인 모집단의 결과와 동일하다고 할 수 없으며, 분석 목적인 모수에 대한 정보를 **표본 오차**Sampling Error가 포함된 통계량만으로 판단하는 것도 문제가 있다.

통계적 추론은 모집단의 일부인 표본을 선택함으로써 발생하는 이러한 표본오차를 반영해 준다. 대표적인 방법이 **구간 추정**Interval Estimation과 **가설 검정**Hypotheses Testing이다.[6] 이를 통하여 표본의 정보로부터 모집단의 모수에 대한 의미있는 의사 결정을 할 수 있으며, 관심 대상에 대한 적절한 진단/개선 활동의 기준을 제공받을 수 있다.

6) 제 9 장과 제 10 장 참조

**(표본) 오차가 존재한다면, 이를 의사 결정에 반영해야 한다.**

- 특정 통계량의 표본 분포는 표본 오차를 나타낸다.
- 표본 오차를 의사 결정에 반영한다면, 통계량의 정보로부터 모수에 대한 의미 있는 의사 결정이 가능할 것이다.
- 이를 구현한 방법이 구간 추정[Interval Estimation]과 가설 검정[Hypotheses Testing]이다.

통계적 방법을 적은 수의 데이터로 규모가 큰 집단 또는 현상에 대하여 예측할 수 있는 방법으로 소개하곤 한다. 사실 적은 수의 데이터만을 이용하여 그보다 훨씬 큰 집단의 사실을 정확히 알아낼 방법은 존재하지 않는다. 하지만 통계적 의사 결정 과정을 이해하고 다음 사항을 체계적으로 고려한다면 동일한 시간과 비용 그리고 노력 하에서 「비교적」 정확하게 추론할 수 있다. 다시 한 번 강조하지만 이때 가장 중요한 점은 데이터를 수집하기 전에 실무적인 목적/목표를 명확히 정의하는 것이다.

**통계적 의사 결정의 유용성을 위한 고려 사항**

- 데이터 수집 **전** 확인 사항
  (1) 데이터를 측정한 표본이 대표성을 갖는가?
  (2) 데이터를 측정한 척도와 방법이 타당한가?
- 데이터의 수집 **후** 확인 사항
  (3) 적절한 확률 분포를 가정 하였는가?
  (4) 의사 결정은 합리적인가?

아직 설명되지 않은 용어가 있다면 다음 장에서부터 차례로 설명하기로 한다. 이 절에서는 통계적 방법의 기초가 되는 통계적 의사 결정의 절차와 기초적인 용어들을 설명하였다. 이를 통하여 앞으로 논의될 주제에 대한 대략적인 흐름을 파악할 수 있기를 기대한다.

# 제 1 장 연습문제

1.1 통계학이 무엇인지 간단히 설명하시오.

1.2 통계적 의사 결정 과정을 간단히 설명하시오.

1.3 다음 용어들을 설명하고 자신의 상황에서 실무적인 사례를 1개 이상 제시하시오.

(1) 변수

(2) 변동

(3) 프로세스

(4) 모집단과 표본

(5) 모수와 통계량

(6) 표본 오차

1.4 {10, 20, 30, 40, 50}으로 구성된 모집단으로부터 임의로 2개의 표본을 선택하고자 한다. 가능한 표본을 모두 나열하시오.

1.5 정부의 육아정책에 대한 직장 여성의 의견을 수렴하고자 직업여성단체로부터 520명의 직장여성의 명단을 입수하여 임의로 100명을 추출하여 설문지를 보냈다. 이 중 회수된 응답지는 68건이었다. 이 경우 모집단과 표본은 무엇인지 설명하시오.

1.6 지방자치제 선거에 앞서 A후보는 유권자 중 60%가 자신을 지지하고 있는 것으로 믿고 있다. 이를 확인하기 위하여 유권자 400명을 임의로 추출하여 조사해 보니 지지율은 45%이었다. 여기서 모집단, 모수, 표본, 통계량을 설명하시오.

1.7 한국청소년협회에서는 청소년들의 영양상태와 과격한 행동이 어떤 관계가 있는지 여부를 알아보고자 한다. 이를 위해 우선적으로 폭력에 관한 범죄로 수감되어 있는 청소년들을 대상으로 영양 상태를 조사해 보았다. 결과는 이들은 공통적으로 아연, 카드뮴, 망간 등의 비타민이 수준이하인 것으로 나타났다.

(1) 이 연구의 목적과 연구의 관심의 대상이 되는 모집단과 표본은 무엇인지 설명하시오.

(2) 연구자들은 앞으로 진행될 연구에서 증명하고자 하는 사실이 무엇인가에 대해 설명하고 표본 선택과 조사 방법 등에 대해 설명하시오.

1.8 전국 약 90여 개의 고속도로 휴게소의 서비스의 질을 평가하기 위해 임의로 20곳을 추출하려고 한다.

(1) 모집단과 표본은 무엇인지 설명하시오.

(2) 전국 고속도로 휴게소가 92 곳이라고 할 때, 20 곳을 임의로 추출하기 위한 방법을 설명하시오.

1.9 자신의 일상생활에서 중요한 특성을 1 개 선정하고 이를 30일 동안 측정하여 변동을 확인해 보시오.

1.10 표본으로부터 측정된 데이터를 이용하여 확률분포를 도출할 수 있는 방법을 자유롭게 설명해 보시오.

# 2장

# 측정 척도와 데이터의 유형
## Measurement scale and Type of Data

**Box, Hunter and Hunter**

데이터란 그 자체로는 아무런 의미가 없다.
데이터는 연구하고자 하는 현상의 개념적 모형과 연계될 때만 의미가 있다.

**S. G. Ko**

모든 분석 결과는 사용된 데이터만큼만 좋다.

---

### 학습 목표

- 데이터의 측정 과정을 이해한다.
- 측정 척도의 종류를 이해한다.
- 측정 활동에서 고려해야 할 요소들을 이해한다.
- 분석 방법을 결정하는 데이터 유형을 이해한다.

---

### 차례

2.1 개요
2.2 측정 척도
2.3 측정 활동
2.4 데이터의 유형
2.5 데이터 레쥬메와 새로운 데이터 생성

---

### 중요 용어

- 명목, 순서, 구간, 비율 척도
  Nominal, Ordinal, Interval, Ratio Scale
- 측정의 타당성, 정확성, 정밀성
  Validity, Accuracy, Precision
- 범주형, 이산형, 연속형 데이터
  Categorical, Discrete, Continuous Data
- 데이터 레쥬메, 데이터 빌딩
  Data Resume, Data Building

# 2.1 개요

Introduction

데이터는 측정 활동의 결과이다. 여기서 측정[Measurement]이란 관심이 있는 대상의 특징을 숫자 또는 문자로 전환하는 일련의 활동을 말한다. 그리고 측정 시스템[Measurement System]이란 측정값을 얻기 위한 측정자와 측정 장비, 측정 표준 등을 모두 포함하는 전체 시스템을 말한다.

「측정 기술의 발전과 과학의 진보는 그 궤를 같이 한다.」[7] 는 말에서 알 수 있듯이 측정 기술의 발전은 과학의 진보에 크게 기여해 왔다. 하지만 사물 또는 현상을 대상으로 하는 자연과학/공학/기술 분야와 달리 사회 또는 사람을 대상으로 하는 경영/사회의 분야에서는 측정의 난이도가 높고 측정 방법의 발전 정도 역시 자연과학/공학/기술 분야에 비하여 상대적으로 낮다.

이 장에서는 측정 장비의 개발이나 활용 방법을 설명하지는 않지만 올바른 데이터를 수집하기 위한 측정 활동에서 고려되어야 할 사항들을 설명한다. 측정 활동과 데이터의 연관성을 간단히 요약하면 다음 [그림 2.1]과 같다.

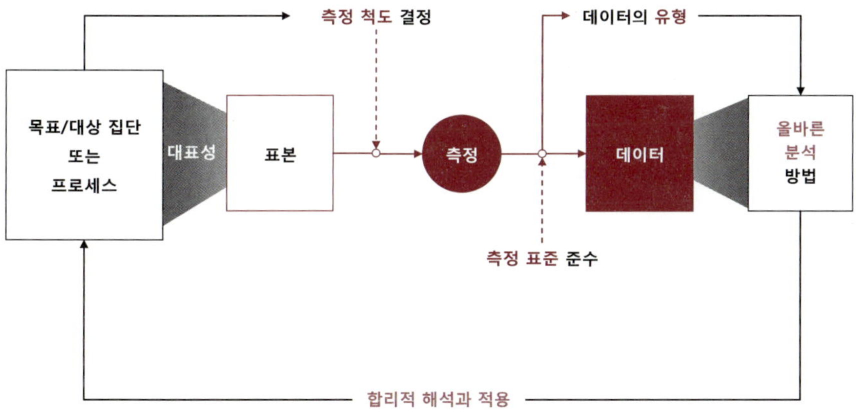


[그림 2.1] 측정 척도와 데이터 유형의 중요성

7) Louis Pasteur, 1822-1895, French Chemist and microbiologist

표본을 대표성 있게 잘 선택하였다고 하더라도 측정 척도가 목적에 적합하지 않다면 좋은 분석 결과를 기대하기 어렵다. 또한 측정 척도를 올바로 설정하였다고 하더라도 측정 표준을 올바로 준수하지 않는다면 측정된 결과가 현상을 올바로 표현한다고 할 수 없다. 또한 잘못 측정된 데이터를 분석하여 목표 집단 또는 프로세스에 적절한 결론을 얻는다는 것은 사실상 불가능하다.

## 2.2 측정 척도

Measurement Scale

올바른 측정을 위해서는 먼저 측정 활동의 기준을 정의해야 한다. 「서비스 불만」을 측정하고자 한다면, 어떤 서비스를 대상으로 할 것인가와 불만이라는 속성Attribute을 명확히 정의할 수 있어야 한다. 만일 「업무 시간」이라고 한다면 어떤 업무가 대상인가와 함께 시간을 측정하기 위한 측정 장비Gage와 측정 단위Unit가 결정되어야 한다. 이와 같이 원하는 정보에 따라 분류된 측정 기준을 측정 척도Measurement Scale라고 한다.

측정 척도는 측정 활동을 통하여 데이터로 전환되고, 데이터는 통계 분석의 대상이 된다. 따라서 원하는 목적에 적합한 측정 척도를 선정하는 것은 모든 데이터 수집의 기초라고 할 수 있다. 측정 척도는 [그림 2.2]와 같이 4가지로 분류된다.

[그림 2.2] 4 가지 측정 척도와 가능한 정보의 종류

명목 척도Nominal Scale란 성별, 직업, 취미, 업무 종류 등과 같이 단순 구분의 정보만을 표현할 수 있는 측정 척도를 말한다. 구분되는 범주는 유한한Finite 수 로 정의되며, 각 범주의 경계를 명확히 하여 중복되지 않아야 한다. 또한 모든 측정 대상들은 정의된 범주들 중 하나에만 포함되어야 한다. 예를 들어, 구성원들의 취미를 조사한다면 음악 감상, 독서, 운동, 캠핑 등과 같이 유한한 수로 정의할 수 있다. 하지만 정의된 범주에서 자신의 취미를 찾을 수 없는 경우도 있으므로 이러한 경우에는 반드시 '기타' 항목을 포함하여 다음과 같은 범주들을 제공해야 한다.

{음악 감상, 독서, 운동, 캠핑, 기타}

순서 척도Ordinal Scale란 상/중/하로 정의되는 등급, 만족/보통/불만족으로 정의되는 선호도 또는 금/은/동으로 정의되는 운동 경기 결과 등과 같이 구분 정보뿐만 아니라 고려된 범주들 간의 객관적인 순서 정보를 표현할 수 있는 측정 척도를 말한다. 이 역시 가능한 범주들은 유한한Finite 수 로 정의되며 각 범주의 경계를 명확히 해야 한다. 또한 모든 측정 대상들이 정의된 범주 중 하나에 포함될 수 있어야 한다는 명목 척도의 조건을 모두 만족하면서 범주들 간의 객관적인 순서를 부여할 수 있어야 한다. 예를 들어, 학생들의 한 학기 성적을 측정을 한다면 다음과 같이 순서 척도를 정의할 수 있다.

{A+, A, B+, B, C+, C, D+, D, F}

구간 척도Interval Scale란 등간 척도라고도 부르는 척도로서, 구분과 순서 정보는 물론 차이에 대한 정보를 포함할 수 있는 측정 척도를 말한다. 따라서 측정 활동에서 유무형의 측정 장비/연산과정이 포함되는 것이 일반적이다. 하지만 절대적 원점Absolute Origin[8])이 존재하지 않아 측정 장비/연산과정의 표준이 바뀌면 비(율)Ratio의 값이 달라지는 특징을 갖는다. 예를 들어, 온도는 일반적으로 절대Kelvin, 섭씨Celsius, 화씨Fahrenheit's로 측정 가능하다. 절대

8) 해당 속성이 전혀 없는 상태를 말하며, '0'으로 표현된다. Canonical Zero라고도 부른다.

온도의 경우에는 $C = K - 273.15$의 관계를 갖고 섭씨온도와 동일한 눈금을 사용하지만 절대적 원점이 존재하지 않으며, 섭씨와 화씨는 $C = (5/9)(F - 32)$의 관계를 갖지만 어떤 표준을 적용하는가에 따라 비율이 달라진다.

| 섭씨 | -30 | 0 | 30 | 60 |
|---|---|---|---|---|
| 화씨 | -22 | 32 | 86 | 140 |

예를 들어, 섭씨 30에서 섭씨 60으로 온도가 변경된다면 기준 온도인 30에서 2.0배 온도가 증가했다고 말할 수 있다. 하지만 동일한 온도 변화를 화씨로 측정한다면 1.6배 정도 증가한 것으로 나타나므로 측정 단위에 따라 그 비(율)이 달라진다. 만일 온도가 1.7배 이상 변경되면 비정상이고 그렇지 않다면 정상이라는 판단 기준을 가지고 있다면, 섭씨를 사용하는 경우에는 비정상으로 판단할 것이고 화씨를 사용한다면 정상으로 판단하게 된다. 즉, 어떤 측정 단위를 사용하는가에 따라 의사 결정이 달라질 수 있다. 따라서 구간 척도를 이용하여 측정하고자 한다면 전체 분석 과정에서 동일한 측정 단위를 적용해야 한다. 또한 측정 활동을 위하여 다음과 같이 측정 기준과 표준 단위를 명확히 정의해야 한다.

{온도, 표준 단위=섭씨 | 측정 범위 =[-60, +80] }

비(율) 척도Ratio Scale란 구간 척도와 달리 절대적 원점이 존재한다. 따라서 어떤 측정 장비/연산과정을 적용하더라도 동일한 비(율) 값을 얻을 수 있다는 장점을 갖는다. 예를 들어, 시간, 길이, 무게, 압력, 부피 등은 어떤 표준 단위를 사용하더라도 동일한 비(율) 값을 갖는다. 따라서 분석 과정에서 가장 제약이 적고 가장 많은 정보를 얻을 수 있는 측정 척도라고 할 수 있다. 또한 측정 활동에서 실무적으로 가능한 측정 장비와 측정 단위를 다음과 같이 자유롭게 결정할 수 있다.

국내향 : {길이, 표준 단위 : Cm | 측정 범위 =[55, 112] }

해외향 : {길이, 표준 단위 : Inch | 측정 범위 =[21.6, 44.1] }
* 해외향 길이 = (국내향 길이)/2.54, 소수점 첫째자리로 반올림

올바른 측정 척도의 선정은 목적에 적합한 데이터를 수집하기 위한 시작점이다. 데이터를 다루는 현장의 실무자는 가장 먼저 분석 목적을 잘 이해하고 이에 적합한 측정 척도를 선정할 수 있어야 한다. 그렇지 못한 경우, 분석 방법을 잘못 적용하는 오적용과 그로 인한 부작용이 생길 수 있다.

## 2.3 측정 활동

Activities for Measurements

측정 활동을 위해서는 먼저 대상, 특성, 측정 장비의 선정 그리고 측정 표준이 결정되어야 한다. 이때 측정 대상과 특성이 목적에 적합하도록 선정되었는가를 확인해야 한다. 이를 측정의 타당성Validity이라고 한다. 예를 들어, 학생들이 한 학기 동안 얼마나 학업에 몰두하였는가를 측정한다고 할 때, 출석 점수만으로 이를 판단한다면 타당성이 있다고 할 수 없다. 또는 배달 업무를 측정하는데 거리를 고려하지 않고 시간만을 고려한다면 이 역시 타당성이 있다고 할 수 없다. 이는 측정 활동 중에서 가장 중요한 개념으로 현장에서 측정 활동이 도움이 되지 않는다고 주장하는 경우를 보면 대부분 이를 확보하지 못했기 때문이다.[9] 측정의 타당성 확보를 위해서는 먼저 목적을 명확히 이해하고 올바른 대상과 특성이 적절히 선정되었는지를 확인해야 한다.

측정의 타당성이 확보되었다면 현상을 숫자와 문자로 전환하는 측정 장비를 확인해야 한다. 이를 측정의 정확성Accuracy 확인이라고 한다. 측정의 정확성은 좀 더 구체적으로 편의, 선형성, 안정성으로 구분한다. 편의Bias란 참값과 측정값의 오차가 충분히 작음을 검증하는 것이며 선형성Linearity은 측정 장비가 적용되는 전체 범위에서 편의가 충분히 적고 필요한 경우 교정이

9) D. R. Spitzer, Transforming Performance Measurement: Rethinking the Way We Measure and Drive Organization Success, AMACOM, 2007

용이한가를 확인하는 것이다. 또한 이러한 특징들이 일정한 시간동안 잘 유지되는가를 확인하는 것을 안정성(Stability)이라고 한다.

특별한 연구 분야를 제외하고 경영/사회/기술 현장에서 측정 장비의 정확성을 일일이 확인하며 측정 활동을 하는 경우는 매우 드물기 때문에 여기서는 간단한 지침만을 설명하도록 한다.

### 측정 장비의 정확성 확인 지침

(준비) 측정에 익숙한 1명의 측정자가 실시
측정자는 참값을 알 수 없고, 정해진 표준에 의해 측정 실행

**(1) 편의**

1) a 값을 갖는 측정 대상에 대하여 측정자가 여러 번 측정 시행
2) 측정된 값의 평균과 a값의 비교
3) 그 차이가 충분히 작은가를 실무적으로 확인

**(2) 선형성**

1) (1)의 활동을 측정 장비의 전 범위에서 선택된 3 또는 5개의 값에서 시행
2) 3~5개의 값에서의 측정 오차가 선형성을 갖는지를 확인

**(3) 안정성**

측정이 이루어지는 시점(예 : 1주일 또는 1달 등) 간격으로 측정된 값들의 평균이 충분히 비슷한가를 확인

측정의 타당성과 정확성이 확보 되더라도 아직 올바른 측정 활동이라고 할 수 없다. 마지막으로 측정의 정밀성(Precision)을 확인해야 한다. 측정의 정밀성이란 서로 다른 측정자들이 누가 언제 측정을 하여도 비슷한 결과를 얻을 수 있는가를 확인하는 것으로 측정 장비 또는 측정 방법의 정확성이 검증된 이후에 확인할 수 있다. 측정의 정밀성은 다시 반복성(Repeatability)과 재현성(Reproducibility)로 구분된다.

[그림 2.3]은 측정의 정밀성 진단을 위한 반복성과 재현성을 개념적으로 표현한 것이다. 만일 둘 다 낮은 경우는 측정된 값을 사용할 수 없고, 둘 다 높은 경우는 올바른 측정으로 측정값을 사용해도 좋다. 만일 정밀도만 낮은 경우에는 주로 측정 절차 또는 표준이 적절하지 않은 경우이므로 서

로 일치하지 않는 절차 또는 표준을 수정하여 측정의 질을 높일 수 있다. 만일 정확도만 낮은 경우에는 측정 장비의 문제일 가능성이 높으므로 측정의 정확성을 재확인해야 한다.

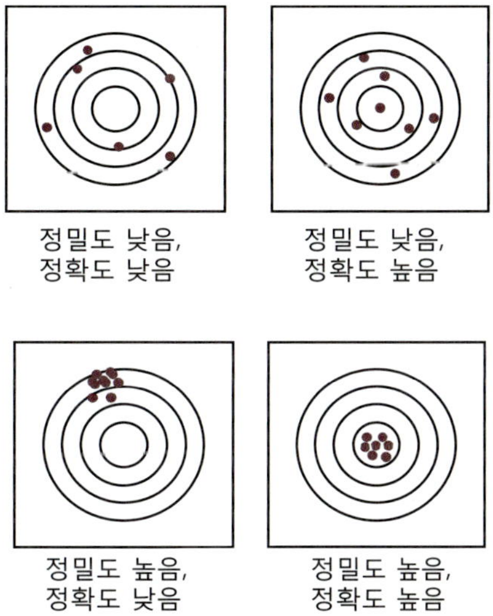


[그림 2.3] 측정의 정밀성 확인 : 반복성과 재현성

공학/기술 분야에서는 설계된 실험Experiment을 통하여 통계적으로 정밀성을 확인하는 방법들이 꾸준히 연구되어 왔다.[10] 하지만 경영/사회 등의 분야에서는 새로운 측정 장비/방법의 개발보다는 이미 검증된 측정 장비와 방법(예 : 시간, 무게, 건수 등)을 사용하므로 간단한 지침을 통하여 정밀성을 확인하고, 필요한 경우 측정 표준의 수정을 통하여 측정 활동의 질을 높일 수 있다.

10) AIAG. (2002). Measurement Systems Analysis, Reference Manual, Third Edition. Southfield, Michigan: Auto\-motive Industry Action Group.

**측정 장비/방법의 정밀성 확인 지침**

(준비) 실제 측정 활동을 실시할 3명의 측정자 임의로 선정
측정값이 서로 다른 10개의 대상을 선정
단, 측정의 전 범위에서 골고루 선택함이 바람직

(실시) 각 측정자가 서로 다른 10개의 대상에 대하여 2~3번 반복적으로 측정
단, 측정자는 측정되는 대상과 값을 사전에 알 수 없어야 하고 임의의 순서로 실행

**(1) 정확성 확인**

각 측정자들이 반복한 값들의 차이를 통하여 확인

**(2) 정밀성 확인**

동일 대상에 대한 3명의 측정자들 간의 측정값 차이를 통하여 확인
특정 대상에 대하여 특별히 큰 차이가 있는가를 확인하고
차이가 큰 경우, 측정 표준을 수정

만일 이러한 사항들이 모두 적절하게 확인되었다면 수집된 데이터는 단순한 숫자 또는 문자가 아니라 관심 있는 현상을 반영한 현장의 목소리Voice of Process가 된다. 이는 이론이나 경험으로 확인할 수 없었던 현장의 사실에 대한 유용한 정보가 될 수 있으며, 이에 대한 분석은 관심 있는 실무적 현상에 대한 합리적인 판단 기준을 제공할 수 있다.

## 2.4 데이터의 유형

Type of Data

데이터의 유형은 올바른 분석 방법을 선택하기 위하여 구분한다. 많은 시간과 비용을 투자하여 수집된 데이터를 잘못 분석하여 중요한 정보와 지식을 습득하지 못하는 경우가 많은데, 이는 데이터의 유형과 분석 방법 간의 관계를 이해하지 못하는 경우 많이 발생한다. 따라서 데이터의 유형을 잘 이해한다면 분석적 오류를 대부분 방지할 수 있다.

데이터의 유형은 주로 이산형Discrete과 연속형Continuous으로 구분한다. 하지

만 현장의 측정 활동을 고려해보면 [그림 2.4]와 같이 범주형Categorical을 기본적인 유형에 포함시켜 고려하는 것이 좋다. 범주형을 속성형Attribute이라고 부르기도 하고 이산형을 계수형, 연속형을 계량형이라고 부르기도 한다.[11)]

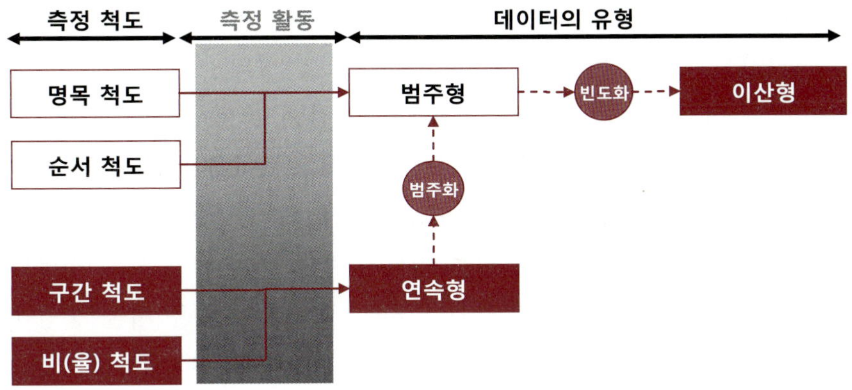


[그림 2.4] 측정 척도와 데이터의 유형

범주형 데이터란 일정 수의 범주Categories로 수집된 데이터를 말한다. 즉, 명목 척도 또는 순서 척도로 정의된 관심 특성에 대한 측정 활동에 의하여 수집된 데이터를 의미한다. 이는 문자 또는 숫자로 표현할 수 있으며, 측정 척도에서 정의된 범주간 구분 기준의 명확성과 측정 활동에서 표준의 준수 여부에 따라 데이터의 질이 결정된다.

이산형 데이터란 통계적으로 유한Finite 그리고/또는 가부번Countable값을 갖는 데이터를 말한다. 하지만 경영/사회/기술 분야에서는 주로 특정한 사건의 빈도Count를 표현할 때 사용된다. 따라서 이러한 특징을 반영하기 위하여 빈도 데이터라고도 부르며 주로 음의 정수를 제외한 {0, 1, 2, ...}의 값으로 표현한다.

빈도의 계산을 위해서는 수/규모에 대한 표준이 정의되어야 하며, 이러한 표준을 계산의 근거Base라고 한다. 이를 이용하면 빈도 데이터를 비율Proportion로 전환할 수 있다. 예를 들어, 콜 센터에서 「고객 응대 불만」을 조사할 때, 고객 응대를 「전화 응대」로 정의하고 불만의 기준을 「6번

11) 범주형을 질적Qualitative 데이터 그리고 이산형과 연속형을 양적Quantitative 데이터라고도 부른다.

이상 전화벨이 울려도 받지 못한 경우」로 정의한다면 고객 응대 불만에 대한 명목 척도를 구성할 수 있다. 만일 3 일 동안 수집된 불만 건수가 {15, 10, 25}라면 이는 빈도 데이터이다. 여기서 빈도 데이터 수집의 기준인 「1 일」 동안 걸려온 고객 전화가 각각 120, 85, 213 라고 한다면, 이를 이용하여 {15/120, 10/85, 25/213} 또는 {0.125, 0.118, 0.117}와 같이 비율로 표현할 수 있다.

연속형 데이터란 구간 척도와 비(율)척도에 의하여 측정되는 데이터를 말한다. 이는 주로 측정 장비/연산과정에 의하여 측정/계산되며 수집된 값은 지정된 측정 단위에 의하여 변별력이 결정된다. 예를 들어, 주문된 제품의 무게(g)를 측정한다고 하자. 무게는 절대적 원점이 존재하므로 비(율)척도라고 할 수 있으며 무게를 측정하기 위하여 주문된 제품을 저울 중앙에 올려놓고 디지털 계측기의 눈금이 정지될 때까지 기다린 다음 눈금을 읽는다라는 측정 표준에 의해 측정된 값이 155g이라고 하자. 만일 이 주문 제품을 mg까지 구분이 가능한 디지털 계측기로 측정한다면 어떤 값을 얻을 수 있을까? 아마도 155,000mg이 아닌 155,437mg과 같이 좀 더 정확한 값을 얻을 수 있을 것이다.

이와 같이 측정기/연산과정을 통해 측정되는 연속형 데이터는 측정된 값을 참값이라고 할 수 없고 측정 단위에 따라 일정한 구간에 속한다는 사실만을 구별할 수 있다. 즉, 155g은 참값이 아니며 이는 측정단위가 g인 측정 장비에 의해 구해진 값일 뿐 실제 참값은 [154.5, 156.4]의 구간에 존재한다는 것만을 알 수 있다. 이때 사용되는 측정 단위는 해당 분야의 기술 수준과 실무적인 상황에 의해 결정된다. 만일 g을 측정할 수 있는 기술이 없다면 중요하더라도 측정할 수 없을 것이고 배송 비용을 g 단위로 부과할 때 mg으로 측정할 이유도 없을 것이다.

이산형 데이터와 연속형 데이터의 구분은 통계적 추론의 기초가 되는 확률분포Probability Distribution를 정의하는데 중요하므로 반드시 구분할 수 있어야 한다.

## 예제 2.1

다음은 86개의 판매점을 대상으로 프로모션 활동이 매출 확대에 중요한 영향을 미치는지의 여부를 확인하고자 조사된 기초 데이터이다. 수집된 데이터의 변수명은 다음과 같다.

- ID : 판매점 번호
- 전.매출 : 프로모션 활동 적용 전 2주간의 매출 합(단위 : 달러)
- 후.매출 : 프로모션 활동 적용 후 2주간의 매출 합(단위 : 달러)
- 평균이윤 : 판매 개수 당 이익(단위 : 달러)
- 연혁 : 판매점 개점 이후 영업한 년도 {GE.5 = 5년 이상, LT.5 = 5년 미만}
- 전년평가 : 가장 최근의 연말 평가 결과 {A, B, C, D}
- 프로모션 : 프로모션 시행 여부 {Yes = 시행, No = 미시행}
- 지역 : 판매점 위치 {East = 동부, West = 서부}
- 직원 수 : 판매점 정규 고용 인원 수(단위 : 명)

**[ 201X년 북미 지역의 판매처에 대한 기초 데이터 중 일부]**

| | | 연속형 | | | 범주형 | | | | 이산형 |
|---|---|---|---|---|---|---|---|---|---|
| | ID | 전.매출 | 후.매출 | 평균이윤 | 연혁 | 전년평가 | 프로모션 | 지역 | 직원 수 |
| 1 | 1 | 13714.3 | 46666.7 | 33.00 | GE.5 | A | Yes | West | 13 |
| 2 | 2 | 10857.1 | 25333.3 | 18.60 | GE.5 | B | No | West | 11 |
| 3 | 3 | 13428.6 | 30666.7 | 28.95 | GE.5 | A | Yes | East | 8 |
| 4 | 4 | 8571.4 | 22000.0 | 24.00 | GE.5 | C | No | West | 5 |
| 5 | 5 | 10857.1 | 25333.3 | 18.60 | LT.5 | C | Yes | East | 7 |
| 6 | 6 | 9714.3 | 22666.7 | 19.50 | GE.5 | D | No | West | 20 |
| 7 | 7 | 8857.1 | 32666.7 | 20.40 | LT.5 | D | Yes | East | 8 |
| 8 | 8 | 14285.7 | 38333.3 | 24.45 | GE.5 | A | Yes | East | 15 |
| 9 | 9 | 10285.7 | 23333.3 | 23.10 | GE.5 | B | No | West | 11 |
| 10 | 10 | 11714.3 | 26666.7 | 22.20 | GE.5 | B | No | West | 20 |

수집된 데이터들 중에서 전.매출, 후.매출, 평균이윤은 화폐 단위를 이용하여 측정된 연속형 데이터이며, 연혁, 전년평가, 프로모션, 지역은 일정 수의 범주를 갖는 범주형 데이터이다. 직원 수는 한 매장 당 고용된 직원의 빈도를 표현한 것으로 이산형 데이터라고 할 수 있다. 여기서 연혁은 비(율) 척도인 시간(예 : 일, 월, 년 등)으로 측정이 가능하지만, 전체 가능한 시간을 2 개의 범주인 「5년 미만」과 「5년 이상」으로 구분하여 수집된 범

주형 데이터이다. 즉, 분석 목적을 고려하여 연속형으로도 측정이 가능한 데이터를 범주형으로 간단히 측정한 예이다.

실무적 또는 분석적 목적에 따라 연속형 데이터는 범주형 또는 이산형 데이터로 전환할 수 있지만 그 역은 성립하지 않는다. 따라서 실무적으로 분석 목적을 명확히 할 수 없거나 데이터의 수집 결과를 확인한 후에 분석 방법을 결정해야 한다면 가능한 한 연속형으로 수집하는 것이 바람직하다.

## 2.5 데이터 레쥬메와 새로운 데이터 생성

Data Resume and Data Building

데이터는 특정 목적을 위하여 수집된 일련의 숫자와 문자를 말한다. 그 대상을 프로세스로 정의한다면 간단히 프로세스의 목소리VOP[12]라고 표현할 수 있다. 현장에서는 시간/비용이 부족하여 원하는 특성을 측정할 수 없다 또는 측정이 너무 어려워서 일부만 측정을 하였다라고 주장하는 경우가 있다. 이는 분석 목적이 먼저 결정되고 이에 적합한 데이터가 수집되어야 한다는 원칙을 혼동한 것이다. 의미 있는 데이터를 수집하기 위해서는 먼저 분석 목적을 결정하고 그 다음으로 시간, 비용, 용이성 등의 실무적 제약 조건을 확인해야 한다. 만일 원하는 데이터를 측정할 수 없다면 분석 목적을 다시 조정해야 한다. 또한 데이터를 수집할 때 프로세스에 대한 올바른 평가/진단/개선을 위하여 관심 특성이 측정되는 환경을 함께 기록할 수 있어야 한다. 이를 데이터 레쥬메Data Resume라고 한다.

> **데이터 레쥬메 Data Resume**
> 관심 특성을 측정한 프로세스의 환경을 측정 가능하도록 구분하고
> 이를 데이터와 함께 동시에 기록한 데이터 보조 표

12) Voice of Process

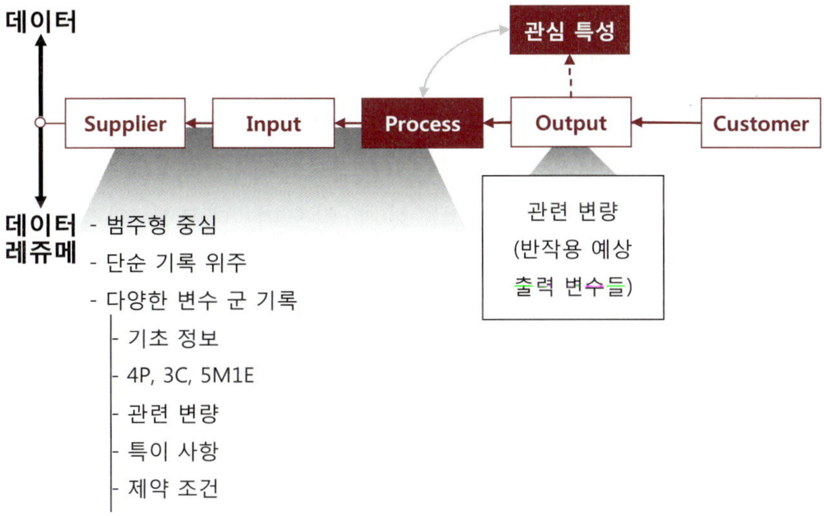


[그림 2.5] 데이터 레쥬메 작성시 고려 사항[13)]

[그림 2.5]는 COPIS하에서 데이터 레쥬메를 작성할 때 고려해야 할 사항이다. 일반적으로 관심 특성과 연관성이 있는 결과물들과 제공자와 입력 요소를 구분할 수 있도록 기록하는 것을 원칙으로 한다. 이 때 가능한 한 다양한 변수들을 기록하는 것이 바람직하다. 특히 프로세스 관련 정보와 각 분야에서 경험적으로 확인된 중요 분류 기준(예: 4P, 3C, 5M1E 등)을 적용하여 항목을 결정하고 특이 사항과 제약 조건 등을 기록해야 한다. 이러한 노력은 분석 과정을 명확히 하고 실무적으로 유용한 해석의 기초를 제공한다.

제 1장의 [그림 1.5]에서 「오전」과 「오후」를 구분한 것은 데이터 레쥬메의 좋은 예이다. 만일 이를 구분하지 않았다면 이동 시간에 대한 현상을 올바로 확인할 수 없었을 것이다. 또한 <예제 2.1>의 경우를 보면 프로모션에 대한 효과를 파악하기 위하여 기본적으로 전.매출과 후.매출 그리고 프로모션 실행 여부만 측정하면 된다. 하지만 매출은 연혁과 종업원의 수 그리고 평균 단가 등에 영향을

13) 4P : Product, Price, Place, Promotion의 약자
3C : Customer, Company, Competitor의 약자
5M1E : Men, Machines, Methods, Materials, Measurements, Environment의 약자

받을 수 있으므로 이러한 항목을 고려하지 않고는 프로모션의 효과 유무를 올바로 판단할 수 없을 것이다.

실무적으로 데이터는 크게 3 가지 목적 하에서 수집된다. 가장 일반적인 목적은 평가<sup>Evaluation</sup>이다. 평가를 위해 측정되는 데이터는 주로 범주형 또는 연속형의 범주화가 많으며, 대부분 과정보다는 최종 결과물로부터 수집된다. 가장 간단한 형태가 2원 분류 - 「합격」 또는 「불합격」 - 이다. 일반적으로 평가 목적의 데이터는 신뢰성이 낮으며 그 분석 결과에 대하여 구성원들이 동의하기보다는 부정적인 편견을 갖는 경우가 많다.

그 다음으로 일반적인 경우는 관리<sup>Management</sup>이다. 관리란 목표를 설정하고 달성 여부를 확인하는 총체적인 활동을 말한다. 관리 목적으로 수집되는 경우에는 빈도 중심의 이산형 데이터가 많으며 범주형 또는 연속형의 범주화된 데이터 역시 많이 사용한다. 또한 연속형으로 측정되더라도 통계적인 분석보다는 주어진 목표값과 비교하기 위하여 활용되는 경우가 많다. 이러한 데이터는 쉽게 평가 목적으로 전환될 수 있으므로 평가를 목적으로 수집되는 데이터와 비슷한 단점을 갖는다.

마지막으로 개선<sup>Improvement</sup>이다. 개선이란 현재보다 더 나은 결과를 얻기 위한 노력을 말한다. 이는 원하는 결과에 대한 명확한 원인들을 찾았을 때 달성될 가능성이 높다. 명확한 원인 규명을 위해서는 다양한 인과 관계<sup>Causality</sup>와 교호작용<sup>Interaction</sup> 을 고려해야 하므로 범주형 보다는 이산형 또는 연속형으로 측정되는 경우가 많다. 개선 목적으로 수집되는 데이터는 신뢰성이 높으며 체계적인 분석을 통하여 그동안 알려지지 않았던 새로운 사실을 찾는 경우가 많다. 또한 분석 결과에 대하여 구성원들에게 긍정적인 동의를 얻을 가능성도 평가 또는 관리 목적인 경우에 비하여 상대적으로 높다.

데이터의 수집 목적을 크게 평가, 관리, 그리고 개선으로 구분하였지만 실제로는 그 목적이 중복되거나 계층적으로 정의되는 경우가 있다. 예를 들어, 실무자들은 평가에 대비하기 위하여 데이터를 수집하지만 경영자들은 이를 이용하여 개선 활동을 하고자 하는 경우이다. 이때 기존의 목적 하에서 수집된 데이터를 이용하여 새로운 목적에 필요한 정보를 도출하기 위하여 데이터를 새롭게 생성하기도 하는데 이러한 과정을 데이터 빌딩Data Building이라고 한다.

> **데이터 빌딩 Data Building**
>
> 실무적인 복석 하에서 수집된 다양한 데이터를 이용하여 새로운 목직에 적합하도록 새롭게 데이터를 생성하는 과정
>
> - 요약, 제거, 차원 축소, 표준화, 변환 등을 이용한 데이터의 가공과 새로운 지표 생성을 말한다.

실무에서 사용되는 모든 지표Index는 데이터 빌딩의 결과라고 할 수 있다. 학기 말에 각 과목의 학점을 확인하고 이를 취합하여 GPA[14]를 계산하는 것에서부터 경영 활동의 중간 결과물을 월말 또는 분기별로 요약하는 것까지 일상적으로 수집되는 데이터들은 새로운 목적(예 :분기/반기별 성과 확인)을 위하여 새로운 데이터로 변환되는 데이터 빌딩의 과정을 거친다.

이 과정에서 해석력을 높이기 위하여 [그림 2.6]과 같이 대표성과 용이성 확보를 위한 통계적인 기법을 적용한다. 수집된 데이터들 중에서 패턴을 벗어나는 일부 값 또는 그러한 값들의 모임이 있을 수 있다. 이 때, 개별 값을 이상점Outlier 그리고 일정 수 이상 값들의 모임을 군집Cluster이라고 한다.

이러한 이상점 또는 군집은 통계 분석 과정에서 결과에 영향을 주어 의미 없는 결과를 제공하거나 실제 사실과 다른 결과를 제공할 수 있다. 이러한 경우에는 데이터 레쥬메를 확인하여 이상점 그리고/또는 군집을 제거하거나 분류하여 분석한 다음 해석해 볼 수 있다. 또한 측정된 값 대신에 순서를 이용하여 분석해 볼 수 있다.[15]

14) Grade Point Average의 약자
15) 부호, 순서를 이용하여 분석하는 통계적 방법을 비모수적Nonparametric 방법이라고 한다.

[그림 2.6] 데이터 빌딩을 위한 통계적 방법

관심 있는 범주를 집계하여 이산형 데이터로 전환한 경우에는 계산의 근거를 변경함으로써 원하는 목적을 달성할 수 있다. 예를 들어, 일별 「고객 응대 불만」에 관한 데이터를 수집하여 콜센터의 서비스를 개선한다고 가정해 보자. 수집된 데이터를 분석하여 새로운 개선 사항을 찾을 수 없을 때, 계산의 근거인 「1 일」을 「오전/오후/야간」으로 정의하여 새롭게 데이터를 생성하여 분석한다면 개선 사항이 드러날 수도 있다. 이러한 과정은 간단하지만 데이터의 대표성을 높이고 분석 결과의 타당성을 높일 수 있는 유용한 방법이다.

측정된 데이터가 이산형 또는 연속형인 경우에는 표준화^Standardization^를 통하여 객관적으로 비교 가능하도록 변환할 수 있다. 표준화는 다음과 같이 정의된다.

**이산형 또는 연속형 데이터의 표준화 Standardization**

$$\text{표준화된 값} = \frac{\text{개별 값} - \text{값들의 평균}}{\text{값들의 산포 값}}$$

여기서, 산포 값은 목적에 따라 범위, 범위의 함수, 표준편차 등을 사용

예를 들어, 난이도가 서로 다른 과목들로 시험을 치른 학생들을 평가한다고 했을 때 측정된 원점수 값을 직접 사용한다면 실제 노력의 정도보다는 「어떤 과목을 선택 하였는가」에 따라 평가 결과가 결정될 수 있다. 이러한 경우 측정된 원 점수 값을 이용한 평가는 공평하다고 할 수 없다. 서로 다른 난이도를 반영하고 학생들의 노력의 정도를 객관적으로 파악하기 위해서는 과목을 선택한 학생들의 모든 점수를 이용하여 각 학생별로 표준화된 점수 값을 계산하여 객관적으로 비교해야 한다.

## 예제 2.2

다음은 동일한 학기에 개설된 통계학원론 A와 B의 시험 점수이다.
A과목을 들은 김철수 학생은 90점을 받았고 B과목을 들은 박영희 학생은 85점을 받았다. 두 점수를 객관적으로 비교해 보시오.

| 과목명 | 인원 수 | 평균 | 표준편차 |
|---|---|---|---|
| A | 148 | 85 | 5 |
| B | 75 | 70 | 10 |

(결과)

| 이름 | 원점수 | 표준점수 | 비고 |
|---|---|---|---|
| 김철수 | 90 | 1 | 높은 원점수 |
| 박영희 | 85 | 1.5 | 높은 표준점수 |

$$\text{김철수 학생 표준점수} = \frac{90-85}{5} = 1$$

$$\text{박영희 학생 표준점수} = \frac{85-70}{10} = 1.5$$

다른 조건이 동일하고 난이도의 차이가 있다면 박영희 학생이 더 많은 노력을 했다고 할 수 있다. ■

변환Transformation이란 데이터에 일정한 함수를 적용하여 바람직한 형태로 전환하는 통계적 방법을 말한다. 이러한 변환에 사용하는 함수는 주로 미분 가능한 비선형 함수를 사용한다. 분석 목적에 따라 다양한 변환 방법이 존재하지만 통계적으로 가장 널리 사용되는 변환 함수는 다음과 같은 승변환Power Transformation[16]이다.

**승변환**

$$y^* = \begin{cases} y^k & , k \neq 0 \\ \ln(y) & , k = 0 \end{cases}$$

단, $k < 0$이면 데이터 값의 순서가 바뀐다.

[그림 2.7]은 여러 가지 $k$값에 대한 승변환 함수의 형태를 보여준다. $k=1$인 경우는 변화가 없고, $k>1$인 경우에는 작은 값보다 큰 값의 변화가 더 크며, $k<1$인 경우에는 큰 값보다 작은값의 변화가 더 커지는 것을 확인할 수 있다.

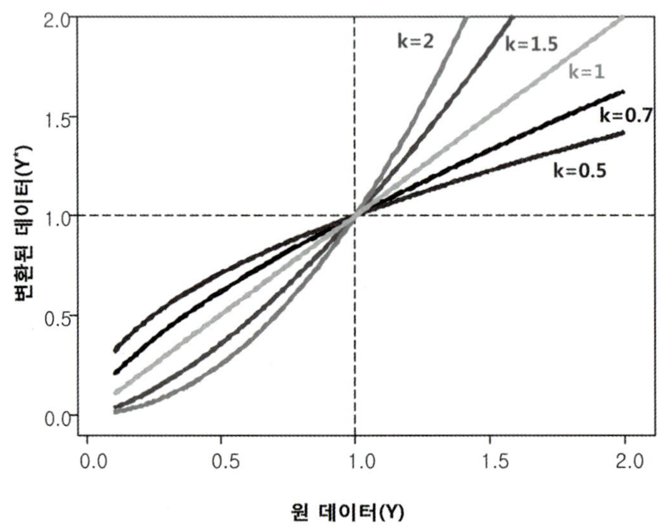


[그림 2.7] 승변환 함수 $y^* = y^k$, $k = 0.5, 0.7, 1, 1.5, 2$

16) 이를 Box-Cox Transformation이라고도 부른다.

### 예제 2.3

다음은 특정 제품의 수명을 조사한 것이다($n = 150$). 데이터를 수집해 본 결과 좌우 대칭 구조를 만족하지 않아서 다양한 통계적 분석을 적용하는데 문제가 있다. 적절한 방법으로 좌우 대칭으로 변환하고자 한다.

(변환 전)

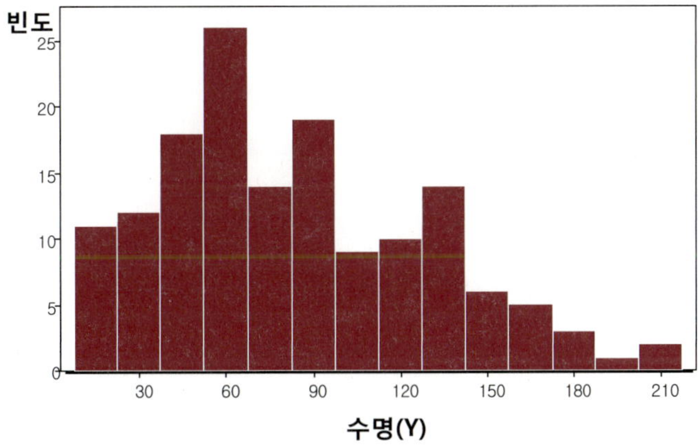


(변환 후) $y^{*} = y^{0.5}$

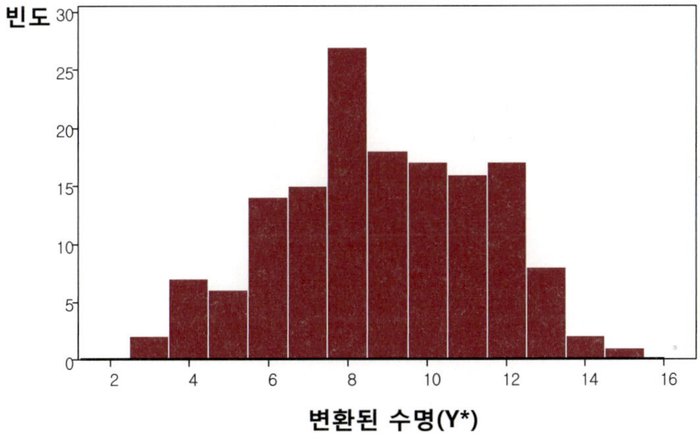


비대칭의 형태가 승변환($k = 0.5$)에 의하여 좌우대칭 형태로 변환되었다. ■

## 제 2 장 연습문제

2.1 다음의 데이터의 측정 척도를 제시하시오.

(1) 서울지역 거주자의 본적지

(2) 2014년 3월 1일 서울지역의 강우량

(3) 학생들의 한달 용돈

(4) 학생들의 교수 강의 평가

(5) 학생들의 키

(6) 특정 운동선수에 대한 선호도

(7) 구성원의 출근 방법

(9) 통계학 원론과목의 학점

(10) 주요도시 소비자 물가지수

2.2 다음 용어를 설명하시오.

(1) 측정의 타당성

(2) 측정의 정확성

(3) 측정의 정밀성

2.3 다음 데이터 수집의 목적을 평가, 관리, 개선으로 구분하고 그 이유를 설명하시오.

(1) 연봉 협상을 위한 KPI 달성도

(2) 생산 라인에서의 불량품의 수

(3) 지각/조태 회수

(4) 중간고사 시험 점수

(5) 휴대폰의 로그인 시간

(6) 고객 불만 회수

(7) 냉장고에서 일정 온도에 도달하는 시간

(8) TV화면의 전환 속도

(9) 국가 신용도

(10) 년도별 실업률

3
장

# 관심 특성과 확률 변수
## Practical Interests and Random Variables

**David Pierre Ruelle**

우연에 대한 과학적 해석은 확률을 도입하는데서 시작한다.

**S. G. Ko**

실무적으로 모든 관심 특성은 변수이다.
분포는 변수를 올바로 표현할 수 있는 좋은 방법이 아니다.
유일한 방법이다

### 학습 목표

- 통계적 확률의 의미를 이해한다.
- 불확실한 상황 하에서의 확률의 유용성을 이해한다.
- 실무적 관심 특성과 확률 변수간의 관계를 이해한다.

### 차례

3.1 개요
3.2 시행, 결과, 표본공간 그리고 확률
3.3 관심 특성과 확률 변수
3.4 확률 분포의 도출

### 중요 용어

- 시행, 표본공간, 사상, 확률, 확률변수, 확률분포
  Trial, Sample space, Event, Probability, Random Variable
  Probability Distribution

# 3.1 개요

Introduction

실무적으로 관심 있는 모든 사건Event은 불확실성Uncertainty을 갖는다. 중요한 약속이 있을 때는 돌발 상황으로 시간이 지체될 수 있기 때문에 평상시보다 조금 일찍 출발한다. 여기서 조금 일찍 출발한다는 것은 약속 시간을 지킬 확률을 높이기 위한 행동이다. 여행을 가거나 익숙하지 않은 장소를 방문할 때 우리는 평상시 보다 더 많은 준비물을 준비한다. 익숙한 집이 아니기 때문에 어떤 일이 벌어질지 모르기 때문이다. 이 역시 불편하지 않을 확률을 높이고자 하는 행동이다. 물론 늦어도 자신에게 영향이 거의 없는 약속과 불편한 것에 크게 개의치 않는 성격이라면 굳이 이러한 행동을 할 필요가 없다. 관심 없는 사건에는 불확실성을 고려할 필요도 없고 확률을 계산할 필요도 없다.

기업의 활동에도 동일한 논리가 적용된다. 별로 중요하지 않은 활동에 대한 불확실성과 확률은 아무런 의미가 없다. 하지만 중요한 영향을 주는 활동이라면 불확실성을 따져보고, 가능하다면 바람직한 현상이 나타날  확률을 높일 수 있어야 한다.

# 3.2 시행, 결과, 표본공간 그리고 확률

Trial, Outcome, Sample Space and Probability

사전에 결과Outcome를 예상 할 수 없는 일련의 작업을 일정한 조건에서 한 번 실시하는 경우를 시행Trial이라고 한다. 그리고 시행을 할 때마다 나타날 수 있는 가장 기본적인 결과를 근원사상Element Event[17] 이라고 하고, 가능한 모든 근원사상의 집합을 표본공간Sample Space이라고 한다.

---

17) 근원 사건 또는 기본 사건이라고 부르기도 한다.

표본공간에 포함된 원소들이 유한하거나 또는 무한하더라도 셀 수 있는 경우를 이산[Discrete] 표본공간이라고 하며 어떤 구간 내에 있는 모든 실수를 가질 수 있는 경우의 표본 공간을 연속[Continuous] 표본공간이라고 한다. 따라서 시행의 결과는 이러한 표본공간을 구성하는 원소들 중에서 하나 또는 일부를 얻게 되는데 이를 사상[Event]이라고 한다.

### 예제 3.1

다음의 관심 특성을 고려해 보자.

A) 매장에 들어오는 고객의 성별
B) 고객과의 접촉에서 고객이 만족하는 정도
C) 매일 배송지에 도착하는 물건의 수
D) 주문 업무의 처리 시간
E) 고객을 응대하는 서비스 직원이 착용한 넥타이의 수

각 경우에 대한 표본공간과 관심사상을 정리해 보면 다음과 같다.

| 관심특성 | 표본 공간 | 관심 사상(예) |
|---|---|---|
| A : 범주형 | {남자, 여자}, 이산 표본공간 | 3번째 손님이 남자일 경우 |
| B : 범주형 | {불만족, 보통, 만족}, 이산 표본공간 | 30명의 고객 중에서 불만족 고객이 50%를 넘는 경우 |
| C : 이산형 | {0, 1, 2, ... K}, 이산 표본공간 | 배송 물건이 100개 이상일 경우 |
| D : 연속형 | {0≤시간≤T}, 연속 표본공간 | 주문 처리시간이 30분 이상일 경우 |
| E : 시행 아님 | 결과가 이미 알려져 있음 | 없음 |

위의 <예제 3.1>에서 E의 경우는 사전에 이미 결과를 알 수 있는 경우이므로 시행이라고 할 수 없다. 서비스 직원의 복장에서 넥타이는 1개를 착용한다는 것을 누구나 알 수 있기 때문이다. 나머지의 경우는 모두 사전에 결과를 알 수 없으므로 시행이라고 할 수 있으며, 각각의

근원사상을 모두 모아서 표본공간을 정의할 수 있다. 또한 각 표본공간은 그 구성 요소의 특징에 따라 이산 표본공간과 연속 표본공간으로 구분할 수 있다. 관심 사상의 예에서 확인할 수 있듯이 표본공간의 일부를 통하여 실무적 관심 사항을 정의할 수 있다.

확률이란 사상에서 정의되고 표본공간의 일부로 정의되는 사상이 발생할 가능성으로 해석한다. 모든 확률은 반드시 다음을 만족해야 한다. 이를 확률의 공리Axioms of Probability라고 한다.

**확률의 공리 Axioms of Probability**

사상 $E$가 발생할 확률을 $\Pr(E)$라 할 때,
확률함수 $\Pr(\cdot)$는 반드시 다음의 3 가지 공리를 만족해야 한다.

1) $P(S)=1$, $S$는 표본공간
2) $0 \le P(E) \le 1$
3) 사상 $E_i$, $i=1,2,\cdots$ 가 상호 배반 사상일 때 다음이 성립한다.

$$P\left(\bigcup_{i=1}^{\infty} E_i\right)=\sum_{i=1}^{\infty} P(E_i)$$

조건 3)에서의 상호 배반Mutually Exclusive이란 사상을 구성하는 요소들이 중복되지 않음을 의미하는 것으로 만일 $E_1=\{불만족, 보통\}$, $E_2=\{보통, 만족\}$이라고 한다면 상호 배반이라고 할 수 없지만 $E_3=\{만족, 아주\ 만족\}$으로 정의한다면 $E_3$는 $E_1$과 상호 배반인 사상이다. 이 경우 각각의 확률을 알고 있다면 이들의 합사상의 확률은 각 사상의 확률의 합으로 간단히 계산할 수 있다.

현장에서 어떤 현상을 심도 있게 고려할 때 사용하는 MECE[18]원칙이 있다. 이는 현장에서의 문제점 또는 개선책을 쉽게 찾기 위한 사전 준비 과정이라고 할 수 있는데, 이렇게 구분된 상황에 대하여 해결책을 찾는다면 쉽게 찾기 위한 원칙이다. 이를 논리적 구조화Logical

18)Mutually Exclusive Collectively Exhaustive의 약자
구성하는 항목들이 상호 배타적이면서 전체를 구성하는 모든 항목을 고려해야한다는 Ent으로 간단히 표현하면, 전체를 겹치지 않게 그리고 빠짐없이 나열하는 것을 의미한다.

Structuring라고 부르기도 하는데, 이는 확률의 공리를 응용한 실무적 원칙이다. [그림 3.1]은 MECE인 경우와 그렇지 않은 경우를 보여준다.

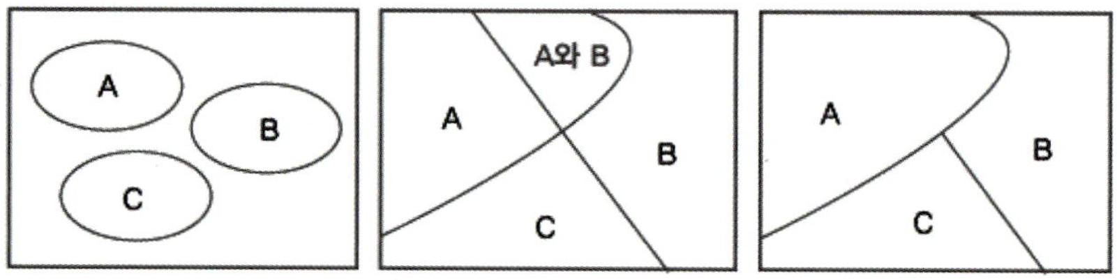


(1) ME이지만 CE가 아닌 경우 (2) CE이지만 ME가 아닌 경우 (3) MECE인 경우

[그림 3.1] MECE에 의한 논리적 구조화

확률은 **주관적**Subjective **확률**과 **객관적**Objective **확률**로 구분할 수 있으며, 객관적 확률은 다시 **수학적**Mathematical **확률**과 **통계적**Statistical **확률**로 구분할 수 있다.

수학적 확률은 고전적 확률이라고도 부르는데, 시행에 의하여 발생 가능한 각 사건의 가능성이 본질적으로 파악될 수 있다는 가정 하에 계산되는 확률을 말한다.

**수학적(또는 고전적) 확률**

표본공간$S$를 구성하는 모든 원소들의 발생 가능성이 동일하고Equally Likely 상호 배반일 때,

임의의 사상 $E$에 대한 확률은 다음과 같다.

$$P(E) = \frac{n(E)}{n(S)},\ n(\bullet)\text{는 구성 원소의 수}$$

정상적인 동전을 던질 때 앞면이 나타날 확률은 1/2 이다. 이는 표본 공간 $S = \{\text{앞면}, \text{뒷면}\}$을 구성하는 2 개의 사상에 대한 발생 가능성이 동일하고 상호 배반이므로 실제로 동전을 던져보지 않고도 본질적으로 파악 가능하다는 가정 하에서 계산된 확률이다. 따라서 **경우의**

수All Possible Cases를 모두 파악할 수 있는 경우에 이를 근거로 계산되는 확률은 수학적 확률이라고 할 수 있다.

하지만 실제로 동일한 조건에서 정상적인 동전을 던져 보면, 앞면이 나타날 확률이 반드시 1/2 이 된다고 할 수 없다. 예를 들어, 동전을 한 번만 던진다면 그 확률은 절대로 1/2이 될 수 없고 0 또는 1이 된다. 만일 이러한 시행을 여러 번 반복하여 앞면이 발생한 경우를 관찰한다면 던지는 횟수에 따라 서로 다른 확률 값을 얻게 될 것이다. 예를 들어, 10번을 던져서 앞면이 6번 나왔다면 1/2이 아닌 3/5라는 확률 값을 얻을 것이다. 하지만 이러한 시행을 아주 많이 반복한다면 그 확률 값은 점점 1/2에 가까워 질 것임을 예상할 수 있다. 이와 같이 실제 시행에 근거하여 계산되는 확률을 통계적Statistical 확률 또는 상대도수Relative Frequency적 확률이라고 한다.

**통계적(상대 도수적) 확률**

어떤 시행을 동일 조건하에서 $n$회 반복하여 시행할 때,
관심 사상 $E$가 $m$회 출현했다면, 이 때 확률은 다음과 같다.

$$\Pr(E) = \frac{m}{n}$$

다음 [표 3.1]은 정상적인 동전을 $n$회 던져서 앞면이 발생된 경우를 집계한 결과이다.

**[표 3.1] 시행 횟수($n$)별 앞면이 발생한 횟수($m$)**

| n | 10 | 20 | 30 | 40 | 50 | 60 | 70 | 80 | 90 | 100 | 200 | 300 | 400 | 500 | 1000 |
|---|---|---|---|---|---|---|---|---|---|---|---|---|---|---|---|
| m | 4 | 9 | 17 | 19 | 27 | 30 | 31 | 44 | 48 | 45 | 96 | 157 | 199 | 253 | 502 |

각 시행 횟수별 통계적 확률은 [그림 3.2]와 같다.

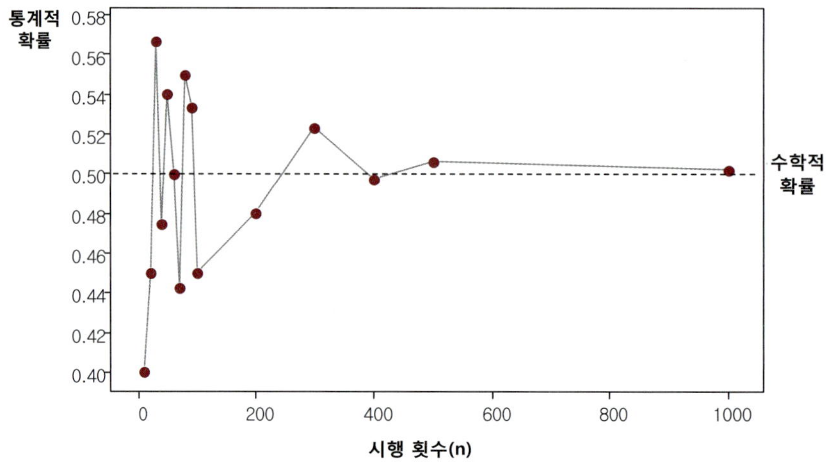


[그림 3.2] 수학적 확률과 시행 횟수별 통계적 확률

[그림 3.2]에서와 같이 동일한 조건에서 시행한다고 하더라도 시행 횟수에 따라 통계적 확률은 동일한 값을 갖지 않는다. 즉, 통계적 확률을 이용하는 경우 동전의 앞면이 나올 확률은 $1/2 = 0.5$가 아닐 수 있다. 하지만 시행을 아주 많이 반복한다면 동전의 앞면이 발생할 확률은 점점 0.5에 가까워지고, 결국에는 0.5가 될 것이라는 것을 예상할 수 있는데, 이를 대수의 법칙The Law of Large Number이라고 한다. 즉, 어떤 시행을 동일 조건 하에서 무한하게 반복한다면 통계적 확률은 결국 수학적 확률과 일치하게 된다는 것을 의미하며 다음과 같이 표현할 수 있다.

$$\frac{n(E)}{n(S)} = \Pr(E) = \lim_{n \to \infty} \frac{m}{n}$$

실제 현장에서 관심 있는 사상에 대한 수학적 확률이 알려져 있는 경우는 거의 없다. 예를 들어, 얼마나 많은 고객들이 파랑색의 신제품을 선택할 것인가? 라는 질문에 대한 수학적 확률은 알려져 있지 않기 때문에 시장 조사 또는 고객 조사를 통한 통계적 확률을 계산하거나 그동안의 정보와 경험을 바탕으로 주관적으로 결정해야 한다.

주관적 확률은 객관적 확률과 같이 하나의 식으로 표현할 수는 없지만 특정 환경에서의 경험 또는 사전 정보가 주어진 경우에 한하여 사용할 수 있다.

**주관적 확률**[19)]

현실적으로 직접 경험할 수 없거나 또는 1 회의 시행 결과로부터 관심 사상 $E$가 발생할 확률 $\Pr(E)$을 파악하고자 할 때, 판단하는 사람의 경험, 가치관, 믿음 또는 과거에 주어진 제한된 정보 등에 의하여 결정되는 확률

## 3.3 관심 특성과 확률 변수

Practical Interests and Random Variable

「모든 관심 특성은 변수이다.」라는 명제를 제 1장에서 소개하였다. 현장에서 중요 특성을 선정하여 그 값을 정확하게 예측할 수 있다면 통계적 고민은 하지 않아도 된다. 하지만 그 특성이 중요하면 할수록 정확히 예측하는 것은 쉽지 않다. 또한 이론적으로 정확한 상수 값을 갖는다고 하더라도 실제 현장에는 환경이라는 변인이 존재하므로 물리적/수학적 공식에 의해 계산된 값을 직접 적용하는 것도 바람직하지 않다. 게다가 정확한 측정을 할 수 있는 측정 장비가 항상 존재하는 것도 아니다. 따라서 관심 특성은 항상 변수가 된다. 따라서 관심 특성을 측정하여 숫자로 표현하고 실무적으로 관심이 있는 사상이 발생할 확률을 계산할 수 있어야 하는데, 이러한 조건을 만족하는 변수를 **확률변수**Random Variable라고 한다.

19) 유용하고 객관적인 사전 정보를 통계 분석에 적용하고자 하는 이론을 체계적으로 발전시킨 것이 베이지안Bayesian 방법이다. 이는 현재 다양한 통계 기법에 적용되고 있다.

**확률 변수**

표본 공간 $S$로부터 실수 값으로의 변환 함수를 말하며,
발생 가능한 모든 값에 대한 확률이 알려져 있다고 가정한다.

기술과 경험만으로 실무적 관심 사항을 판단할 것이 아니라면 실무적 관심 특성은 반드시 확률 변수로 정의되어야 한다. 이는 데이터의 수집과 체계적인 분석을 위한 가장 중요한 전제조건이다.

간단한 예를 보도록 하자. 정상적인 주사위 2 개를 던져서 나오는 눈금의 합에 따라 업무를 분배한다고 가정할 때 눈금의 합이 홀수 개가 나오면 부산에서 근무하고 짝수 개가 나오면 서울에서  근무한다. 그리고 그 눈금 합의 값이 크다면 더 많은 업무를 해야 한다고 하자. 그렇다면 부산에서 업무를 진행하면서 가장 적은 업무를 분배받을 가능성은 얼마인가? 그리고 이러한 업무 분배 과정은 공평한가? 다음 [그림 3.3]은 관심 특성인 2 개 주사위의 가능한 점의 수로 구성된 표본 공간과 눈금 합으로 정의된 확률 변수를 표현한 것이다.

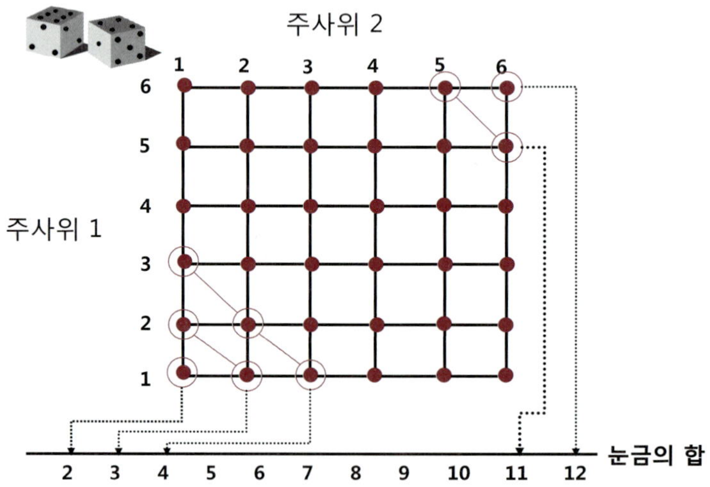


[그림 3.3] 2 개의 주사위를 던졌을 때 나타나는 표본 공간과
확률 변수로 정의된 눈금 합

먼저 근무 장소 배치가 공평한가와 부산에서 가장 적은 업무를 수행하는 사상에 대한 확률을 계산해 보자. [표 3.2]는 관심 특성을 표현한 확률 변수의 가능한 모든 값에 대한 확률을 표현한 것이다. 이를 관심 특성에 대한 확률분포Probability Distribution라고 한다.

**[표 3.2] 가능한 눈금 합에 대한 확률 분포 표**

| y | 2 | 3 | 4 | 5 | 6 | 7 | 8 | 9 | 10 | 11 | 12 |
|---|---|---|---|---|---|---|---|---|---|---|---|
| 확률 | 1/36 | 2/36 | 3/36 | 4/36 | 5/36 | 6/36 | 5/36 | 4/36 | 3/36 | 2/36 | 1/36 |

[표 3.2]의 결과는 경우의 수에 의한 수학적 확률이며, 주어진 확률 함수는 확률의 공리를 만족하는 것을 확인할 수 있다. 먼저 부산에서 근무할 가능성은 다음과 같다.

$$\Pr(Y=3 \text{ 또는 } Y=5 \text{ 또는 } Y=7 \text{ 또는 } Y=9 \text{ 또는 } Y=11)$$
$$= \frac{2+4+6+4+2}{36} = \frac{18}{36} = \frac{1}{2}$$

따라서 서울 또는 부산에서 근무할 가능성은 동일하므로 근무지 배치는 공평하다고 할 수 있다. 그렇다면 부산에서 업무를 진행하면서 가장 적은 업무를 분배받을 가능성을 계산해 보자.[20]

$$\Pr(Y=3 \mid Y=3 \text{ 또는 } Y=5 \text{ 또는 } Y=7 \text{ 또는 } Y=9 \text{ 또는 } Y=11)$$
$$= \frac{2/36}{18/36} = \frac{1}{9}$$

20) 이러한 경우에는 조건부Conditional 확률을 사용한다.
사상 A가 발생했다는 조건 하에서 사상 B가 발생할 확률로 다음과 같이 계산한다.
$\Pr(B \mid A) = \frac{\Pr(B \cap A)}{\Pr(A)}$, 단 $\Pr(A) > 0$

즉, 서울 또는 부산에서 근무할 가능성은 동일하며 가장 적은 업무를 분배받을 가능성은 약 11%정도로 나타났다. 이와 같이 확률 변수로 정의된 관심 특성에 대해서는 관심 있는 사상에 대한 확률을 계산하여 판단의 기준으로 활용할 수 있다. 수학적 확률을 계산할 수 없는 경우에는 일정한 시행을 통해 데이터를 수집하고 이를 근거로 통계적 확률을 계산하여 판단의 기준으로 활용한다.

확률 변수는 반드시 숫자로 표현될 수 있어야 하므로 측정 활동이 전제된다. 이 때 확률 변수가 취할 수 있는 값이 유한/가부번인 경우에는 **이산형**Discrete **확률 변수**라고 하고 임의의 구간이나 구간들의 합인 경우를 **연속형**Continuous **확률 변수**라고 한다. 따라서 모든 가능한 값에 대한 확률을 표현한 확률분포 역시 이산형과 연속형으로 구분된다. 실무적으로 많이 사용하는 확률분포에 대해서는 제 4장과 제 5장에서 자세히 다루기로 한다.

## 3.4 확률분포의 도출

Deriving a Probability Distribution

3.2절의 주사위 눈금 합은 이산형 확률변수이며 모든 가능한 값에 대한 확률을 표현한 확률분포를 확인하였다. 실제로 이산형 확률변수에서는 이와 같이 발생 가능성에 대한 수학적 확률과 연산에 의하여 확률분포가 정의된다. 따라서 그 값이 어떠한 환경과 상황에서 측정되는가에 따라 확률분포가 결정된다. 예를 들어, 주사위 3 개를 던져서 눈금 합을 계산한다면 3.2절과는 전혀 다른 확률분포가 정의될 것이다.

연속형의 경우에는 수집된 데이터의 형태를 이용하여 확률분포를 결정한다. [그림 3.4]는 데이터를 이용하여 연속형 확률분포를 결정하는 과정을 보여준다.

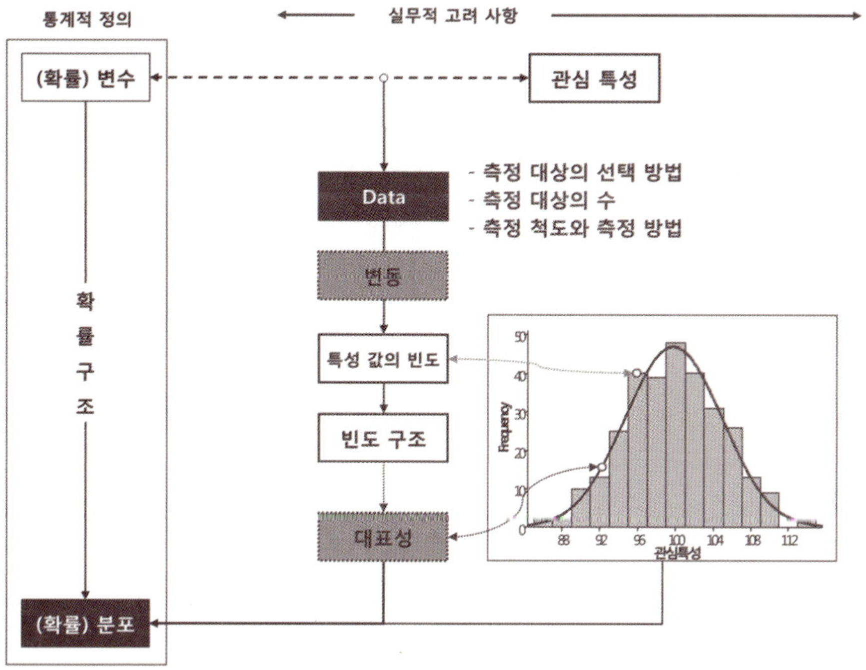


[그림 3.4] 연속형 확률분포 도출을 위한 실무적 고려 사항

통계적인 정의에 의하면 확률변수의 확률 구조가 확률분포이다. 하지만 이를 실무적인 상황과 연계하려면 몇 가지 중요한 사실을 확인해야 한다. 일단 실무적으로 중요한 관심 특성은 변수이다. 따라서 실무적 관심 특성을 측정하게 되면 데이터를 수집할 수 있다. 데이터를 수집하기 위해서는 먼저 측정 대상의 선택 방법과 측정 대상의 수가 결정되어야 한다. 앞에서도 강조했듯이 선택 방법은 모집단을 대표할 수 있어야 한다. 그리고 측정 대상의 수는 분석 목적에 따라 통계적으로 결정할 수 있지만 너무 적은 수라면 바람직하지 않다.

이렇게 측정된 데이터는 변동을 갖는다. 변동의 형태를 확인하기 위하여 그래프를 그려보면 측정된 특성 값의 빈도 구조를 파악할 수 있다.(막대로 표현된 히스토그램) 모집단을 대표한다는 가정 하에서 무한히 많은 데이터를 수집한다고 가정하면 [그림 3.4]에서 실선으로 표현된 일정한 형태의 확률분포를 얻을 수 있다.

도출된 확률분포의 형태Shape, 위치Location, 척도Scale(범위)를 고려하여 연속형 확률분포가 정의되고 실제 관심 특성이 일정한 구간 또는 구간의 합에 속할 확률을 계산하여 판단의 기준으로 활용한다. 예를 들어, [그림 3.3]의 관심 특성이 100 이상일 가능성은 약 0.5 정도이고 150 이상일 가능성은 거의 0 임을 확인할 수 있다.

## 제 3 장 연습문제

3.1 다음 용어를 설명하시오.

(1) 확률변수 (2) 확률분포 (3) 근원사상

(4) 표본 공간 (5) 확률의 공리

3.2 다음 각 항목에서 정의된 값들이 확률변수가 될 수 있는지의 여부를 설명하시오.

(1) 어제의 종합주가지수

(2) 내일의 종합주가지수

(3) 구성원 중 임의로 한 명을 뽑아서 키을 측정한다고 할 때 나오는 값

(4) 김철수 씨의 체중

(5) 구성원 중에서 임의로 한 명을 뽑는다고 할 때, 그가 소유한 차량의 종류

(6) 구성원 중에서 임의로 한 명을 뽑는다고 할 때, 그가 소유한 차량의 가격

(7) 구성원 중에서 임의로 10명을 뽑는다고 할 때, 그들의 키의 평균

3.3 항아리에 빨간공(R) 5개, 파란공(B)과 흰공(W)이 각각 2개와 3개 들어있다. 이 항아리로부터 2개의 공을 꺼내는 실험을 하고자 한다.

(1) 위의 실험이 시행인 이유를 설명하시오.

(2) 표본 공간을 정의하시오.

(3) 뽑힌 2개의 공이 모두 동일한 색일 사상을 모두 나열하시오.

(4) 적어도 흰 공이 하나 뽑힐 사상을 정의하시오.

3.4 다음의 확률 실험에서 정의되는 표본 공간을 기술하시오.

(1) 공정한 동전을 세 번 던져 관측된 앞면의 수를 기록

(2) 30명이 면허 시험에 응시한 경우 합격자의 수를 기록

(3) 특정 전구의 수명을 기록

3.5 상자에 1, 2, 3, 4를 적은 네 장의 종이가 들어 있다. 이 중 한장을 꺼낸 후, 돌려 넣지 않고 다시 한 장을 꺼낸다. 다음 각 경우에 해당하는 확률 변수의 표본 공간을 정의하시오.

(1) $X \equiv$ 두 숫자의 합

(2) $Y \equiv$ 첫 번째와 두 번째 숫자의 차이

(3) $Z \equiv$ 홀수 숫자의 수

3.6 한 개의 주사위를 던지는 실험에서 각 눈이 나타나는 결과를 1, 2, 3, 4, 5, 6이라 하자. 다음 물음에 답하시오.

(1) 표본공간을 정의하시오.

(2) $X$를 각 눈의 개수라고 하자. 표본공간의 원소들이 실현가능성이 같다고 할 때, $X$의 확률분포를 구하시오.

3.7 다음 물음에 답하시오.

(1) 카드 한 세트에서 한 장을 임의로 뽑을 때, 다이아몬드가 나올 확률은 얼마인가?

(2) 잘 섞인 카드 한 세트에서 한 장을 뽑아 그 결과를 기록한 후 뽑힌 카드를 세트로 돌려 넣고 다시 잘 섞어 놓는다. 이 과정을 $n$번 반복하여 관측된 다이아몬드의 비율을 $p$라고 하자. 다음 표를 완성하시오.

| $n$ | 10 | 20 | 30 | 40 | 50 |
|---|---|---|---|---|---|
| $p$ | | | | | |

(3) 완성된 표에서 $n$이 커짐에 따라 구해진 $p$값이 (1)의 결과에 가깝게 가는지를 확인하시오. 만일 그렇지 않다면, 그 이유를 설명해 보시오.

# 4장 이산형 확률분포

## Discrete Probability Distributions

**S. G. Ko**

- 모든 실무적 관심 특성은 변수이다.
- 이산형 데이터의 유용성은 집계되는 범주의 기준이 결정한다.

### 학습 목표

- 이산형 데이터의 특징을 이해한다.
- 실무적 상황과 그에 유용한 이산형 확률분포를 이해한다.

### 차례


4.1 개요

4.2 이항 분포

4.3 포아송 분포

4.3 포아송 분포의 실무적 활용


### 중요 용어

- 베르누이 시행, 이항 분포, 포아송 분포
  Bernoulli trial, Binomial distribution, Poisson distribution
- 몬테카를로 시뮬레이션
  Monte Calo simulation
- 단위, 기회, 초기 수율
  Unit, Opportunity, First-time Yield

# 4.1 개요

Introduction

이산형 확률변수는 통계적으로 유한 또는 가부번 값을 취할 수 있는 확률변수를 말한다. 이를 현장에서 고려되는 관심 특성과 연계해 보면 주로 일정 단위에서 특정 범주의 횟수[Count]를 측정하는 상황과 일치한다. 즉, 2 개 이상의 범주 중에서 원하는 범주의 빈도를 수집하는 경우를 말한다. 예를 들면, 주문 수량 중에서 특정 제품의 수, 생산된 제품 중에서 불량품의 수, 또는 일 년 동안 진행된 여러 활동 중 사고 건수 등을 들 수 있다. 이 장에서는 실무적인 관점에서 이산형 데이터[21]를 다음과 같이 정의한다.

> **이산형 데이터**
> 특정 상황 하에서 원하는 조건을 만족하는 대상의 수를 집계한 데이터

분석 가능한 관심 특성은 확률변수로 표현할 수 있고, 관심 사상에 대한 확률을 계산하기 위하여 이로부터 확률분포를 정의한다. 따라서 확률분포를 이해하고 실무적으로 응용하기 위해서는 다음의 3 가지를 확인해야 한다.

> **확률분포의 이해**
> 1) 언제 사용하는가?
> 2) 확률분포를 결정하는 모수(들)는 무엇인가?
> 3) 관심 사상에 대한 확률을 어떻게 계산할 것인가?

이산형 확률분포는 관심 특성인 확률변수가 어떤 상황에서 측정되었는가에 따라 분포 종류가 결정되고 이는 모수[arameter](들)에 의하여 명확

21) 실무적으로 횟수[Count]/빈도[Frequency] 데이터라고도 부른다.

히 정의된다. 또한 각 확률분포에 대한 요약 값으로 (모)평균Mean과 (모)분산Variance/(모)표준편차Standard Deviation를 계산할 수 있지만 그 값들이 모수와 항상 일치하는 것은 아니다.

## 4.2 이항 분포

Binomial Distribution

이산형 확률변수의 가장 기본적인 개념은 베르누이Bernoulli[22] 시행이다. 이는 결과가 $\{실패, 성공\}$ 또는 $\{0, 1\}$과 같이 상호배반인 2 개의 사상만을 갖는 경우의 시행을 말하며, 이 때 나타날 수 있는 결과를 베르누이 확률변수라고 한다.

관심이 있는 사상을 숫자 「1」로 표현하고 이의 확률을 $\pi$[23]라고 가정했을 때 베르누이 확률변수 $Y$는 다음과 같은 확률분포 $f(y)$를 갖는다.

$$f(y) = \pi^y (1-\pi)^{1-y},\ y = 0, 1, \quad \text{여기서 } \pi = \Pr(Y=1)$$

상호배반인 2 개의 사상 중에서 「성공」이란 바람직하한 범주라는 것이 아니라 「관심 사건」을 의미한다. 만일 어떤 치료법을 시행했을 때 「사망」하는 경우에 관심이 있다면, 치료 중에 환자가 사망하는 경우가 「성공」으로 정의되고 업무 처리 프로세스에서 「미결재」 또는 「사고」건에 관심이 있다면 고려한 업무에서 「사고」가 발생한 경우가 성공 사건이 된다.

또한 시행의 결과가 반드시 $\{실패, 성공\}$ 중 하나이어야 하므로 관심 사건을 「성공」이 아닌 「실패」로 정의하더라도 동일한 방법으로 원하는 확률을 계산할 수 있다.

---

22) Daniel Bernoulli, 1700~1782, 스위스의 수학자

23) "파이, pi"라고 읽는다.

이항Binomial 분포는 이러한 베르누이 시행을 $n$번 독립적으로 시행했을 때 「성공의 수」로 정의된 확률변수 $Y$의 확률분포이다. 단, $n$번의 시행 중에서 매회 성공률이 $\pi$ $(0 < \pi < 1)$로 동일하다고 가정한다. 즉, 이항 분포는 다음의 경우에 사용할 수 있다.

> **언제 사용하는가?**
> 관심특성 : 특정 모비율($\pi$)을 갖는 (무한) 모집단으로부터 추출한 단위 표본($n$) 중 관심 사건의 수

여기서 무한 모집단이란 실무 현장의 프로세스를 의미하는 것으로 업무 활동의 결과가 아닌 실행 방법으로 해석한다. 예를 들어, 주문 업무의 실행 횟수는 유한하지만 업무 방법을 바꾸지 않는다면 비슷한 결과가 유지될 것이므로 업무 횟수가 아닌 방법에 관심이 있다면 이는 무한 모집단으로 해석할 수 있다.

간단한 예를 보자. 1 달 동안 진행된 영수증 처리 결과 중에서 30개를 임의로 조사하여 미처리된 결과의 수에 관심이 있다고 가정해 보자. 실제 각각의 영수증 처리는 {처리, 미처리} 중 하나로 측정될 것이며, 이 중에서 미처리의 수에 관심이 있으므로 이는 이항 분포를 사용할 수 있다. 이때 이항분포를 이용하면 가능한 모든 미처리의 수, $Y = 0, 1, 2, \ldots, 30$, 에 대한 확률을 모두 계산할 수 있다. 이때 이항 분포를 결정하는 값인 미처리율 $\pi$와 임의로 선택된 업무 결과의 수 $n$을 이항 분포의 모수라고 한다.

> **분포의 모수는 무엇인가 ? $(n, \pi)$**
> $n$ : 시행 횟수
> $\pi$ : 성공(관심 있는 사건)이 발생 할 확률

이항 분포를 따르는 확률변수 $Y$를 간단히 $Y \sim Bin(n, \pi)$라고 표현한다. 만일 $n$이 주어지고 $\pi$에 대한 정보를 알고 있다면 확률변수가 가질 수 있는 모든 값에 대한 확률을 다음을 이용하여 계산할 수 있다.

**확률 계산을 어떻게 할 것인가?**

$Y \sim Bin(n, \pi)$

- $f(y) = \Pr(Y = y) = \binom{n}{y} \pi^y (1-\pi)^{n-y}$ , $y = 0, 1, 2, \ldots, n$

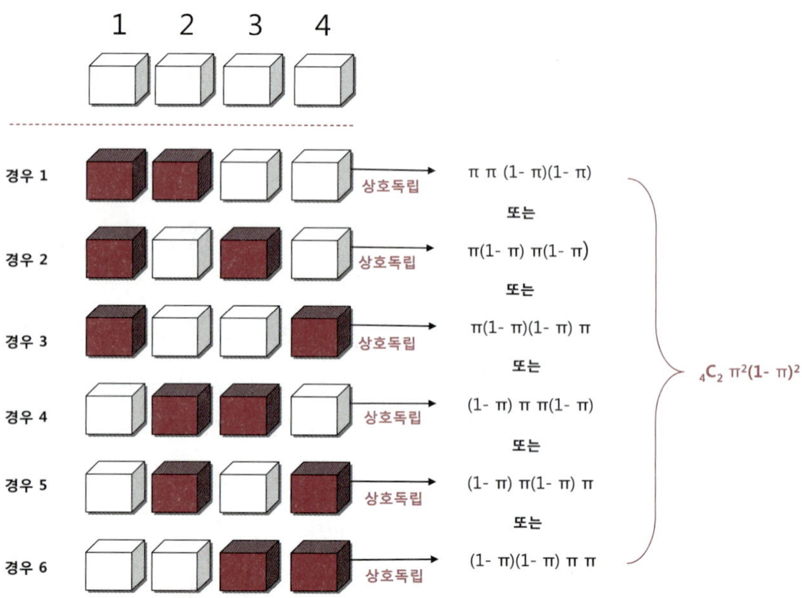


[그림 4.1] $Bin(4, \pi)$에서 $Y = 2$일 확률

[그림 4.1]은 $n = 4$에서 $y = 2$인 경우에 대한 이항 분포의 확률 계산 과정을 보여준다. 성공의 확률을 $\pi$라고 정의했으므로 상호 배반인 사상인 실패의 확률은 $1 - \pi$가 된다. 또한 각 시행이 상호독립이므로 (성공, 성공, 실패, 실패)인 경우의 확률은 $\pi \times \pi \times (1-\pi) \times (1-\pi)$로 계산할 수 있다. 또한 $y = 2$인 경우는 모두 6 가지가 있으므로 $_4C_2 = 6$[24]을 곱하여 원하는 확률을 계산한다.

만일 관심 특성의 개별 값에 대한 확률이 아니라 모든 가능한 값을 표현하는 확률분포에 대한 특징을 요약하고자 한다면 다음을 이용하여 이항 분포의 평균과 분산을 계산할 수 있다.

**이항 분포의 특징 : 평균과 분산**

평균 : $E(Y) = n\pi$
분산 : $Var(Y) = n\pi(1-\pi)$

여기서 평균Mean 또는 Average이란 $n$번의 시행을 독립적으로 여러 번 반복한다면 매번 서로 다른 성공의 수가 관찰될 수 있는데, 이렇게 관찰된 성공의 수로부터 계산된 평균을 말한다. 즉, 실제로 성공의 확률이 약 0.1정도 되는 업무활동들 중에서 임의로 30 개를 반복적으로 조사한다면 매번 평균적으로 약 3 건 정도의 성공의 수가 관찰될 것이라는 의미이다.

또한 $\pi > 0$을 가정한다면 분산Variance은 항상 평균보다 작은 값을 갖게 되며, $n$과 $\pi$의 값에 따라 다음의 관계를 갖는다. 이를 그림으로 표현하면 [그림 4.2]와 같다.

$$Var(Y) = n\pi(1-\pi) = -n(\pi - \frac{1}{2})^2 + \frac{n}{4},\ 0 < \pi < 1$$

따라서 이항 분포가 적용되는 관심 특성의 평균과 분산은 모수 $\pi$에 의해 결정되며, 특히 $\pi$가 0.5에 가까울수록 성공의 수의 분산이 커져서 매번 서로 다른 값이 발생할 가능성이 높아진다. 다시 말해, 미결재율이 0.5에 가깝다면 임의로 30건을 조사할 때마다 미결재 건수가 때론 적게 그리고 때론 크게 서로 다르게 나타날 가능성이 높다는 것을 의미한다. 조사할 때마다 서로 다른 값을 갖는다는 것은 아무리 많은 비용과 시간을 투자하여 조사했다고 하더라도 그 결과는 정보가 될 수

24) ${}_nC_y = \binom{n}{y} = \frac{n!}{y!(n-y)!}$ , $n! = n(n-1)\cdots(2)(1)$

없다.

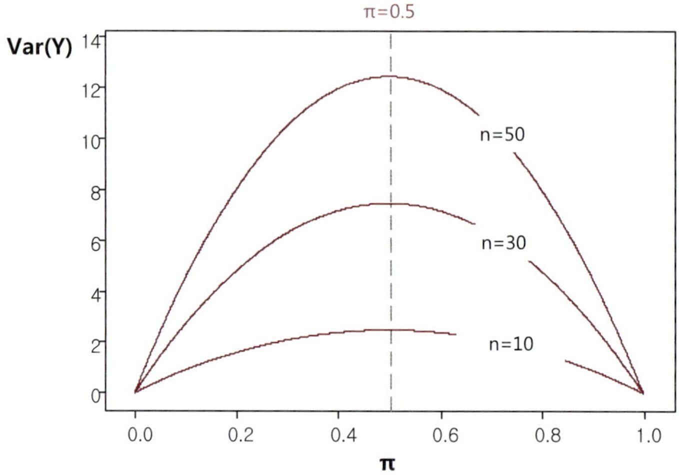


[그림 4.2] $n=10,30,50$인 경우, $\pi(0<\pi<1)$에 따른 $Y$의 분산

[그림 4.3]은 $n=30$을 가정하고 $\pi=0.2,0.5,0.8$인 경우의 이항 분포의 확률 구조를 도시한 것이다. $\pi=0.2$와 $\pi=0.8$은 대칭구조를 갖는 것을 확인할 수 있고, $\pi$가 $0.5$에 가까울수록 분산이 커지는 것을 확인할 수 있다. (A)의 $Y\sim Bin(30,0.2)$에서 $Y$는 $n$번의 시행에서 성공의 수를 말하며, 이때 $Y$가 가질 수 있는 값은 $0,1,2,\ldots,30$ 중의 하나일 것이다. 또한 이러한 $n$번의 시행을 지속적으로 반복한다면 $Y$값은 평균적으로 $6$번 정도 발생할 것임을 예상할 수 있다. 하지만 이러한 평균이 발생할 가능성은 약 18%정도이며, 평균이외의 $4,5$ 또는 $7,8$이 나타날 확률도 꽤 높다는 것을 확인할 수 있다. 따라서 이항분포가 적합한 상황에서 개별 확률값을 고려하지 않고 평균적인 접근만으로 의사 결정을 하는 경우 올바르지 않을 가능성이 높다. 또한 $\pi$값이 0.5에 가까울수록 발생 가능한 값들의 분산이 커지므로 실무적으로 충분히 개선을 하여 $\pi$값이 충분히 작거나 큰 경우에 한하여 통계적 분석을 적용하는 것이 좋다.

(A) $Y \sim Bin(30, 0.2),\ E(Y) = 6,\ Var(Y) = 4.8$

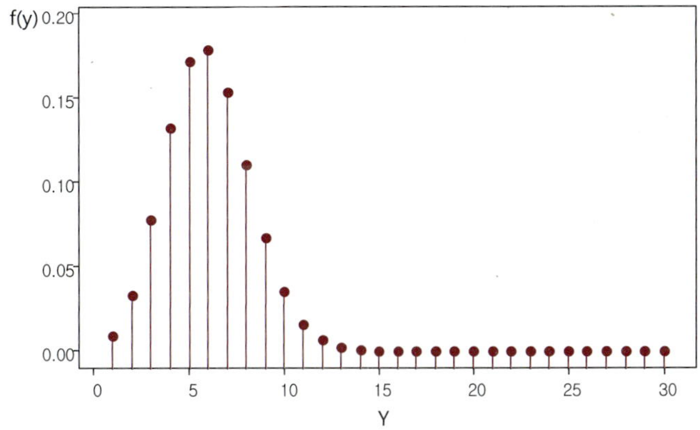


(B) $Y \sim Bin(30, 0.5),\ E(Y) = 15,\ Var(Y) = 7.5$

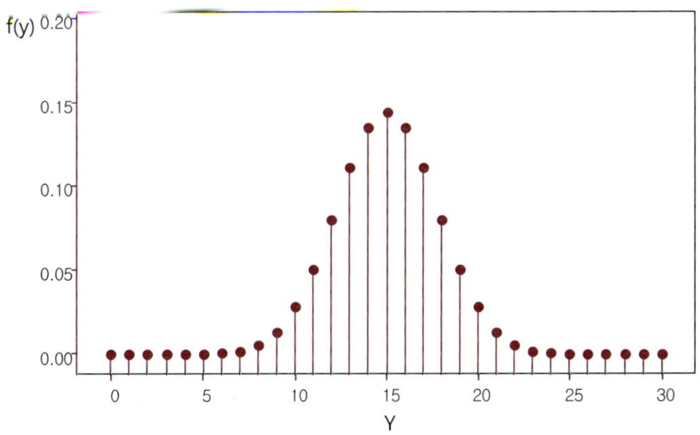


(C) $Y \sim Bin(30, 0.8),\ E(Y) = 24,\ Var(Y) = 4.8$

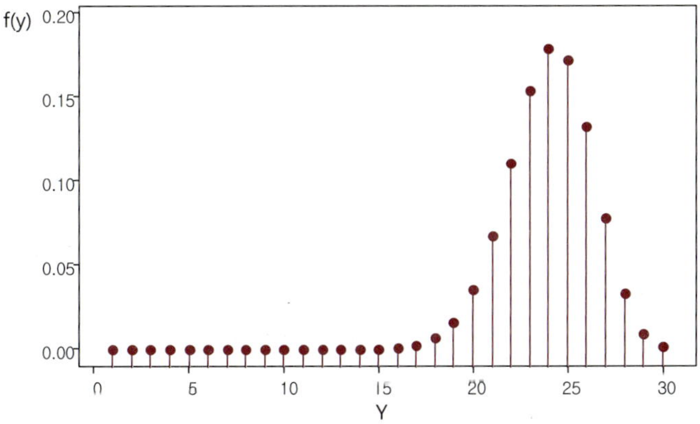


[그림 4.3] $n = 30,\ p = 0.2, 0.5, 0.8$인 이항 분포의 확률구조 그리고 평균과 분산

예를 들어, 생산 과정에서 확인된 불량률은 20%이고 그동안의 조사에 의하면 30개 정도 조사했을 때 평균적으로 약 6개 정도 나타나는 것으로 확인되었다고 가정해 보자. 만일 고객사에서 납품된 제품 중에서 30개를 임의로 선택하여 정밀 조사를 시행한 후, 그 결과 8개 이상이 문제가 있으면 납품된 전체 제품을 반품하고 그에 따른 모든 비용을 요구한다면 이 계약을 체결해야 하겠는가? 현재 평균적으로 6개 정도 나타난다고 해서 불량품이 8개 이상 나타날 가능성이 없다고 할 수 있는가? 이러한 계약을 체결했을 경우에 회사에 도움이 될 것인가? 실제 확률을 계산해 보면 다음과 같다.

$$\Pr(Y \geq 8) = 1 - \sum_{y=0}^{7} \binom{30}{y} (0.2)^{y} (0.8)^{30-y} = 0.24$$

계산된 확률 값은 약 24%이다. 즉, 불량률 20%인 제품을 납품했을 때 그 중에서 30개를 임의로 선택하여 정밀 조사하고 그 중에서 8개 이상에서 문제가 발생하면 반품이 이루어지는 경우, 반품될 확률은 약 24% 그리고 합격될 확률은 약 76%정도 예상된다.

## 예제 4.1

주문 업무 (A)의 미준수율은 약 20%정도이고 주문 업무 (B)의 미준수율은 약 10%정도이다. 새로운 주문 업무 개선 기준을 마련하기 위하여 각각의 주문 업무에서 임의로 선택된 30건에 대한 미준수 건수를 조사하고자 한다. (A)와 (B) 각 업무에 대하여 다음을 계산하시오.

1) 30건 중에서 미준수가 1 건도 없을 확률
2) 30건 중에서 미준수가 6 건 이상 발생할 확률
3) 미준수 건수가 5 건 이상일 확률이 30%를 넘지 않는다면 현재 프로세스를 유지하고, 만일 30%를 넘는다면 새로운 관리 기준을 도입하려 한다. 두 업무는 새로운 프로세스를 도입해야 하는가? 결정하시오.

(결과)

| | 주문 업무 (A) | 주문 업무 (B) | 비고 |
|---|---|---|---|
| 정보 | 미준수율 0.2 | 미준수율 0.1 | A가 B보다 2배 높다. |
| 1) | 0.001 | 0.042 | B가 A보다 42배 높다. |
| 2) | 0.572 | 0.073 | A가 B보다 약 8배 높다. |
| 3) | 0.745<br>도입 필요 | 0.175<br>도입 필요 없음 | A만 도입이 필요하다. |

두 업무 (A)와 (B)의 미준수율은 각각 0.2와 0.1로 (A)가 (B)보다 2배 높다. 하지만 일정 단위(1 일, 1 달, 분기, 반기 등)에서 30건을 조사했을 경우에 단 1 건도 미준수가 없을 확률은 (B)가 0.042 그리고 (A)가 0.001로서 (B)가 (A)보다 42배 높다. 또한 미준수가 6 건 이상 발생할 확률은 (B)가 0.073 , (A)가 0.572이다. (A)는 이러한 조사를 반복적으로 실행했을 때 30 건 중에서 6 건 이상인 경우가 절반을 넘는다는 의미가 된다. [표 4.1]와 [그림 4.4]는 주문 업무 (A)와 (B)에 대한 확률분포를 비교한 것이다.

이와 같이 이항분포의 상황에서는 실무적 관심 사상이 바뀌면 해당 확률 값을 객관적으로 예측하기 어렵다. 따라서 적절한 모수 값에 따른 확률분포를 도출하여 필요한 관심 사상에 대한 확률을 계산해보고 이를 근거로 판단할 수 있어야 한다.

**[표 4.1] Bin(30, 0.1)과 Bin(30 0.2)의 확률분포 표**

| Y | Bin(30, 0.1) | Bin(30, 0.2) |
|---|---|---|
| 0 | 0.042 | 0.001 |
| 1 | 0.141 | 0.009 |
| 2 | 0.228 | 0.034 |
| 3 | 0.236 | 0.079 |
| 4 | 0.177 | 0.133 |
| 5 | 0.102 | 0.172 |
| 6 | 0.047 | 0.179 |
| 7 | 0.018 | 0.154 |
| 8 | 0.006 | 0.111 |
| 9 | 0.002 | 0.068 |
| 10 | 0.000 | 0.035 |
| 11 | 0.000 | 0.016 |
| 12 | 0.000 | 0.006 |
| 13 | 0.000 | 0.002 |
| 14 | 0.000 | 0.001 |
| 15 ~ 30 | 0.000 | 0.000 |

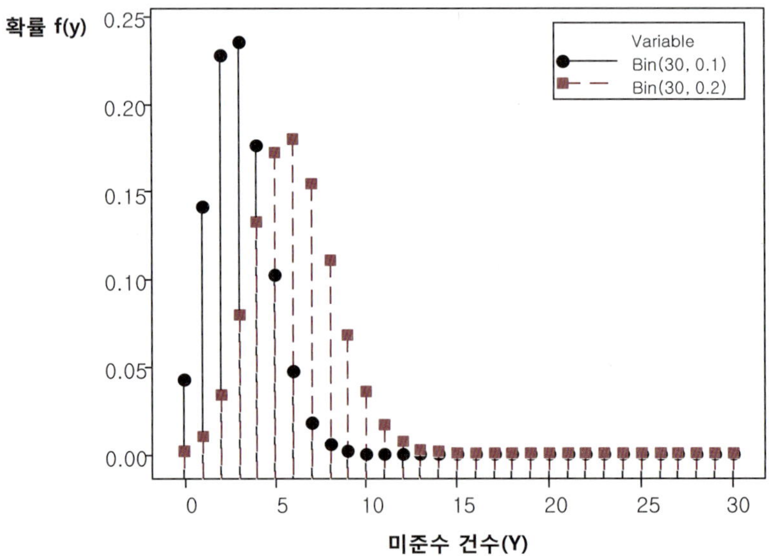


[그림 4.4] <예제 4.1>의 주문 업무 (A)와 (B)의 확률분포

## 4.3 포아송[25] 분포

Poisson Distribution

포아송 분포와 4.1절에서 설명된 이항분포의 가장 중요한 차이는 성공의 수를 측정하는 단위^Unit^에 있다. 이항 분포는 비교적 구별이 명확한 제품, 업무 또는 활동 등을 대상으로 한다면 포아송 분포는 관심 사건이 발생하는 대상이 개수가 아닌 면적, 길이, 시간 등과 같이 건수로 표현할 수 없거나 건수에 대한 정의가 모호한 경우에 사용된다. 예를 들어, 스마트폰의 터치 불량을 조사한다고 할 때, 가능한 터치의 수는 명확하지 않을 수 있다. 하지만 5.5인치와 같은 면적에서 일정한 방법을 통하여 터치를 해보며 반응하지 않는 횟수를 세어낸다면 포아송 분포를 이용할 수 있다.

이론적으로 포아송 분포는 이항 분포에서 $n\pi = \lambda$로 고정하고 $n \to \infty$인 경우에 대한 극한 분포로 정의된다. 이 때, $\pi \to 0$이 되므로 실무적으로 매우 드물게 발생하는 사건들이 주된 관심 대상이 된다. 예를 들어, 일정 시간에 드물게 발생하는 교통사고의 수, 계약 과정에서의 가끔 발생하는 오타의 수, 단위 시간에 많은 제품을 생산하는 자동 생산 라인에서 간헐적으로 발생하는 불량품의 수 등에 관심이 있는 경우에 사용된다.

**언제 사용하는가?**

관심 특성 : 일정한 단위(길이, 면적, 시간 등)내에 발생하는 관심 사건의 출현 횟수
자동 생산 라인에서 특정 시간에 발생하는 불량품의 수

- 이항 분포의 근사 확률 계산

25) Siméon-Denis Poisson, 1781~1840, 프랑스의 수학자이자 물리학자

표준 파일 분류 시스템이 올바로 유지되고 있는가를 확인하기 위하여 일별 새롭게 분류되는 파일들 중에서 올바르지 못한 폴더에 분류되는 경우를 결점[Defect]으로 정의해 보자. 매일 분류되는 파일들을 일일이 찾아서 올바른 분류 여부를 확인하고 교정할 수 있다면 통계적 방법의 도움 없이 해결이 가능하다. 만일 그렇지 않다면 올바로 관리되고 있는지를 확인하기 위하여 임의로 선택된 며칠간의 데이터를 이용하여 통계적으로 관리할 수 있어야 한다. 이 경우, 올바르지 않게 분류되는 파일의 수인 결점 수의 상한 값을 사전에 결정할 수 없으므로 이론적으로 $Y = 0, 1, 2, \ldots$로 표현하고 포아송 분포를 이용하여 그 확률을 계산한다. 이 때 포아송 분포를 결정하는 평균 결점수 $\lambda$를 포아송 분포의 모수라고 한다. 이는 $n\pi = \lambda$라고 가정을 하였으므로 이항 분포의 모수들과 동일하다.

**분포의 모수는 무엇인가 ?**

$\lambda$ : 평균 결점 수 $(\lambda > 0)$

여기서, 결점이란 관심을 갖는 사건의 수

포아송 분포를 따르는 확률변수 $Y$를 간단히 $Y \sim Poi(\lambda)$라고 표현한다. 만일 명확한 단위를 결정하고 $\lambda$에 대한 정보를 구했다면 모든 가능한 값에 대한 확률을 다음을 이용하여 계산할 수 있다.

**확률 계산은 어떻게 할 것인가?**

$Y \sim Poi(\lambda)$

$$\cdot\ f(y) = \Pr(Y = y) = \frac{\lambda^y e^{-\lambda}}{y!},\ y = 0, 1, 2, \ldots$$

만일 관심 특성의 개별 값에 대한 확률이 아니라 모든 가능한 값을 표현하는 확률분포에 대한 특징을 요약하고자 한다면 다음을 이용하여 포아송 분포의 평균과 분산을 계산할 수 있다.

**포아송 분포의 특징 : 평균과 분산**

평균 : $E(Y) = \lambda$

분산 : $Var(Y) = \lambda$

포아송 분포의 평균과 분산은 동일하다. 이 특징은 평균이 커지면 분산도 역시 커진다는 것으로 실무적으로 중요한 의미를 갖는다. 실제로 포아송 난수 $n = 100$개를 생성한 시뮬레이션Simulation의 결과를 고찰해 보면, 결점 수의 범위Range는 [표 4.2]와 같이 $\lambda$값이 커짐에 따라 넓어짐을 확인할 수 있다. 주어진 $\lambda$값에 따라 실제 생성된 결점의 수를 그려보면 [그림 4.5]과 같다.

**[표 4.2] $\lambda$값에 따른 결점 수의 범위 ($n = 100$)**

| $\lambda$ | 최소값 | 최대값 | 범위 |
|---|---|---|---|
| 1 | 0 | 3 | 3 |
| 5 | 1 | 10 | 9 |
| 10 | 3 | 21 | 18 |
| 15 | 6 | 26 | 20 |
| 20 | 7 | 35 | 28 |

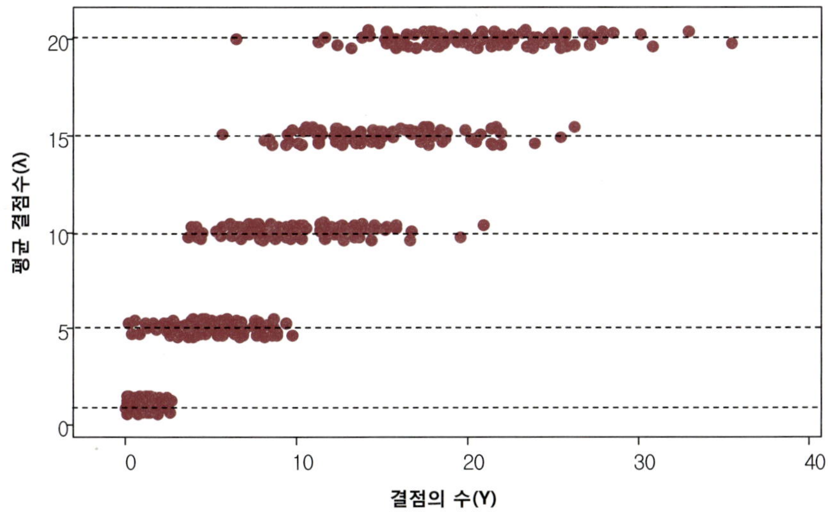


[그림 4.5] $\lambda = 1, 5, 10, 15, 20$을 갖는 포아송 분포에서 관찰된 결점의 수 : $n = 100$의 포아송 확률 난수

(A) $Y \sim Poi(1),\ E(Y) = 1,\ Var(Y) = 1$

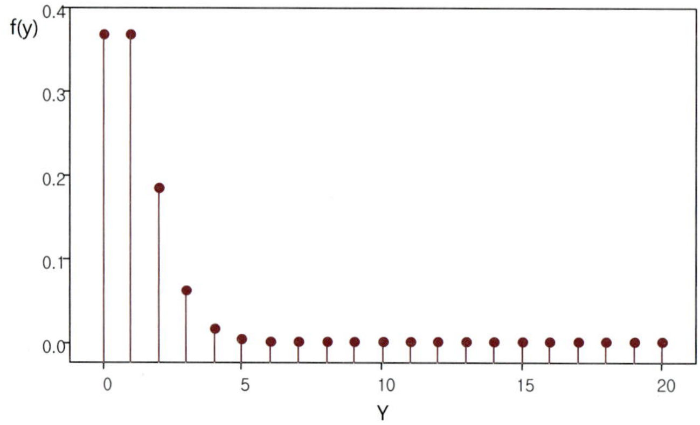


(B) $Y \sim Poi(5),\ E(Y) = 5,\ Var(Y) = 5$

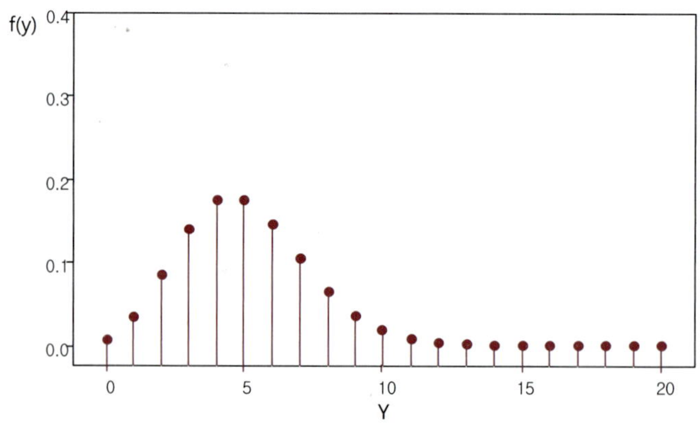


(C) $Y \sim Poi(10),\ E(Y) = 10,\ Var(Y) = 10$

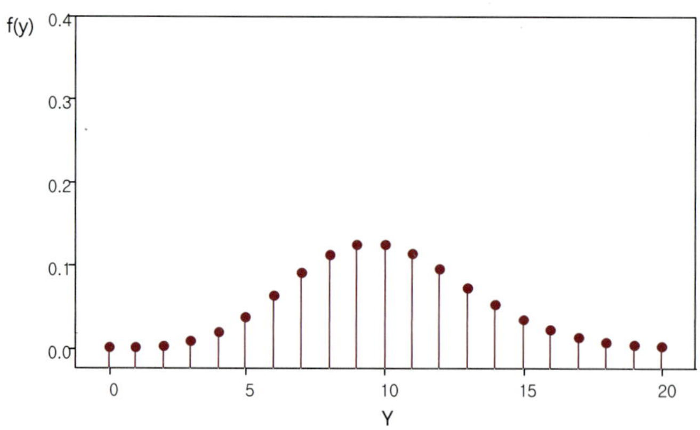


[그림 4.6] 포아송 분포 : $\lambda = 1, 5, 10$인 포아송 분포의 확률구조 그리고 평균과 분산

[그림 4.6]는 $\lambda = 1, 5, 10$에 대한 포아송 분포의 확률 구조를 도시한 것으로 $\lambda = 1$인 경우에 결점이 하나도 없을 확률인 $\Pr(Y=0)$은 약 0.4에 가깝지만, $\lambda = 10$인 경우의 확률은 거의 0.0이다. 또한 $\lambda$값이 커질수록 0보다 큰 확률을 갖는 $Y$의 값들이 많아짐을 확인할 수 있다.

포아송 분포는 $n$이 명확하지 않거나 $n$에 대한 정보를 구하기 어려운 이항 분포 상황에 유용한 근사 확률 값을 제공한다. 동일한 상황이더라도 포아송 분포는 $\lambda = n\pi$의 정보만을 필요로 하므로 이항 분포를 이용하는 경우보다 더 적은 정보를 이용하여 관심 사상에 대한 확률을 계산할 수 있다. [그림 4.7]은 $(n, \pi)$ 그리고 $n\pi$간의 관계를 보여준다.

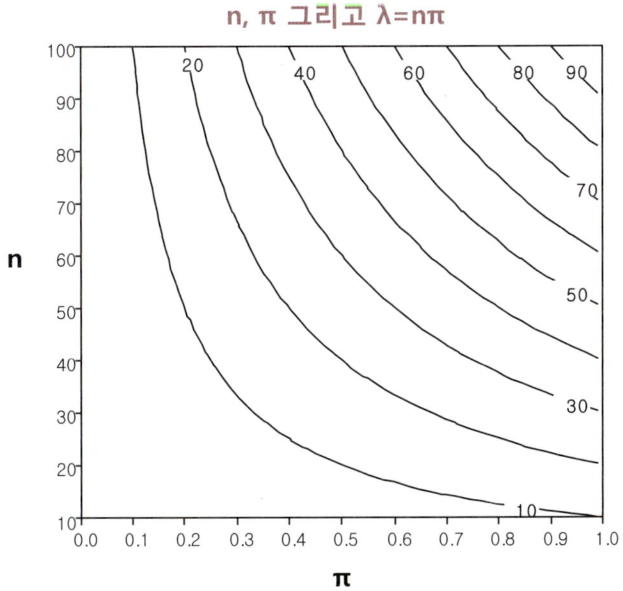


[그림 4.7] $(n, \pi)$와 $n\pi$간의 관계

다음 [표 4.3]은 이항 분포의 모수인 $(n, \pi)$의 몇 가지 조합과 포아송 분포로부터 구해진 확률분포 표를 비교한 것이다. 두 확률 분포를 이용하여 계산된 각 확률 값들의 차이를 통하여 $n$이 클수록 더 좋은 근사 확률을 제공하는 것을 확인할 수 있다.

**[표 4.3] 이항 분포의 확률값에 대한 포아송 근사 확률**

| Y | Poi(2) | Bin(20,0.1) | Gap(20) | Bin(200, 0.01) | Gap(200) | Bin(2000 ,0.001) | Gap(2000) |
|---|---|---|---|---|---|---|---|
| 0 | 0.135 | 0.122 | -0.013 | 0.134 | -0.001 | 0.135 | -0.000 |
| 1 | 0.271 | 0.270 | -0.001 | 0.271 | -0.000 | 0.271 | -0.000 |
| 2 | 0.271 | 0.285 | 0.014 | 0.272 | 0.001 | 0.271 | 0.000 |
| 3 | 0.180 | 0.190 | 0.010 | 0.181 | 0.001 | 0.181 | 0.000 |
| 4 | 0.090 | 0.090 | -0.000 | 0.090 | -0.000 | 0.090 | -0.000 |
| 5 | 0.036 | 0.032 | -0.004 | 0.036 | -0.000 | 0.036 | -0.000 |
| 6 | 0.012 | 0.009 | -0.003 | 0.012 | -0.000 | 0.012 | -0.000 |
| 7 | 0.003 | 0.002 | -0.001 | 0.003 | -0.000 | 0.003 | -0.000 |
| 8 | 0.001 | 0.000 | -0.001 | 0.001 | -0.000 | 0.001 | -0.000 |
| 9 | 0.000 | 0.000 | -0.000 | 0.000 | -0.000 | 0.000 | -0.000 |
| 10 | 0.000 | 0.000 | -0.000 | 0.000 | -0.000 | 0.000 | -0.000 |
| 11 | 0.000 | 0.000 | -0.000 | 0.000 | -0.000 | 0.000 | -0.000 |
| 12 | 0.000 | 0.000 | -0.000 | 0.000 | -0.000 | 0.000 | -0.000 |
| 13 | 0.000 | 0.000 | -0.000 | 0.000 | -0.000 | 0.000 | -0.000 |
| 14 | 0.000 | 0.000 | -0.000 | 0.000 | -0.000 | 0.000 | -0.000 |
| 15 | 0.000 | 0.000 | -0.000 | 0.000 | -0.000 | 0.000 | -0.000 |
| 16 | 0.000 | 0.000 | -0.000 | 0.000 | -0.000 | 0.000 | -0.000 |
| 17 | 0.000 | 0.000 | -0.000 | 0.000 | -0.000 | 0.000 | -0.000 |
| 18 | 0.000 | 0.000 | -0.000 | 0.000 | -0.000 | 0.000 | -0.000 |
| 19 | 0.000 | 0.000 | -0.000 | 0.000 | -0.000 | 0.000 | -0.000 |
| 20 | 0.000 | 0.000 | -0.000 | 0.000 | -0.000 | 0.000 | -0.000 |

따라서 포아송 분포를 다음과 같이 이항 분포의 상황과 연계하여 해석할 수 있다.

### 이항 분포와 포아송 분포

(1) $n$이 무한히 큰 경우는 일정 단위 내에서 발생 가능한 수많은 기회로 가정할 수 있으며

(2) $\pi$가 매우 작다는 것은 그 단위 내에서 관심 사건이 매우 드물게 일어나는 경우로 가정할 수 있다.

# 4.4 포아송 분포의 실무적 응용

Application of Poisson Distributions

실무적 목적 하에서 범주형으로 측정되고 일정한 단위별로 빈도를 집계하여 이산형으로 전환된 경우, 포아송 분포는 이항 분포보다 요구하는 모수의 수가 적다. 포아송 분포는 $n$에 대한 정보를 요구하지 않으므로 집계된 값에 직접 응용할 수 있다는 장점이 있다. 예를 들어, 콜 센터에서 일별 고객 불만 건수에 대한 판단을 위하여 데이터를 수집한다면, 이항 분포의 경우에는 고객 콜의 수와 불만 비율을 모두 알아야 하지만 포아송 분포를 이용하기 위해서는 일별 불만 건수만 조사하면 충분하다.

이러한 빈도 데이터는 프로세스 관리에 주로 활용된다. 관리를 위해서는 주로 중요한 활동이 잘못되거나 불만족하는 경우를 고려하는데, 다음의 개념은 이러한 상황에서 유용하게 활용 될 수 있다.

**DPU, DPO, DPMO**

1) **DPU**, Defect Per Unit
   : 1 개의 단위[Unit]에 존재하는 (평균적인) 결점의 수
2) **DPO**, Defect Per Opportunity
   : 1 개의 단위에 존재하는 가능한 기회[Opportunity]의 수를 반영한 결점의 수
3) **DPMO**, Defect Per Million Opportunities
   : DPO의 PPM 전환
   서로 다른 프로세스 비교에 유용

관심이 있는 활동 또는 프로세스가 확인되면 실제 관리 데이터를 수집하는 활동 단위[Unit]를 정의할 수 있다. 가장 간단한 예로 제품의 여러 가지 기능에 대한 테스트를 통하여 결점 여부를 확인하거나 주문 업무의 각 단계의 완수 여부를 확인하는 경우를 들 수 있다. 이 때 1 개의

제품 또는 1 번의 주문 업무는 단위라고 할 수 있다. 또한 각 단위에서 구동 여부를 확인하는 여러 기능들 또는 업무를 구성하는 여러 단계들과 같이 실제로 결점 여부를 확인하는 대상을 기회[Opportunity]라고 한다. 이러한 단위와 기회를 이용할 때, 몇 번의 결점이 발생하는가보다는 결점이 한 번도 발생하지 않을 확률을 계산하여 사용하면 실무적으로 유용하다.

DPU란 확인된 단위의 수($n$)에서 평균적으로 발생한($n\pi$) 결점의 수를 의미한다. 따라서 이를 이용하여 포아송 분포의 $\Pr(Y=0)$을 구할 수 있는데, 이를 프로세스의 초기 수율[First-time Yield]이라고 한다.

**프로세스에서 결점이 하나도 발생하지 않을 확률 : 초기 수율**

(1) $Y_{FT} = e^{-DPU}$, $DPU = \dfrac{d}{u}$

여기서, $u$는 조사된 단위의 수

$d$는 발견된 전체 결점의 수

(2) $DPU = -\ln(Y_{FT})$

수율[Yield]이란 일정 활동 중에서 올바른 것의 정도를 말한다. 주로 전체 활동 중에서 올바른 활동의 비율을 백분율[Percentage]로 표현한다. 만일 특정 업무 활동에 대한 초기 수율에 대한 정보가 제공된다면 (2)의 관계를 이용하여 각 활동 당 평균적으로 발생할 수 있는 결점의 수를 계산할 수 있다. 이는 각 활동의 수에 대한 정보가 알려져 있지 않은 경우 또는 각 활동의 수를 명확히 정의하기 어려운 경우에도 유용하게 사용될 수 있다.

## 예제 4.2

주문 업무 (A)는 총 15개의 단계, 주문 업무 (B)는 총 9개의 단계로 구성되어 있다. 각 단계의 결점 발생 가능성이 알려져 있지 않아 임의로 선택된 20일 동안 두 업무의 결점의 수를 조사하였다. (A)의 경우 평균 5건 그리고 (B)의 경우 평균 3건이 발생하였다. 두 주문 업무의 프로세스 능력은 동일하다고 할 수 있는지 확인하시오.

(결과)

| | 주문 업무 (A) | 주문 업무 (B) | 비고 |
|---|---|---|---|
| 환경 | 15단계 | 9단계 | 복잡도가 서로 다르다. |
| 정보 | 20일 평균 5건 | 20일 평균 3 건 | |
| DPO | 1/3 | 1/3 | A와 B는 동일하다. |
| 초기수율 | 0.007 | 0.050 | B가 A보다 약 7배 높다. |

주문 업무 (A)와 (B)의 가능한 모든 결점 수에 대한 확률 구조는 다음과 같다.

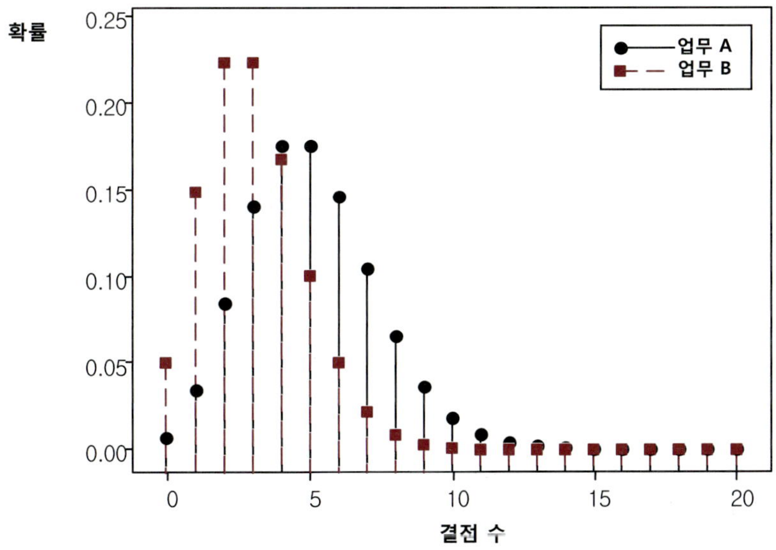

## 예제 4.3

영업팀에서 제출된 기획안은 재무팀의 평가를 통해 진행 여부가 결정된다. 지난 1년간의 결과를 조사해 보니 A 팀의 기획안이 수정 없이 통과된 비중은 85% 그리고 B 팀의 기획안이 수정 없이 통과된 비중은 92%이다. 만일 두 팀이 새로운 기획안을 제출한다면 재무팀에서 지적 받게 될 결점 수는 어느 정도 예상되는가? 이를 이용하여 두 팀의 결점 수에 대한 발생 가능성을 확인하시오.

**[결과]**

| | A 팀 | B 팀 | 비고 |
|---|---|---|---|
| 초기 수율 | 85% | 92% | |
| DPU | 0.16 | 0.08 | |

**[가능한 결점 수에 대한 발생 확률]**

| 결점 수 | A : $Poi(0.16)$ | B : $Poi(0.08)$ |
|---|---|---|
| 0 | 0.852 | 0.923 |
| 1 | 0.136 | 0.074 |
| 2 | 0.011 | 0.003 |
| 3 | 0.001 | 0.000 |
| 4 | 0.000 | 0.000 |
| 5 | 0.000 | 0.000 |
| 6 | 0.000 | 0.000 |
| 7 | 0.000 | 0.000 |
| 8 | 0.000 | 0.000 |
| 9 | 0.000 | 0.000 |
| 10 | 0.000 | 0.000 |

■

# 제 4 장 연습문제

4.1 다음 용어를 간단히 설명하시오.

(1) 베르누이 시행

(2) 이산형 확률분포

(3) 이항 분포

(4) 포아송 분포

(5) 초기 수율

4.2 다음과 같은 모수를 갖는 이항 분포의 평균과 분산을 구하시오.

(1) $n = 1000, \quad \pi = 0.3$

(2) $n = 500, \quad \pi = 0.01$

(3) $n = 300, \quad \pi = 0.5$

(4) $n = 200, \quad \pi = 0.8$

4.3 이항 분포의 평균이 7이고 분산이 $\frac{14}{3}$일 때, $n$과 $\pi$의 값을 구하시오.

4.4 항아리에 빨간 공 2개와 파란 공 3개가 있다. 두 개의 공을 복원으로 임의로 추출하여 빨간 공의 수를 $Y$라 하자. 이 때 $Y$는 이항 분포를 따른다고 할 수 있는가를 결정하시오.

4.6 어느 학교의 전체 학생 100명중에 10명이 안경을 썼다. 이 전체 학생 중에서 임의로 20명을 뽑았을 때, 그 중 5명이 안경을 썼을 확률을 구하시오.

4.7 어떤 공장에서 1년 동안에 발생하는 사고의 수가 포아송 분포를 따른다고 한다. 1인당 0.3건의 사고를 낸다고 할 때, 이 공장의 고용인 중 1년 동안에 적어도 1건의 사고를 낼 확률을 구하시오.

4.8 100건의 활동 중에서 평균적으로 1건의 불만족이 발생한다고 한다. 만일 이 중에서 20건을 임의로 조사했을 때 불만족이 하나도 발생하지 않을 확률을 구하시오.

# 5장 연속형 확률분포
## Continuous Probability Distributions

**Louis Pasteur**

과학의 발전과 측정 기술의 발전은 궤를 같이 한다.

**S. G. Ko**

실무적 목적을 달성하고자 한다면
구별하고 싶은 만큼 측정할 수 있어야 한다.

---

### 학습 목표

- 연속형 데이터와 연속형 확률분포의 특징을 이해한다.
- 실무적 상황에 중요한 연속형 확률분포를 이해한다.

---

### 차례

5.1 개요
5.2 연속형 확률분포의 특징
5.3 정규 분포
5.4 정규 분포의 실무적 해석

---

### 중요 용어

- 연속형 데이터
  Continuous data
- 형태, 위치, 척도
  Shape, Location, Scale
- 누적분포 확률, 역 누적분포 확률
  Cumulative Distribution Probability,
  Inverse Cumulative Distribution Probability
- 정규분포, 표준화
  Normal distribution, Standardization

# 5.1 개요

Introduction

연속형 확률변수란 임의의 구간 또는 구간들의 합을 취할 수 있는 확률변수를 말한다. 실무적으로 관심 특성이 이와 같은 특징을 갖기 위해서는 측정 척도를 구간/비(율) 척도로 정의하고 기술적으로 타당한 측정 장비를 선택하거나 체계적인 연산과정을 결정해야 한다. 만일 측정 장비를 고려한다면 반드시 측정 단위를 확인해야 한다. [그림 5.1]은 측정 대상의 길이를 서로 다른 측정 장비, (A)와 (B)로 측정했을 때의 결과를 보여준다.

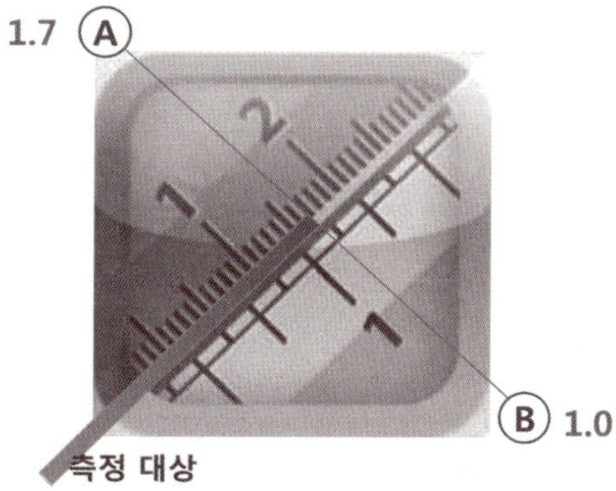


[그림 5.1] 동일 대상에 대한 서로 다른 측정 장비에 의한 측정

길이는 비(율)척도이다. 동일한 대상을 (A)의 단위로 측정한 경우 약 1.7이 관찰되었고, (B)의 단위로 측정한 경우에는 1.0의 값이 관찰되었다. 즉, 측정 단위에 따라 그 값이 달라진다. 또한 (A)의 경우 1.7이 관찰되었지만 정확하게 1.7이 아니므로 그 값이 참값이라고 주장할 수 없다. 만일 더 정확한 측정 단위를 사용한다면 1.687652와 같은 값을 얻을 수 있을 것이다. 따라서 (A)의 단위로 측정된 결과를 1.7로 표현하지만 실제 참값은 주어진 측정 단위에서 [1.65, 1.74] 사이에 있다고 할 수 있을 뿐, 참값을 정확히 알 수 없다.

이러한 사실에 근거하여 실무적으로 연속형Continuous 데이터를 정의하면 다음과 같다.

**연속형 데이터**

- 구간/비(율) 척도로 측정되며 유무형의 측정 장비에 의하여 확인된다.
- 측정 장비에 따라 참값이 특정 구간에 속하는지 여부만 확인할 수 있다.

* 측정 장비를 사용하는 경우 고유의 측정 단위를 갖는다.

연속형 확률분포 역시 이산형 확률분포와 같이 다음의 3 가지 기준을 먼저 이해해야 한다.

**확률분포의 이해**

1) 언제 사용하는가?
2) 확률분포를 결정하는 모수(들)은 무엇인가?
3) 관심 사상에 대한 확률을 어떻게 계산할 것인가?

연속형 확률분포는 관심 사상의 확률 계산에서 이산형 확률분포와는 다른 특징을 갖는다. 이산형 확률분포는 가능한 확률변수 값에 대한 확률을 계산하지만 연속형 확률분포에서는 일정한 구간의 면적Area으로 확률을 계산한다. 다음 절에서 이러한 연속형 확률분포의 특징을 먼저 확인해 보도록 하자.

## 5.2 연속형 확률분포의 특징

Characteristics of Continuous Distributions

연속형 확률분포는 다음의 요소에 의해 결정한다.

> **연속형 확률분포를 결정하는 요소**
> 1) 기술적 : 관심 특성의 기술적 특징
> 2) 환경적 : 데이터의 측정 환경
> 3) 상식적 : 실무 현실에 대한 객관성과 타당성

연속형 확률변수로 표현할 수 있는 관심 특성은 고유의 측정 장비 또는 연산 과정을 갖는다. 이러한 장비 또는 과정은 해당 분야의 기술과 경험을 반영한 것으로 실무적 목적에 따라 그 값의 범위가 결정된다. 예를 들어, 배달 업무에서 무게로 요금 체계를 결정한다면 실무적으로 적용 가능한 무게에 대한 측정 방법이 정의될 것이고 그에 따라 적절한 범위가 결정될 것이다. 단지 정확성이 높다고 해서 물리적으로 정의된 정교한 방법으로 무게를 측정하지는 않을 것이다. 따라서 관심 특성의 기술적 특징은 연속형 확률변수가 취할 수 있는 값의 범위를 결정하므로 연속형 확률분포를 결정하는 중요한 요소가 된다.

올바른 측정 장비를 가지고 있다고 하더라도 측정 환경이 일정하지 않거나 많은 변동 요인을 포함한다면 동일한 현상에서 서로 다른 값이 측정될 것이다. 예를 들어, 숙련도가 서로 다른 구성원들이 무작위로 업무를 처리하는 경우, 업무 처리 시간은 숙련도에 따라 서로 다르게 나타날 것이다. 즉, 숙련도라는 변동 요인으로 인하여 동일한 업무라도 서로 다른 시간으로 측정되어 일정한 패턴이 나타나지 않을 것이다.

그리고 나머지 하나는 측정되는 값들에 대한 객관성과 타당성이다. 다음 예제를 확인해 보자.

### 예제 5.1

A 제품은 길이는 100(cm)을 목표로 생산된다. 다음은 전체 제품을 잘 대표할 수 있도록 임의로 선택된 표본으로부터 조사된 데이터이다.

[수집된 데이터]

| | | | | | | | | | | | | |
|---|---|---|---|---|---|---|---|---|---|---|---|---|
| 102.4 | 106.3 | 96.2 | 95.3 | 96.9 | 90.3 | 94.7 | 100.7 | 98.4 | 101.5 | 99.0 | 98.1 | 108.2 |
| 104.6 | 105.0 | 99.8 | 96.4 | 93.9 | 98.3 | 103.4 | 98.7 | 100.8 | 97.9 | 100.7 | 110.9 | 90.6 |
| 101.0 | 102.8 | 90.1 | 105.4 | 97.6 | 94.9 | 98.4 | 102.2 | 99.4 | 97.7 | 92.3 | 101.7 | 100.5 |
| 94.8 | 91.9 | 99.5 | 102.8 | 100.2 | 108.3 | 107.6 | 102.8 | 96.4 | 103.4 | 99.0 | 91.9 | 94.5 |
| 96.3 | 99.0 | 98.4 | 98.3 | 98.4 | 88.3 | 101.5 | 96.1 | 94.3 | 102.8 | 98.4 | 98.5 | 93.8 |
| 107.9 | 93.5 | 96.7 | 95.7 | 101.9 | 100.9 | 98.0 | 95.7 | 99.9 | 101.1 | 93.1 | 96.6 | 100.3 |
| 97.7 | 101.6 | 101.2 | 99.7 | 94.9 | 99.0 | 103.7 | 107.0 | 99.1 | 100.8 | 101.7 | 101.3 | 99.0 |
| 98.3 | 96.3 | 100.7 | 96.3 | 98.7 | 100.0 | 97.8 | 93.8 | 96.3 | 102.9 | 104.7 | 98.4 | 93.9 |
| 104.9 | 100.9 | 100.5 | 97.4 | 98.9 | 98.4 | 97.5 | 94.3 | 99.3 | 102.6 | 100.5 | 95.0 | 103.4 |
| 101.8 | 97.3 | 94.5 | 103.8 | 99.9 | 104.9 | 93.6 | 99.8 | 94.1 | 85.6 | 98.2 | 99.1 | 101.8 |
| 101.0 | 91.6 | 95.8 | 100.3 | 101.7 | 97.9 | 107.7 | 97.8 | 110.0 | 99.9 | 100.0 | 108.3 | 100.9 |
| 91.9 | 97.9 | 98.9 | 96.7 | 97.1 | 97.9 | 99.8 | 102.3 | 93.2 | 99.0 | 93.9 | 99.3 | 99.3 |
| 98.4 | 92.9 | 100.7 | 100.3 | 106.8 | 95.3 | 106.7 | 104.2 | 99.9 | 102.1 | 99.9 | 99.7 | 99.7 |
| 103.2 | 104.3 | 95.3 | 99.6 | 99.6 | 88.1 | 93.0 | 103.5 | 106.4 | 105.5 | 92.8 | 99.1 | 103.8 |
| 95.3 | 93.5 | 93.9 | 90.1 | 103.5 | 108.2 | 96.4 | 100.1 | 104.0 | 92.4 | 101.8 | 109.0 | 95.0 |
| 100.1 | 101.9 | 105.6 | 93.9 | 106.5 | 90.5 | 100.6 | 100.0 | 99.8 | 100.4 | 92.6 | 94.8 | 98.5 |
| 101.1 | 103.5 | 100.4 | 93.3 | 103.2 | 96.9 | 104.7 | 101.3 | 94.9 | 96.7 | 101.4 | 96.7 | 100.6 |
| 97.5 | 107.6 | 108.9 | 95.7 | 103.7 | 101.4 | 110.1 | 98.4 | 99.8 | 93.0 | 95.4 | 104.3 | 93.6 |
| 104.1 | 98.2 | 96.4 | 100.3 | 99.0 | 97.3 | 98.4 | 104.7 | 99.1 | 104.8 | 105.8 | 102.7 | 100.9 |
| 91.0 | 108.3 | 108.1 | 100.2 | 89.4 | 96.2 | 94.0 | 91.5 | 101.8 | 102.3 | 95.4 | 103.5 | 103.2 |

다음 질문을 확인해 보자.

1) 목표값[Target]인 100(cm)에서 가장 빈도가 높은가?
2) 목표값에서 멀어질수록 그 빈도가 적어지는가?

위의 데이터를 이용하여 주어진 질문에 즉각 답을 할 수 없다. 왜냐하면 주어진 질문에 답하기 위해서는 주어진 데이터를 순서화[Ordering]하고 각 값들의 빈도를 집계하며 정리하는 절차가 선행되어야 한다.

일단 목표가 100cm로 주어진 길이라는 특성에 대한 측정 장비는 구하기 어렵지 않고, 측정 과정에서 특별한 변동 요인이 발생하지 않는다고 가정해 보자. 그렇다면 원하는 목표값을 달성하기 위하여 프로세스의 활동들이 실행된다면 목표값에서 최대 빈도를 달성하는 것 그리고 목표값에서 멀어질수록 그 빈도가 적게 나타나는 것이 상식적이라고 할 수 있다. 이를 확인하기 위하여 그래프를 그려보도록 하자.

### (1) 점도표Dot Plot

전체 데이터를 측정 단위(또는 구간)별로 표현한 그림

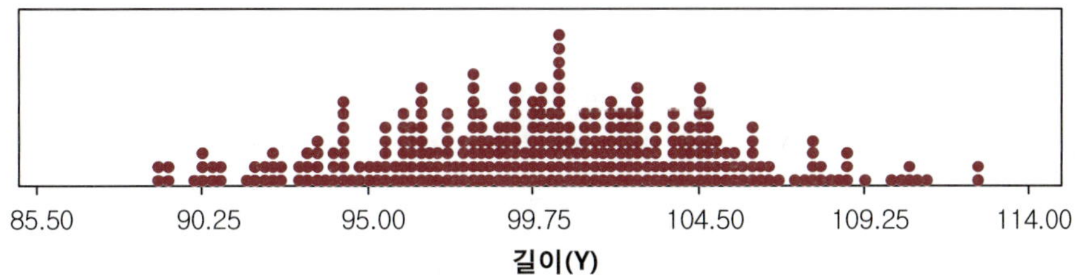


### (2) 히스토그램Histogram

전체 데이터를 일정 수의 구간으로 구분하여 표현된 빈도 구조

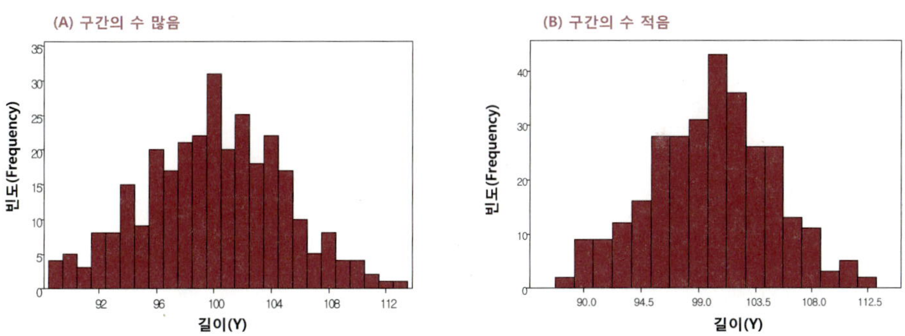


(1)의 점도표에서는 측정된 값들의 범위 그리고 개별 값들의 군집Cluster을 확인하기에는 유용하지만 데이터가 많지 않으면 전체적인 형태를 파악하기 힘들다. (2)의 히스토그램은 점도표의 이러한 단점을 보완하기 위하여 전체 데이터를 일정 구간으로 구분하고 구간 내에 속하는 데이터를 동일한 값이라고 가정하여 전체적인 형태를 파악하고자 사용하는 그림이다. 만일 구간 수를 너무 많이 정의하면 데이터의 패턴/형태를 확인하기 힘들고 구간 수를 너무 적게 정의하면 데이터의 빈도 구조를 파악하기 어렵다. (A)의 경우는 구간 수가 많은 경우이고 (B)의 경우에는 구간 수를 (A)보다 적게 설정한 것이다. 두 그

림을 비교해 볼 때 (B)를 이용하는 것이 전체적인 형태를 파악하기 쉽다는 것을 알 수 있다. 이를 이용하면 <예제 5.1>의 질문에 대한 답을 할 수 있다. 고려된 관심 특성인 길이는 목표값 근처에서 빈도가 가장 높고 목표값에서 멀어질수록 그 빈도는 적어진다.

그래프를 통하여 확인된 결과는 조사된 데이터의 결과이다. 만일 현재의 프로세스를 지속적으로 운영한다면 어떤 결과를 얻을 수 있을 것인가? 만일 표본의 대표성을 만족한다면 주어진 데이터를 이용하여 다음과 같이 모집단에 대한 정보를 얻을 수 있다. 이를 관심 특성인 길이의 확률분포라고 한다.

### (3) 모집단의 확률 분포 함수 Probability Density Function

표본의 대표성을 전제로 추정된 모집단의 확률 구조

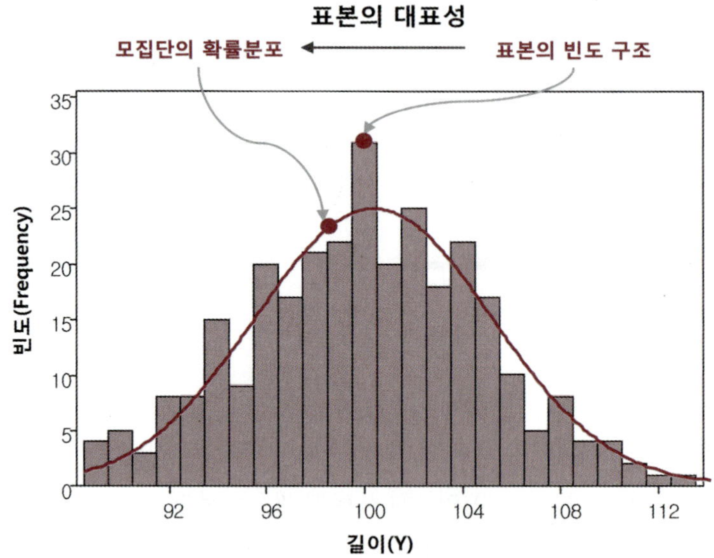


이와 같이 연속형 확률변수의 경우에는 측정된 데이터를 기초로 기술적/환경적/상식적인 정보를 반영하여 적절한 확률분포를 결정한다. 따라서 올바른 데이터를 수집하여 가정된 확률분포의 타당성을 확인할 수 있어야 한다.

표본의 결과인 데이터를 이용하여 모집단에 대한 확률분포를 얻는 과정을 정리하면 [그림 5.2]와 같다.

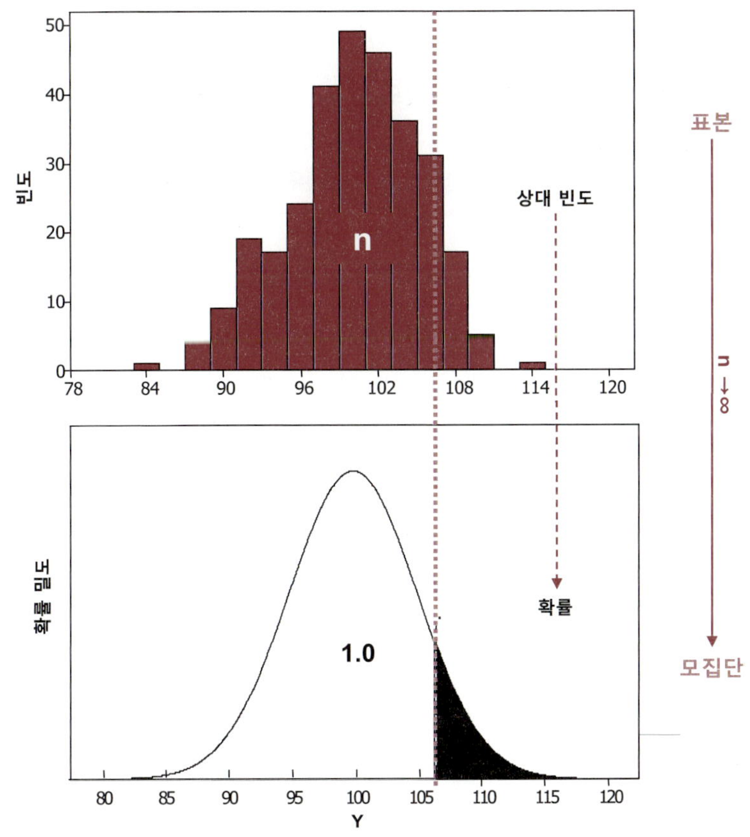


[그림 5.2] 표본의 히스토그램과 모집단의 확률분포

점도표와 히스토그램과 같은 그래프들은 연속형 확률분포의 형태를 확인하는데 유용하다. 그 이유는 연속형 확률분포에서 가장 중요한 특징이 형태[Shape]이기 때문이다. 만일 형태가 동일하다는 가정을 할 수 있다면 연속형 확률분포는 위치[Location]와 척도[Scale]에 의해 결정될 수 있다. 즉, 연속형 확률분포를 결정하는 모수들은 형태 모수, 위치 모수 그리고 척도 모수로 구분되고, 각 연속형 확률분포들은 이러한 모수들 또는 그중의 일부로 정의할 수 있다.

관심 특성에 대한 적절한 연속형 확률분포가 결정되면 그 형태를 표현하는 함수식을 구할 수 있는데, 이를 **확률밀도**Probability Density **함수**라고 하고 다음과 같은 특징을 갖는다.

> **연속형 확률밀도 함수**
> 1) 모든 가능한 $y$값에 대하여 확률밀도 값은 0보다 크거나 같다.
> 2) 모든 가능한 $y$값에서 구한 면적은 1이다.
> 3) 관심 사상이 정의된 구간의 면적으로 해당 확률을 계산한다.

연속형인 관심 특성에서는 일정한 값을 갖는 경우보다는 특정 값보다 크거나 작은 경우를 고려하는 경우가 많다. 예를 들어, 업무 처리 시간의 경우 목표 시간이 30분이라고 하더라도 실제 업무 프로세스에서 처리 시간이 정확히 30분인 경우보다는 30분 이하이거나 또는 30분 이상인 경우에 더 관심이 있다. 특히, 30분 이상이면 고객 불만이 발생하거나 다음 활동에 지장을 줄 수 있다고 판단된다면, 관리자는 이러한 활동이 발생하지 않도록 관리하려 할 것이다. 또한 처리 시간에 대한 새로운 목표값을 결정하기 위하여 하위 30%에 해당하는 업무처리 시간에 관심을 가질 수 있다. 이러한 실무적 상황에서 유용하게 사용될 수 있는 함수가 **누적 분포**Cumulative Distribution **함수**와 **역 누적분포**Inverse Cumulative Distribution **함수**이다.

> **유용한 확률 함수**
> 1) 누적분포 함수 : $\Pr(Y \le y)$, 모든 가능한 $y$
> 만일 $y$이상의 값을 원한다면, $1-\Pr(Y \le y)$를 이용하여 계산
> 2) 역 누적분포 함수 : $p_0$가 주어졌을 때 다음을 만족하는 $y_0$의 계산
> $$p_0 = \Pr(Y \le y_0)$$

누적분포 함수는 관심 특성의 가능한 모든 값에 대하여 그 값보다 작거나 같은 확률을 계산하는 함수이다. 즉, 「업무 시간이 30분 이하

일 경우의 확률」과 같이 주어진 값보다 작거나 같은 확률을 구할 때 유용하다. 또한 「전체 제품의 5%가 고장 나는 시점」과 같이 주어진 누적 확률을 만족하는 관심 특성의 값을 알고 싶은 경우에는 역 누적 분포 함수를 사용하면 된다. [그림 5.3]은 여러 가지 형태의 연속형 확률분포와 이에 대한 누적분포 함수를 보여준다. 역누적확률 값은 누적 확률의 그림에서 $y$-축의 값에 따른 $x$-축의 값을 읽으면 된다.

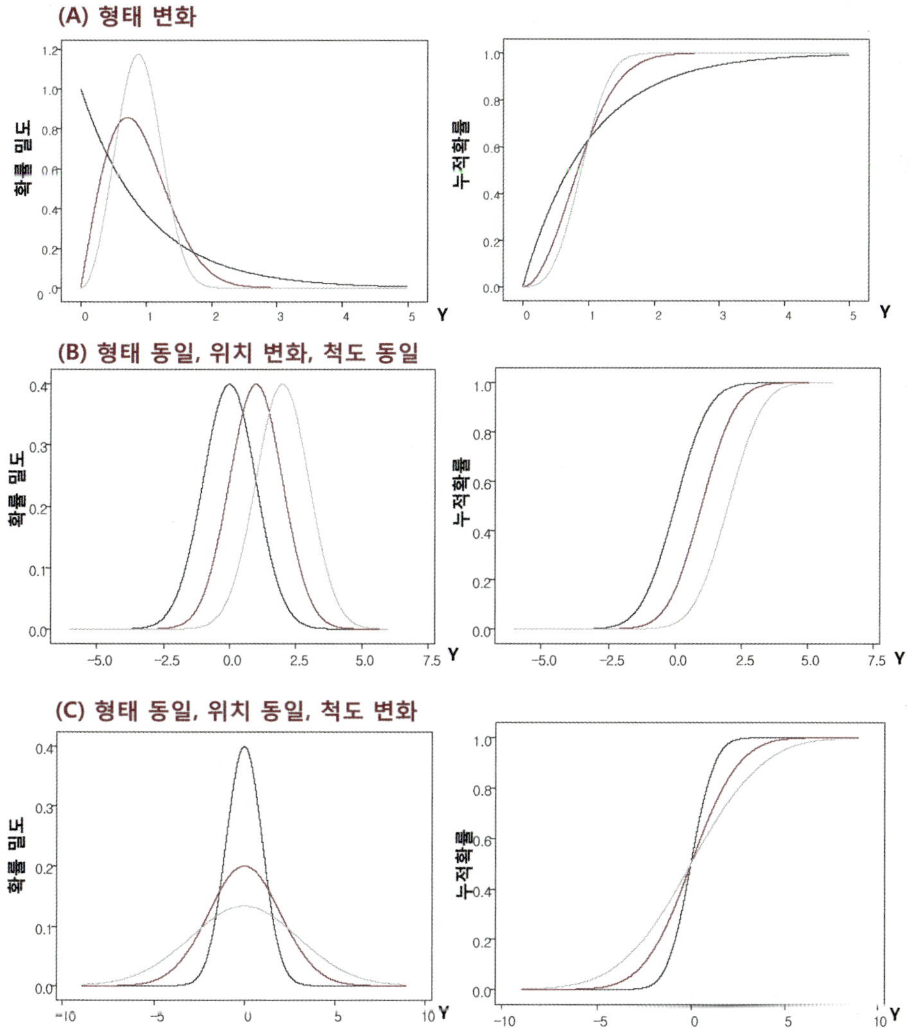


[그림 5.3] 형태, 위치, 척도에 따른 연속형 확률분포

[그림 5.3]의 (A)는 분포의 형태가 서로 다르게 변화하여 확률밀도 함수와 누적분포 함수의 패턴이 일정하지 않은 경우이다. 하지만 (B)는 형태와 척도가 동일하고 위치만 변화하는 경우로 확률밀도 함수와 누적분포 함수가 일정한 패턴으로 변화하는 것을 알 수 있다. (C)의 경우에도 역시 형태와 위치가 동일하고 척도가 변하는 경우인데 이때도 확률밀도 함수와 누적분포 함수는 일정한 패턴으로 변화한다.

이와 같이 연속형 확률분포는 형태, 위치 그리고 척도에 의하여 관심 특성의 확률 구조를 표현할 수 있다. 형태가 일정한 경우는 표준이 되는 하나의 확률분포에 대한 확률값을 계산할 수 있다면, 위치와 척도에 의해 변화하는 정도를 반영하여 형태가 동일한 모든 확률분포에 대한 확률을 계산할 수 있다는 장점을 갖고, 형태가 변화되는 경우에는 다양한 실무적 관심 특성을 다양하게 표현할 수 있다는 장점을 갖는다.

지금까지 설명된 연속형 확률분포의 특징을 정리하면 다음과 같다.

**언제 사용하는가?**

- 구간/비(율) 척도로 측정되는 프로세스의 관심 특성에 대한 특징 파악
- 주어진 형태/위치/척도를 갖는 경우

**분포의 모수(들)는 무엇인가?**

- 형태 : 기술적/환경적/상식적 타당성과 데이터에 의해 결정
- 위치와 척도 : 올바른 형태가 결정되었다는 전제하에 데이터에 의해 결정

**관심 사건의 확률은 어떻게 계산할 것인가?**

- 확률밀도 함수 또는 누적분포 함수를 이용하여 계산
  단, 확률은 일정 구간 또는 구간의 합에 대한 면적으로 계산

다음 절에서는 이러한 연속형 확률분포의 특징을 이용하여 가장 널리 사용되는 정규 분포[Normal Distribution]에 대하여 알아보기로 한다.

# 5.3 정규 분포

Normal Distribution

정규 분포는 1733년 프랑스의 **드 므와브르**[26]에 의해 $n$이 큰 경우 이항 분포의 근사 확률을 계산하기 위해 처음 소개되었고 **라플라스**[27]에 의해 분포의 함수식이 도출되었다. 그 후, 독일의 **가우스**[28]가 창안한 오차에 대한 확률분포가 정규 분포와 일치한다고 하여 이 분포를 「가우스 분포」라고 부르기도 한다. 이 분포가 소개된 초창기에는 수집된 자료의 형태가 이 모양을 따르지 않으면 비정상적이라고 생각했던 연유로 이름도 「정규 분포」라고 지어졌다. 정규 분포는 통계 분석의 도구 에서 가장 중요한 확률분포이며 오랜 시간 동안 과학의 발전에 기여한 유용한 확률분포이다.

정규 분포의 가장 큰 특징은 좌우대칭Symmetric 과 종형Bell-Shaped이다. 또한 실무적으로 명확한 목표값 또는 참값을 갖는 경우 그리고 측정 환경에서 변동 요인이 많지 않은 경우에는 대부분 정규 분포를 가정한다.

> **언제 사용하는가?**
> - 구간/비(율) 척도로 측정되는 프로세스의 관심 특성에 대한 특징 파악
> - 좌우대칭, 종형
> * 실무적으로 목표값/참값이 명확하고 우연 변동White Noise만 존재하는 경우

연속형 관심 특성 $Y$가 정규 분포를 따르는 경우를 간단히 $Y \sim N(\mu, \sigma^2)$이라고 표현하며, 이때 $\mu$와 $\sigma^2$는 정규 분포의 모수로서 $\mu$는 위치 모수 그리고 $\sigma^2$은 척도 모수라고도 부른다.

---

26) Abraham de Moivre, 1667~1754, 프랑스의 수학자
27) Marquis de Laplace, 1749~1827, 프랑스의 수학자
26) Carl Friedrich Gauss, 1777~1825, 독일의 수학자

**정규 분포의 모수(들)는 무엇인가?**

- $\mu$ : 모평균
- $\sigma^2$ : 분산 ( $\sigma$ : 표준편차로 표현하기도 한다.)

정규 분포는 형태[Shape]가 좌우대칭과 종형으로 일정하므로 위치[Location]를 나타내는 모평균 $\mu$와 척도[Scale]를 나타내는 $\sigma^2$(또는 $\sigma$)에 따라서 고유의 확률분포가 결정된다. 이러한 모수가 결정되면 다음의 확률밀도 함수를 이용하여 모든 관심 구간에 대한 확률을 구할 수 있다.

**관심 사건에 대한 확률 계산은 어떻게 할 것인가?**

- $Y \sim N(\mu,\ \sigma^2)$, 여기서 $\mu$는 모평균, $\sigma^2$은 모분산

$$f(y) = \frac{1}{\sqrt{2\pi}\,\sigma} \exp[-\frac{1}{2}(\frac{y-\mu}{\sigma})^2],\ y \in (-\infty, \infty)$$

여기서 $\mu \in (-\infty, \infty), \sigma \in [0, \infty]$

위의 확률밀도 함수를 이용하여 확률을 계산하는 경우를 생각해 보자. 예를 들어, 모평균이 30이고 모분산이 9인 정규 분포를 따르는 관심 특성 $Y$가 구간 [30, 35]에 포함될 확률은 다음과 같이 계산할 수 있다.

$$\Pr(30 \leqq Y \leqq 35) = \int_{30}^{35} \frac{1}{3\sqrt{2\pi}} \exp[-\frac{1}{2}(\frac{y-30}{3})^2]\,dy$$

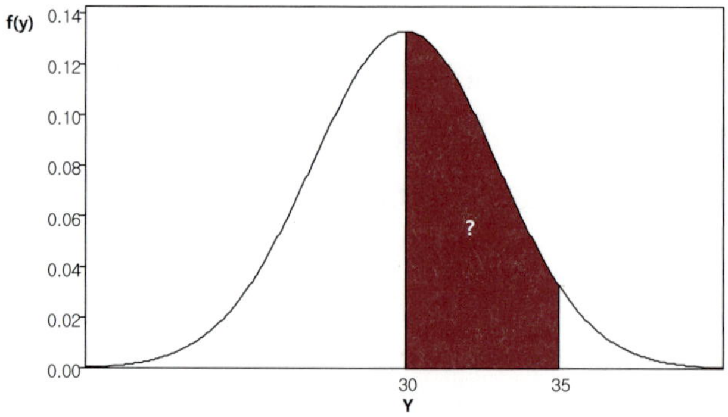

아무리 확률분포가 유용하다고 하더라도 매번 적분 계산을 통하여 확률을 계산해야 한다면 실무적으로 활용하기는 쉽지 않다. 다행이도 정규분포는 좌우대칭과 종형으로 그 형태가 일정하므로 이렇게 적분을 하지 않고도 표준화[Standardization]를 통하여 모든 가능한 정규 분포의 확률을 쉽게 계산할 수 있다. [그림 5.4]는 서로 다른 모평균과 모분산에 대한 정규 분포의 변화를 보여준다. (A)와 (B), 두 경우 모두 다음이 성립한다.

$$\Pr(Y_1 > 1) = \Pr(Y_2 > 2) = \Pr(Y_3 > 3)$$

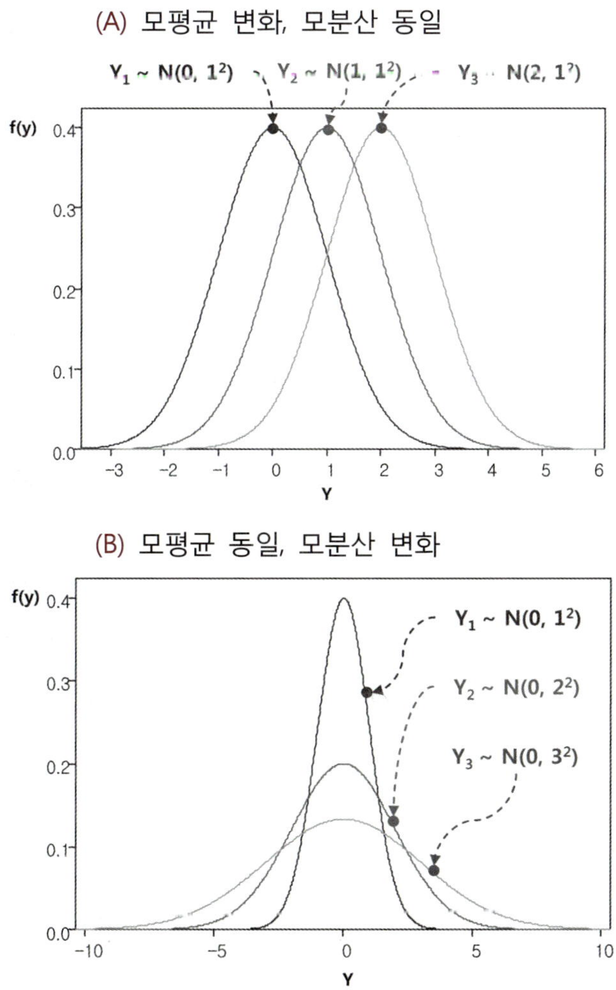


[그림 5.4] 모평균 또는 모분산의 변화에 따른 정규 분포의 확률밀도 함수

[그림 5.4]에서 확인할 수 있듯이 만일 표준으로 사용할 수 있는 하나의 정규 분포에 대하여 가능한 확률값들을 미리 계산해 놓는다면 서로 다른 모평균과 모분산에 대한 확률값들을 일정한 공식에 의해 쉽게 계산할 수 있다. 이때 표준이 되는 정규 분포를 **표준 정규분포**Standard Normal Distribution라고 부르고 모든 정규 분포는 다음의 **표준화**Standardization 공식을 이용하여 [그림 5.5]과 같이 표준 정규분포로 변환할 수 있다.

> **정규 분포의 표준화**
>
> 모든 정규 분포는 표준화를 통하여 표준 정규 분포로 변환될 수 있다.
>
> $Y \sim N(\mu, \sigma^2)$ 이면, $Z = \dfrac{Y-\mu}{\sigma} \sim N(0,1)$

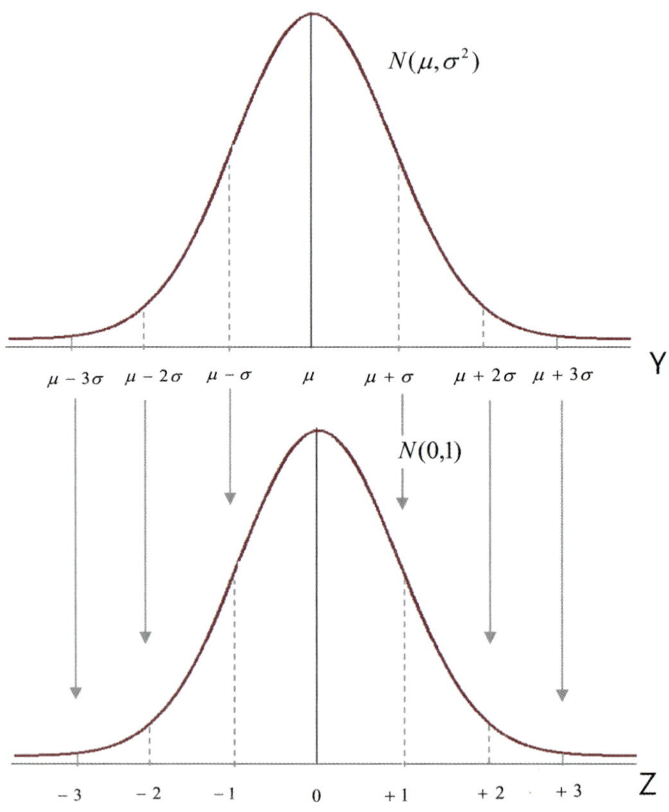


[그림 5.5] 정규 분포 $N(\mu, \sigma^2)$과 표준 정규 분포 $N(0,1)$

**[표 5.1] 표준 정규 분포 표 :** $\Pr(Z \geq z)$

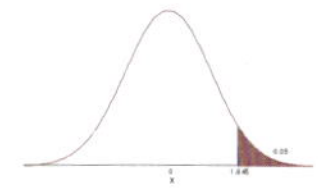

[1열] 표준화된 $z$값의 소수점 첫째자리

[1행] 표준화된 $z$값의 소수점 둘째자리

** 0을 중심으로 좌우대칭이므로 -$z$값에 대해서도 동일하게 계산

| $z$ | 0.00 | 0.01 | 0.02 | 0.03 | 0.04 | 0.05 | 0.06 | 0.07 | 0.08 | 0.09 | $z$ |
|---|---|---|---|---|---|---|---|---|---|---|---|
| 0.0 | .5000 | .4960 | .4920 | .4880 | .4840 | .4801 | .4761 | .4721 | .4681 | .4641 | 0.0 |
| 0.1 | .4602 | .4562 | .4522 | .4483 | .4443 | .4404 | .4364 | .4325 | .4286 | .4247 | 0.1 |
| 0.2 | .4207 | .4168 | .4129 | .4090 | .4052 | .4013 | .3974 | .3936 | .3897 | .3859 | 0.2 |
| 0.3 | .3821 | .3783 | .3745 | .3707 | .3669 | .3632 | .3594 | .3557 | .3520 | .3483 | 0.3 |
| 0.4 | .3446 | .3409 | .3372 | .3336 | .3300 | .3264 | .3228 | .3192 | .3156 | .3121 | 0.4 |
| 0.5 | .3085 | .3050 | .3015 | .2981 | .2946 | .2912 | .2877 | .2843 | .2810 | .2776 | 0.5 |
| 0.6 | .2743 | .2709 | .2676 | .2643 | .2611 | .2578 | .2546 | .2514 | .2483 | .2451 | 0.6 |
| 0.7 | .2420 | .2389 | .2358 | .2327 | .2296 | .2266 | .2236 | .2206 | .2177 | .2148 | 0.7 |
| 0.8 | .2119 | .2090 | .2061 | .2033 | .2005 | .1977 | .1949 | .1922 | .1894 | .1867 | 0.8 |
| 0.9 | .1841 | .1814 | .1788 | .1762 | .1736 | .1711 | .1685 | .1660 | .1635 | .1611 | 0.9 |
| 1.0 | .1587 | .1562 | .1539 | .1515 | .1492 | .1469 | .1446 | .1423 | .1401 | .1379 | 1.0 |
| 1.1 | .1357 | .1335 | .1314 | .1292 | .1271 | .1251 | .1230 | .1210 | .1190 | .1170 | 1.1 |
| 1.2 | .1151 | .1131 | .1112 | .1093 | .1075 | .1056 | .1038 | .1020 | .1003 | .0985 | 1.2 |
| 1.3 | .0968 | .0951 | .0934 | .0918 | .0901 | .0885 | .0869 | .0853 | .0838 | .0823 | 1.3 |
| 1.4 | .0808 | .0793 | .0778 | .0764 | .0749 | .0735 | .0721 | .0708 | .0694 | .0681 | 1.4 |
| 1.5 | .0668 | .0655 | .0643 | .0630 | .0618 | .0606 | .0594 | .0582 | .0571 | .0559 | 1.5 |
| 1.6 | .0548 | .0537 | .0526 | .0516 | .0505 | .0495 | .0485 | .0475 | .0465 | .0455 | 1.6 |
| 1.7 | .0446 | .0436 | .0427 | .0418 | .0409 | .0401 | .0392 | .0384 | .0375 | .0367 | 1.7 |
| 1.8 | .0359 | .0351 | .0344 | .0336 | .0329 | .0322 | .0314 | .0307 | .0301 | .0294 | 1.8 |
| 1.9 | .0287 | .0281 | .0274 | .0268 | .0262 | .0256 | .0250 | .0244 | .0239 | .0233 | 1.9 |
| 2.0 | .0228 | .0222 | .0217 | .0212 | .0207 | .0202 | .0197 | .0192 | .0188 | .0183 | 2.0 |
| 2.1 | .0179 | .0174 | .0170 | .0166 | .0162 | .0158 | .0154 | .0150 | .0146 | .0143 | 2.1 |
| 2.2 | .0139 | .0136 | .0132 | .0129 | .0125 | .0122 | .0119 | .0116 | .0113 | .0110 | 2.2 |
| 2.3 | .0107 | .0104 | .0102 | .0099 | .0096 | .0094 | .0091 | .0089 | .0087 | .0084 | 2.3 |
| 2.4 | .0082 | .0080 | .0078 | .0075 | .0073 | .0071 | .0069 | .0068 | .0066 | .0064 | 2.4 |
| 2.5 | .0062 | .0060 | .0059 | .0057 | .0055 | .0054 | .0052 | .0051 | .0049 | .0048 | 2.5 |
| 2.6 | .0047 | .0045 | .0044 | .0043 | .0041 | .0040 | .0039 | .0038 | .0037 | .0036 | 2.6 |
| 2.7 | .0035 | .0034 | .0033 | .0032 | .0031 | .0030 | .0029 | .0028 | .0027 | .0026 | 2.7 |
| 2.8 | .0026 | .0025 | .0024 | .0023 | .0023 | .0022 | .0021 | .0021 | .0020 | .0019 | 2.8 |
| 2.9 | .0019 | .0018 | .0018 | .0017 | .0016 | .0016 | .0015 | .0015 | .0014 | .0014 | 2.9 |
| 3.0 | .0013 | .0013 | .0013 | .0012 | .0012 | .0011 | .0011 | .0011 | .0010 | .0010 | 3.0 |
| 3.1 | .0010 | .0009 | .0009 | .0009 | .0008 | .0008 | .0008 | .0008 | .0007 | .0007 | 3.1 |
| 3.2 | .0007 | .0007 | .0006 | .0006 | .0006 | .0006 | .0006 | .0005 | .0005 | .0005 | 3.2 |
| 3.3 | .0005 | .0005 | .0005 | .0004 | .0004 | .0004 | .0004 | .0004 | .0004 | .0003 | 3.3 |
| 3.4 | .0003 | .0003 | .0003 | .0003 | .0003 | .0003 | .0003 | .0003 | .0003 | .0002 | 3.4 |
| 3.5 | .0002 | .0002 | .0002 | .0002 | .0002 | .0002 | .0002 | .0002 | .0002 | .0002 | 3.5 |
| 3.6 | .0002 | .0002 | .0001 | .0001 | .0001 | .0001 | .0001 | .0001 | .0001 | .0001 | 3.6 |
| 3.7 | .0001 | .0001 | .0001 | .0001 | .0001 | .0001 | .0001 | .0001 | .0001 | .0001 | 3.7 |
| 3.8 | .0001 | .0001 | .0001 | .0001 | .0001 | .0001 | .0001 | .0001 | .0001 | .0001 | 3.8 |
| 3.9 | .0000 | .0000 | .0000 | .0000 | .0000 | .0000 | .0000 | .0000 | .0000 | .0000 | 3.9 |

[표 5.1]은 표준 정규분포 표이다. 표준 정규분포를 따르는 확률변수의 값이 [0.00, 3.99]로 소수점 두 번째 자리 수까지 계산할 수 있도록 구성되었다. 만일 [-3.99, 0.00]까지의 확률값이 필요하다면 표준 정규분포가 좌우대칭인 사실을 이용하면 된다. 다음은 표준 정규분포 표를 이용한 확률 계산에 유용한 공식이다.

**표준 정규 분포의 확률 계산**

1) $\Pr(-a \leqq Z \leqq 0) = \Pr(0 \leqq Z \leqq a)$
2) $\Pr(a \leqq Z \leqq b) = \Pr(Z \leqq b) - \Pr(Z \leqq a)$
3) $\Pr(Z \geqq a) = 1 - \Pr(Z < a)$

## 예제 5.2

A 업무의 처리 시간(분)은 정규 분포 $N(30, 3^2)$을 따른다. 관리자는 다음과 같은 업무 처리 시간이 발생할 확률을 계산하고자 한다. 표준화 공식과 [표 5.1]을 이용하여 다음 확률을 계산하시오.

1) 업무 처리 시간이 25분 이하일 확률
2) 업무 처리 시간이 35분 이상일 확률
3) 업무 처리 시간이 [25분, 35분] 사이에 있을 확률

(결과)

(1) $\Pr(Y \leq 10) = \Pr(\frac{Y-30}{3} \leq \frac{25-30}{3})$

$= \Pr(Z \leq -1.67) = \Pr(Z \geq 1.67)$

$= 0.0475 \quad \therefore 4.75\%$

(2) $\Pr(Y \geq 35) = \Pr(\frac{Y-30}{3} \geq \frac{35-30}{3})$

$= 0.0475 \quad \therefore 4.75\%$

(3) $\Pr(25 \leq Y \leq 35) = \Pr(\frac{25-30}{3} \leq \frac{Y-30}{3} \leq \frac{35-30}{3})$

$= \Pr(-1.67 \leq Z \leq 1.67) = 1 - 2 \times \Pr(Z \geq 1.67)$

$= 1 - 0.095 = 0.005 \quad \therefore 0.5\%$ ■

표준화는 [예제 5.2]와 같이 임의의 모평균과 모분산을 갖는 관심 특성이 정규분포를 따를 경우 확률 계산에 유용하다. 이 외에도 다음과 같은 실무적 해석의 장점을 갖는다.

**표준화의 장점**

1) 표준 정규 분포를 이용한 확률 계산 용이
2) 서로 다른 측정 단위 또는 산포를 갖는 특성의 비교

## 예제 5.3

A 업무는 처리 시간(분)이 중요 특성이며 이는 $N(30, 3^2)$을 따른다. 또한 만일 처리 시간이 35분을 넘는 경우 고객 불반속이 발생하는 것으로 알려져 있다. B 업무는 불순물의 정제량(g)이 중요 특성이며 이는 $N(200, 25^2)$을 따른다. 또한 정제량이 150g보다 적은 경우 고객 불만족이 발생하는 것으로 알려져 있다. A 업무와 B 업무 중에서 어느 업무가 고객 불만족을 유발할 가능성이 높은가?

(결과)

| | A 업무 | B 업무 | 비고 |
|---|---|---|---|
| 정보 | $Y_1$ : 처리시간(분)<br>$Y_1 \sim N(30, 3^2)$ | $Y_2$ : 정제량(g)<br>$Y_2 \sim N(200, 25^2)$ | 비교 불가 |
| 고객 불만족 상황 | $\Pr(Y_1 \geq 35)$ | $\Pr(Y_2 \leq 150)$ | |
| 고객 불만족 가능성 (확률) | 0.0478(약 5%) | 0.0765(약 8%) | B업무가 높다. |

■

## 예제 5.4

김철수 학생은 OO자격 시험에 2번 응시하였다. 1차 응시에서는 270/320점을 획득하였고, 2차 시험에서는 290/320점을 획득하였다. 원하는 300/320점을 획득하지는 못했지만 시험 성적이 높아지고 있으니 곧 300점을 넘을 수 있을 것이라고 생각하고 있다. 1차 시험을 치른 전체 학생들의 점수는 $N(250, 10^2)$을 따르며 2차 시험을 치른 전체 학생들의 점수는 $N(270, 15^2)$을 따른다. 김철수 학생은 실제로 어떤 시험을 더 잘 보았는가?

(결과)

| | 1차 시험 | 2차 시험 | 비고 |
|---|---|---|---|
| 정보 | $Y_1 \sim N(250, 10^2)$ | $Y_2 \sim N(270, 15^2)$ | 비교 불가 |
| 취득 점수 | 270 | 290 | 2차가 점수 높음 |
| $\Pr(Y \geq$ 취득점수$)$ | 0.023(약 2%) | 0.091(약 9%) | 1차가 순위 높음 |

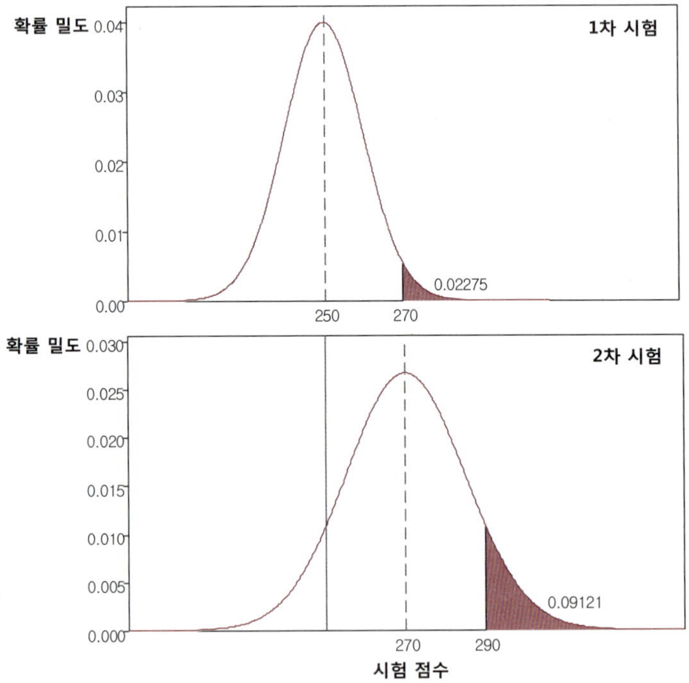


■

# 5.4 정규 분포의 실무적 해석

Normal Distribution

다음 [그림 5.6]은 표준 정규 분포의 확률밀도 함수와 누적분포 함수에서 하위 누적 확률을 확인하는 방법을 설명한다. 확률밀도 함수에서는 원하는 누적 확률값을 구하기 위하여 구간의 면적을 구해야 하지만 누적분포 함수를 이용하면 원하는 관심특성의 값에서 $y$-축의 값을 읽으면 된다.

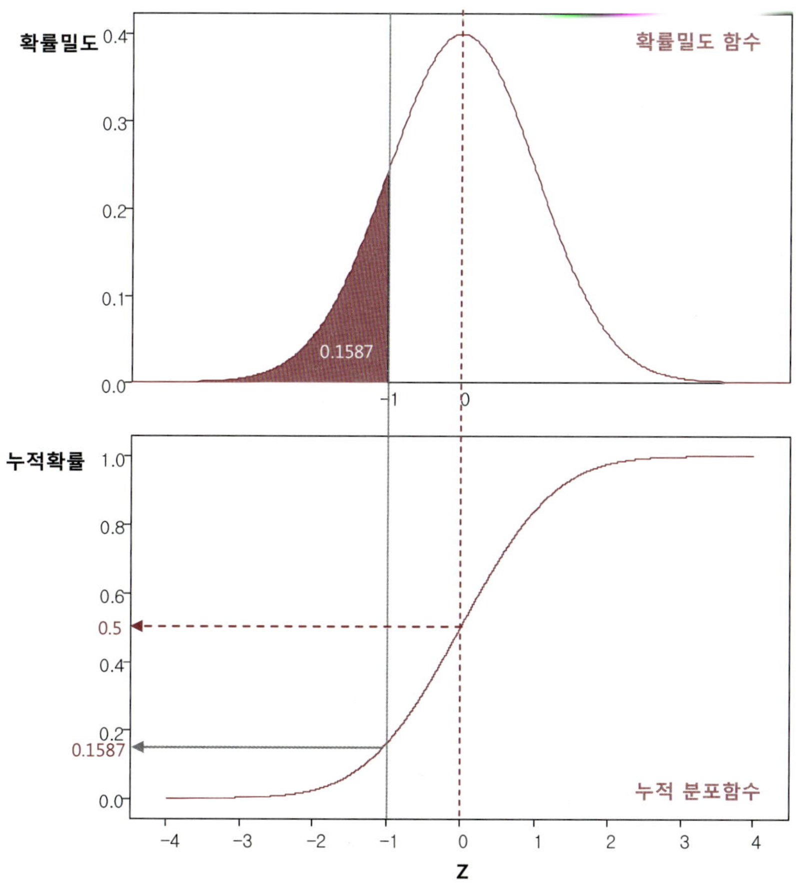


[그림 5.6] 표준 정규 분포의 확률밀도 함수와 누적분포 함수

이때 확률밀도 함수는 표본으로부터 도시된 히스토그램과 비교하여 모집단의 정규성 여부를 확인할 때 유용하며, 누적분포 함수는 하위 누적 확률의 계산 이외에 누적되는 특성의 정규성 여부를 확인할 때도 사용한다. 특히 경영 분야에서는 특정 상품/제도에 대한 도입기, 성장기, 안정기를 설명할 때 이러한 누적분포 함수의 형태를 사용하며 이를 S-곡선이라고 부른다.

실무적으로 관심 특성이 연속형 데이터로 측정되고 명확한 목표값을 가지며 측정 활동 중에 특별한 변동 요인이 없으면 대부분 정규분포를 가정한다. 정규분포를 따르는 경우 실무적으로 많이 사용하는 요약값인 표본평균을 유용하게 사용할 수 있다. $n$개의 표본으로부터 관찰된 값들의 표본평균은 수학적으로 다음과 같이 계산하지만 실제 현장에서는 다음과 같은 의미로 해석한다.

$$\bar{y} = \frac{1}{n}\sum_{i=1}^{n} y_i,\ \ y_1, y_2, ..., y_n \text{은 } n\text{개의 표본으로부터의 측정값}$$

**연속형 데이터에서 표본평균의 의미**

1) 대푯값 : 서로 다른 값을 갖는 변동을 대표할 수 있는 요약 값
2) 기댓값 : 앞으로 동일한 활동을 했을 경우 기대되는 예상 값
3) 단위값 : 고려한 모든 표본의 합을 $n$으로 나눈 값

또한 분산/표준편차가 작을수록 계산된 평균을 이용하여 현상을 잘 설명할 수 있는데, 이는 정규분포의 형태일 때 가장 작은 값을 갖는다.

## 예제 5.5

다음은 비슷한 업무를 처리하는 3 개 부서들로부터 조사된 업무 처리 시간(분)에 대한 데이터($n=126$)이다.

(A) 정규 분포 형태

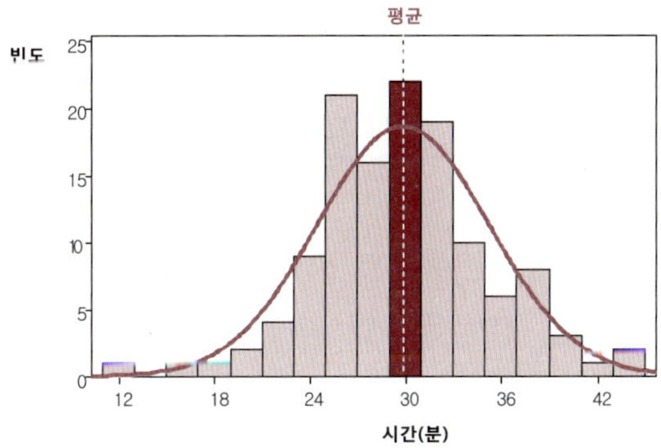


(B) 비정규 분포 형태 - 오른쪽 긴 꼬리 형태

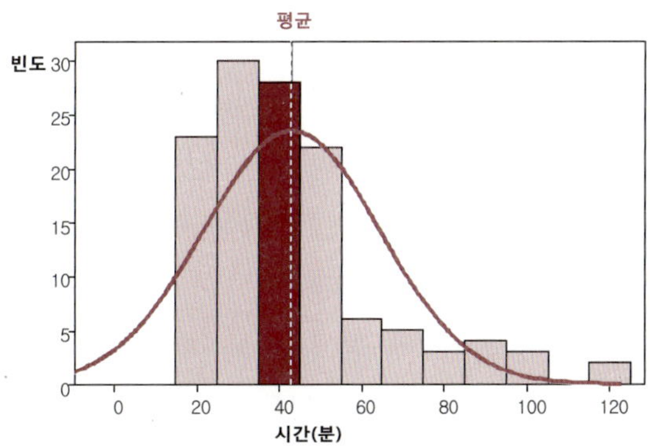


(C) 비정규 분포 형태 - 양봉 형태

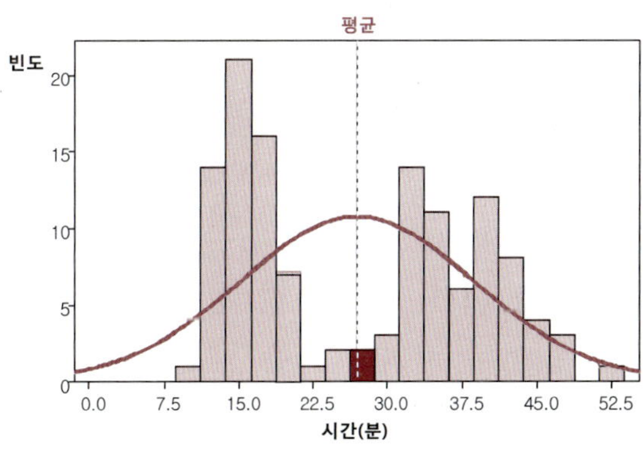

(A) 경우는 정규 분포의 형태를 따르는 경우이고 (B) 경우는 오른쪽으로 꼬리가 긴 분포의 형태를 갖는다. (C)의 경우는 쌍봉 구조를 갖는다. 이 경우의 중요 요약값을 계산해 보면 다음과 같다.

| 결과 | $n$ | 평균 | 표준편차 | 최소값 | 최대값 | 범위 |
|---|---|---|---|---|---|---|
| (A) | 126 | 29.85 | 5.40 | 12.750 | 43.795 | 31.045 |
| (B) | 126 | 43.02 | 21.43 | 15.041 | 117.882 | 102.841 |
| (C) | 126 | 26.96 | 11.71 | 10.531 | 51.573 | 41.042 |

(A)의 경우는 좌우대칭, 종형으로 정규분포의 형태를 따른다. 따라서 대표성 있는 표본을 잘 선택했다면 수집된 히스토그램의 형태를 통하여 모집단의 형태를 예상할 수 있다. 또한 표본평균에서 가장 높은 빈도를 갖게 되므로 표본평균을 데이터의 대푯값으로 사용할 수 있다. 또한 대표성있는 표본에서 평균값이 나타날 가능성이 가장 높으므로 앞으로 비슷한 업무를 진행했을 때 예상되는 기댓값으로 사용할 수 있다. 또한 표준편차 값이 5.40, 범위 값이 31.045로 상대적으로 변동이 작아서 앞으로의 처리 시간에 대한 예측 가능성이 높다. 만일 중요한 사건에 대한 가능성을 확인하고 싶다면 정규분포의 확률 계산을 통하여 그 가능성을 통계적으로 확인할 수 있다.

(B)의 경우에는 그 형태가 정규 분포를 따르지 않는다. 형태상 오른쪽으로 꼬리가 길다. 따라서 일부 업무의 처리 시간이 많이 지연되고 있음을 알 수 있다. 이러한 분포 형태를 확인하지 않고 남들이 사용한다고 해서 정규분포를 적용한다면 업무 처리 시간이 음수(-)인 경우가 발생하므로 실무적으로 의미 없는 값을 얻을 수 있다. 또한 표본평균에서 가장 높은 빈도를 갖지 못하여 데이터의 대푯값과 기댓값으로 사용하기에도 무리가 있다. 그리고 표준편차 값이 21.43으로 (A)에 비하여 크고 데이터의 범위 역시 102.84로 크다. 이는 평균값을 사용하여 앞으로의 업무 처리 시간에 대한 예측을 할 경우 예측 가능성이 낮음을 의미한다. 따라서 현재 업무 처리 시간을 개선하기 위해서는 정규분포의 형태를 만족할 수 있도록 처리 시간이 많이 지연되는 업무를 선별하여

그 원인을 찾아서 개선해야 한다.

(C)의 경우에는 (B)의 경우보다 훨씬 더 심각하다. 이러한 경우는 대부분 두 종류 이상의 처리 시간이 혼합된 경우이다. 그림에서 확인할 수 있듯이 계산된 평균은 대푯값 또는 기댓값으로 사용할 수 없으며 관심 사건에 대한 확률 계산 역시 의미가 없다. 유일한 해결책은 혼합의 원인을 찾고 이를 이용하여 집단을 구분하고 해석하는 것이다. 그림에서 보기에는 두 개의 군집이 존재하는 듯 보이지만 현재로서는 확인할 방법이 없다. 만일 데이터 레쥬메를 올바로 작성하고 작성된 항목을 통하여 군집을 올바로 구분한다면 몇 개의 군집이 있는지를 확인할 수 있다. 이러한 데이터에서 형태를 확인하지 않고 평균값 또는 다른 요약값만으로 해석을 한다면 실무적으로 의미가 없는 결론을 얻게 된다.

이와 같이 정규분포의 형태는 실무적으로 계산되는 많은 요약값을 해석하기 위한 전제 조건이 된다. 또한 그 형태, 위치, 척도 모두 다음과 같이 실무적으로 해석이 가능한 유용한 분포이다.

**정규 분포의 유용성**

: 안정된 프로세스를 표현하는 객관적인 분포

1) 형태 – 좌우대칭, 종형 : 이상 원인(Special Cause)의 유무를 확인
2) 위치 – 평균 : 목표값의 달성 여부 확인
3) 척도 – 분산/표준편차 : 프로세스 관리 기술 수준에 대한 정보 제공
 * 분산/표준편차가 크다면, 관리 기술 수준이 낮은 것이다.

따라서 목표값이 정의되고 측정 과정에서 변동에 영향을 크게 주는 요인이 없는 연속형 관심 특성에서는 대부분 정규분포를 가정한다. 이는 앞서 설명한 실무적 유용성과 함께 확률 계산의 용이성, 서로 다른 측정 단위의 비교 등이 가능하기 때문이다.

## 제 5 장 연습문제

5.1 다음 용어를 설명하시오.

(1) 연속형 확률분포

(2) 점도표

(3) 히스토그램

(4) 정규 분포

(5) 표준화

5.2 확률변수 $Z$가 표준 정규분포를 따른다고 할 때, 다음 물음에 답하시오.

(1) 다음 구간의 확률 값을 계산하시오.

a) $(0, \infty)$　　b) $(-2, 1)$

c) $(-1.645, 1.645)$　　d) $(-1.96, 1.96)$

e) $(-2.575, 2.575)$　　f) $(-\infty, -2.575)$

g) $(2.575, \infty)$

(2) 다음을 만족하는 $z$값을 구하시오.

a) $\Pr(0 < Z < z) = 0.1985$　　b) $\Pr(-z < Z < z) = 0.90$

c) $\Pr(-z < Z < z) = 0.95$　　d) $\Pr(-z < Z < z) = 0.995$

e) $\Pr(Z > z) = 0.05$　　f) $\Pr(Z < z) = 0.05$

g) $\Pr(Z > z) = 0.1$

5.3 600명의 시험성적은 평균 64점, 표준편차 10인 정규분포를 따른다고 한다. 이 때 82점을 얻은 학생은 몇 등 정도가 되겠는가?

6 장

# 추정량, 표본분포 그리고 통계적 추론

## Estimator, Sampling Distribution and Statistical Inference

**S. G. Ko**

프로세스란 결과들의 모임이 아니라 과정의 모임이다.
따라서 내일도 그 과정을 유지해야 한다면, 오늘까지의 결과를 모두 조사해 놓았다고 해도 그 결과는 여전히 표본이다.

---

### 학습 목표

- 모수를 추정하는 추정량의 특징을 이해한다.
- 중요한 추정량의 표본분포를 이해한다.
- 통계적 추론의 개념과 필요성을 이해한다.
- 통계적 추론의 필요성을 이해한다.

---

### 차례

6.1 개요
6.2 바람직한 추정량의 조건
6.3 표본 평균의 표본분포
6.4 표본 분산의 표본분포
6.5 유용한 표본분포
6.6 통계적 추론의 필요성과 한계

---

### 중요 용어

- 추정량, 불편성, 자유도
  Estimator, Unbiasedness, Degree of Freedom
- 표본오차, 표본분포, 표준오차
  Sampling error, Sampling distribution, Standard error
- $t$-분포, $\chi^2$-분포, $F$-분포
  t-distribution, chi-squared distribution, F-distribution

---

# 6.1 개요

Introduction

표본으로부터 측정된 데이터를 이용하여 계산되는 값을 통계량Statistic이라고 한다. 통계량은 표본에 대한 정보를 요약하는 동시에 표본이 추출된 모집단의 모수에 대한 정보를 포함한다. 제 4장과 제 5장에서 설명된 중요 확률분포들의 모수와 통계량을 정리해보면 [표 6.1]과 같다. 추정량Estimator이란 특정 모수에 대한 추정에 사용되는 통계량을 말한다.

**[표 6.1] 중요 확률분포와 모수들 그리고 통계량**

| 분포 | 기호 | 모수 | 추정량 |
|---|---|---|---|
| 이항 분포 | $Bin(n,\pi)$ | $n, \pi$ | $p = \frac{1}{n}\sum_{i=1}^{n} y_i \ , \ y_i = 0, 1$ |
| 포아송 분포 | $Poi(\lambda)$ | $\lambda$ | $\hat{\lambda} = \frac{1}{n}\sum_{i=1}^{n} y_i \ , \ y_i = 0, 1, 2, \ldots$ |
| 정규 분포 | $N(\mu, \sigma^2)$ | $\mu$ | $\bar{y} = \frac{1}{n}\sum_{i=1}^{n} y_i \ , \ y_i = \{-\infty, \infty\}$ |
| | | $\sigma^2$ ($\sigma$) | $s^2 = \frac{1}{n-1}\sum_{i=1}^{n}(y_i - \bar{y})^2$ <br> $(s = \sqrt{\frac{1}{n-1}\sum_{i=1}^{n}(y_i - \bar{y})^2}\ )$ |

데이터의 유형에 따라 이산형과 연속형 확률분포로 구분하였지만 각 분포들의 모수를 확인해 보면 크게 2 종류임을 확인할 수 있다. 즉, 중심 성향Central Tendency을 나타내는 비율Proportion, 평균 건수Mean Count, 평균Mean과 산포Dispersion의 정도를 나타내는 분산Variance(또는 표준편차Standard Deviation)으로 구분된다. 여기서 비율, 평균 건수, 평균은 측정되는 값의 차이일 뿐 추정량을 계산하는 수학적 공식은 동일하다.

데이터로 계산되는 모든 값은 통계량이라고 할 수 있지만, 그 중에서 모수에 대한 추정에 사용되는 추정량은 몇 가지 조건을 만족해야 한다. 이 장에서는 이러한 추정량의 조건과 표본 분포 그리고 통계적 추론 Statistical Inference의 필요성과 한계에 대하여 알아보기로 한다.

## 6.2 바람직한 추정량의 조건

Conditions of Good Estimator

실무적으로 수집된 데이터를 이용하여 계산된 요약값은 실무적 현상을 잘 표현하고, 주어진 상황에 대한 올바른 판단 기준이 될 수 있도록 적절한 변별력을 갖추어야 한다. 예를 들어, 여러 부서의 업무 실행력을 평가하기 위하여 데이터를 수집하고 요약값을 계산하였는데 그 값이 모두 동일하거나 아주 미세하게 차이가 난다면 올바른 판단을 할 수 없을 것이다. 따라서 먼저 데이터를 수집하는 목적을 분명히 하고 그에 따라 모집단을 정의한 후, 이를 대표할 수 있는 표본을 선택할 수 있어야 한다. 이 때 표본으로부터 수집된 데이터를 이용하여 요약 값을 계산한다면 이는 모두 통계량이라고 할 수 있다. 이러한 다양한 통계량 중 모집단의 특징인 특정 모수의 추정에 사용되는 통계량을 추정량이라고 한다. 따라서 추정량은 통계량 중의 일부이다.

모수는 모집단의 특징으로 이에 대한 올바른 추정은 모든 통계적 추론의 목적이 된다. 특히 [표 6.1]과 같이, 관심 특성의 확률분포들이 소수의 모수들에 의해 결정되고, 이러한 확률분포를 이용하여 다양한 관심 사건에 대한 확률을 계산할 수 있으므로 추정량의 특징을 이해하는 것은 데이터를 이용한 올바른 판단 기준 정립의 기초라고 할 수 있다. 바람직한 추정량의 특징은 다음과 같다.

**바람직한 추정량의 성질**[29)]

1) 선형성Linearity – 수집된 데이터의 선형 조합으로 계산된다.
2) 불편성Unbiasedness – 가능한 모든 추정량의 평균이 모수이다.
3) 최소 분산성Minimum Variance – 다른 어떤 추정량의 분산보다 작다.

주어진 3 가지 조건을 만족하는 추정량을 가장 좋은 추정량이라는 의미에서 최량 추정량Best Estimator이라고 하며 통계적으로 BLUE[30)]라고 표현한다.

선형성Linearity이란 수집된 데이터 $y_i,\ i=1,2,\dots n$의 선형 조합Linear Combination으로 구성되어야 한다는 의미로 가장 간단한 예가 데이터의 합Sum이다. 이는 대부분의 추정량이 만족한다.

불편성Unbiasedness은 모집단으로부터 선택되는 표본이 매번 서로 다르다는 점을 기억하면 쉽게 이해할 수 있다. 표본이 매번 서로 다르다면 동일한 공식에 의하여 계산되는 추정량의 값도 다를 것이다. 이때, 모든 가능한 표본으로부터 계산된 추정량들의 평균을 구하였을 때 그 값이 모수가 된다면 「불편성을 만족한다.」라고 하고 이를 $E(\text{추정량}) = \text{모수}$로 표현한다.

## 예제 6.1

모집단의 구성 요소를 {10, 20, 30, 40}이라고 하자. 이 때 모평균 $\mu = 25.0$임을 알 수 있다. 이로부터 $n=3$인 모든 가능한 표본에 대하여 표본평균 $\bar{y}$을 계산해 보자.

| 모든 가능한 표본 | 구성 원소($n=3$) | 표본평균 |
|---|---|---|
| 표본 1 | 10, 20, 30 | 20.00 |
| 표본 2 | 10, 20, 40 | 23.33 |
| 표본 3 | 10, 30, 40 | 26.67 |
| 표본 4 | 20, 30, 40 | 30.00 |
| **표본평균의 평균,** | $E(\text{표본평균})$ | 25.00 |

29) 최소분산성 대신에 유효성이라고 하기도 하고, 이 외에도 일치성Consistency을 언급하기도 한다.
30) Best Linear Unbiased Estimator의 약자

가능한 모든 표본으로부터 계산된 표본 평균들의 평균이 모평균이 되어 표본평균은 불편성을 만족함을 확인할 수 있다. ■

## 예제 6.2

앞서 확인된 표본평균의 불편성을 이론적으로 확인해 보면 다음과 같다.

(가정) 모평균 $\mu$, 모분산 $\sigma^2$인 임의의 모집단으로부터 크기 $n$의 확률표본 $y_1, y_2, \cdots, y_n$을 추출한다고 하자.

(결과)

$$E(\bar{y}) = E\left(\frac{1}{n}\sum_{i=1}^{n} y_i\right) = \frac{1}{n}\sum_{i=1}^{n} E(y_i) = \frac{1}{n}\sum_{i=1}^{n} \mu = \frac{1}{n} n\mu = \mu$$

■

최소 분산성^Minimum Variance^이란 표본으로부터 계산되는 모든 요약값이 통계량이고 통계량이 모수의 추정에 사용되면 추정량이라는 점을 상기해 보면 이해가 쉽다. 다시 말해 원하는 모수에 대한 추정량이 유일하지 않을 수 있는데, 이때 서로 다른 추정량들 중에서 가장 작은 분산을 갖는 추정량이 바람직하다는 것을 말한다. 만일 불편성을 만족한다는 전제 하에서 어떤 추정량이 이를 만족한다면 어떤 표본을 취하더라도 모수와 비슷한 값으로 추정할 수 있다는 의미이다.

통계 분석에서는 이러한 추정량의 바람직한 성질을 확인하여 가장 좋은 추정량을 실무에 제공한다. 이에 대한 확인 작업은 통계 이론의 역할 중의 하나이다.

다음 [그림 6.1]은 불편성과 최소분산성이 무엇인지를 보여준다. 이때 고려된 모든 추정량이 선형성을 만족하며 실제 모수의 값은 100이라고 가정해 보자. 추정량 A, D, E는 불편성을 만족하고 추정량 B, C는 분산은 작지만 불편성을 만족하지 못한다. 이는 선택된 표본에서 추정량을 계산했을 때 그 값들 간에는 차이가 적지만 실제 모수와는 편의^Bias^[31]가 있음을 알 수 있다. 불편성을 만족하는 추정량 A, D, E 중에

31) 참값과의 차이, $\theta$를 모수라고 하고 $\hat{\theta}$를 통계량이라고 가정했을 때, 편의는 $E(\hat{\theta}) - \theta$로 정의된다.

서 추정량 A가 가장 분산이 작다. 이 경우 최량 추정량은 A가 된다. 이와 같이 서로 다른 표본으로부터 계산된 추정량의 확률 구조를 추정량의 표본분포[Sampling Distribution]라고 한다.

> **표본 분포**
> 모든 가능한 표본으로부터 계산되는 추정량(통계량) 또는 추정량의 함수가 갖는 확률 구조

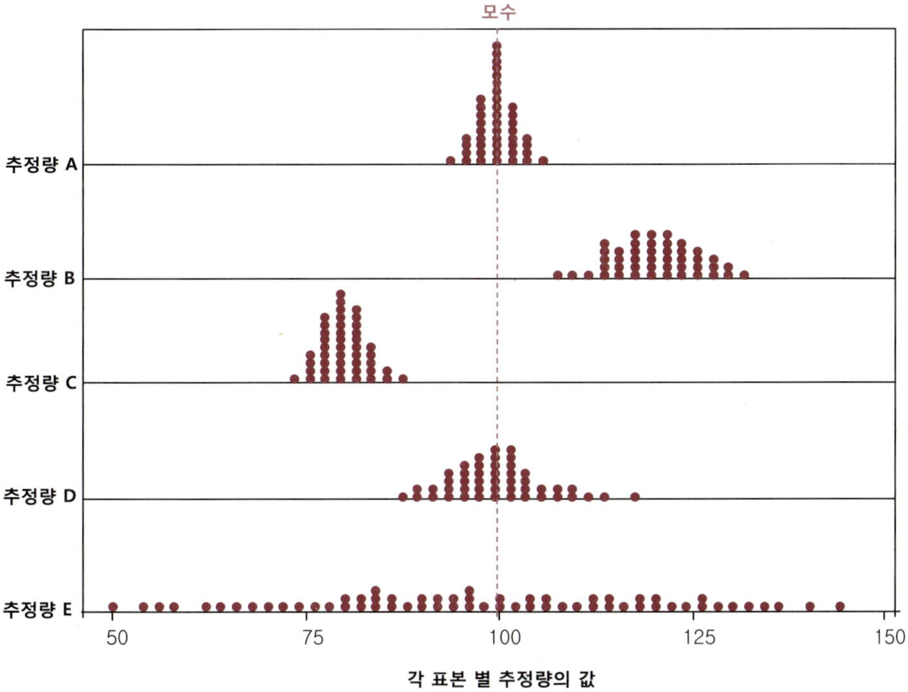


[그림 6.1] 각 표본별 서로 다른 추정량 A, B, C, D, E의 분포

표본으로부터 계산되는 추정량은 고유의 표본 분포를 갖는다. 그리고 이는 모집단의 일부를 표본으로 선택하여 발생하는 표본 오차[Sampling Error]를 나타낸다.

실무에서 중요한 모수 또는 모수의 함수들은 다음과 같다. 통계적 추론이 실무 분야에 의미 있는 기준을 제공하기 위해서는 실무적 관심 사항을 이러한 모수 또는 모수의 함수로 표현할 수 있어야 한다.

> **실무적으로 관심이 있는 중요 모수 또는 모수들의 함수**
> - 모평균, 모평균의 차이
> - 모비율, 모비율의 차이
> - 모분산/모표준편차, 모분산/모표준편차의 비

## 6.3 표본평균의 표본분포

Sampling Distribution of Sample Mean

표본평균 Sample Mean 은 선택된 표본의 수와 각 표본에서 측정된 값에 따라 달라진다.

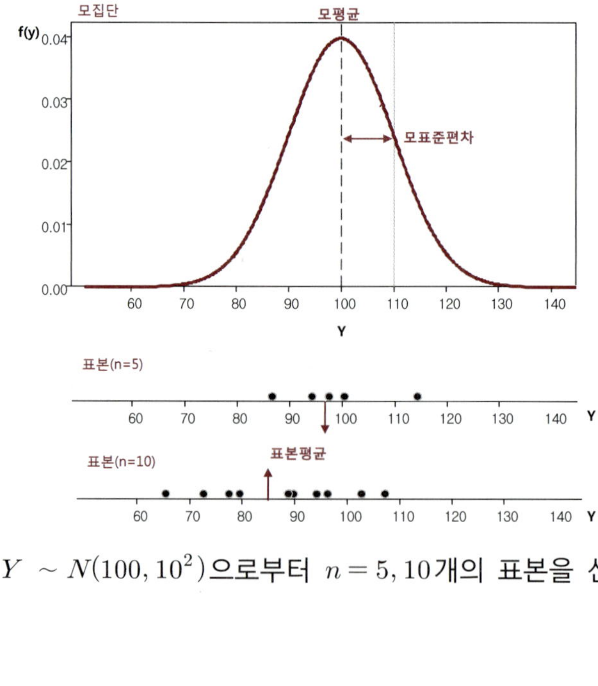


[그림 6.2] $Y \sim N(100, 10^2)$으로부터 $n = 5, 10$개의 표본을 선택하는 경우

[그림 6.2]는 $N(100, 10^2)$을 따르는 확률변수로부터 각각 $n=5$, $n=10$의 표본을 추출한 경우를 나타낸다. $n=5$인 경우의 표본평균은 $\bar{y}=97$ 정도이고 $n=10$인 경우의 표본 평균은 $\bar{y}=85$ 정도로 나타났다. 따라서 표본의 수에 따라 표본평균이 서로 같지 않음을 확인할 수 있으며, 표본 크기가 크다고 해서 모평균에 더 가까운 표본평균을 얻는 것도 아님을 확인할 수 있다.

그렇다면 더 많은 표본을 선택한다는 것은 어떤 장점이 있을까? [그림 6.3]은 $N(100, 10^2)$을 따르는 확률변수로부터 각각 $n = 5, 15, 30, 50$개의 표본을 반복적으로 $k=10{,}000$번 생성하여 계산된 표본 평균의 확률구조(A)와 $k=\infty$를 가정했을 때의 확률밀도 함수(B)를 보여준다.

(A)에서 확인할 수 있듯이 동일한 표본 크기 $n$을 가정하더라도 선택되는 표본은 매번 달라지고 서로 다른 표본평균 값을 갖게 된다. $n=5$의 경우에는 표본에 따라 표본평균이 약 82~119 사이에 나타날 수 있다. 하지만 $n$을 크게 한다면 그 범위는 점점 작아져서 $n=50$일 때의 가능한 표본평균의 값은 약 95~105사이에 존재함을 알 수 있다. 또한 표본 크기와 상관없이 표본평균의 확률 구조는 좌우대칭과 종형의 형태임을 확인할 수 있다. $k=\infty$를 가정한 (B)의 경우를 보면 표본평균의 표본분포 역시 연속형 확률분포의 형태를 취하는 것을 확인할 수 있다.

이와 같이 확률 난수를 이용한 시뮬레이션을 통하여 다음을 확인할 수 있다.

**표본 크기와 표본 평균**

표본크기 $n$이 크다고 해서 표본평균이 모평균과 비슷한 값을 갖는 것은 아니다.

1) 표본크기가 $n$이 충분히 크면 표본평균의 확률분포는 근사적으로 정규 분포를 따른다.
2) 표본크기와 상관없이 표본평균들의 평균은 모평균이 된다.
3) 표본크기가 커질수록 표본평균의 분산이 작아진다. 즉, 표본을 취할 때 마다 비슷한 표본평균 값을 갖는다.

(A) $k = 10{,}000$번 시행

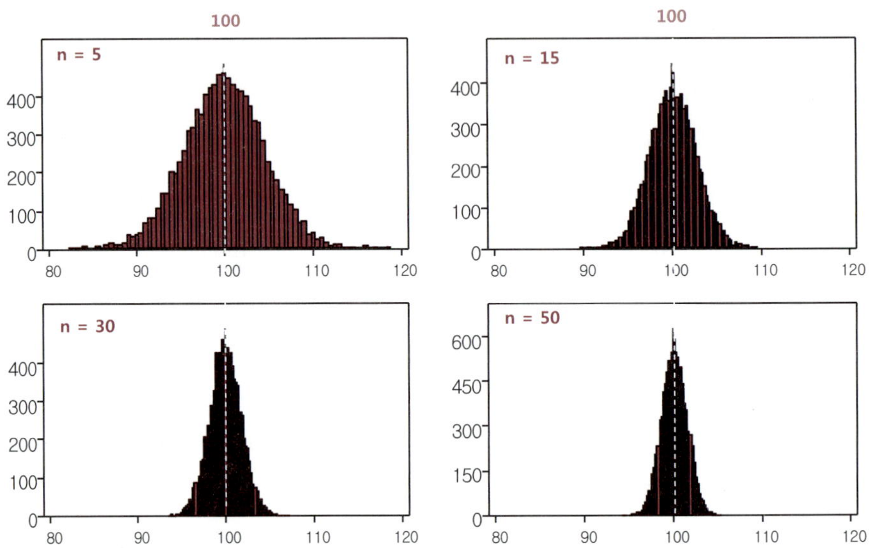


(B) $k = \infty$ 가정

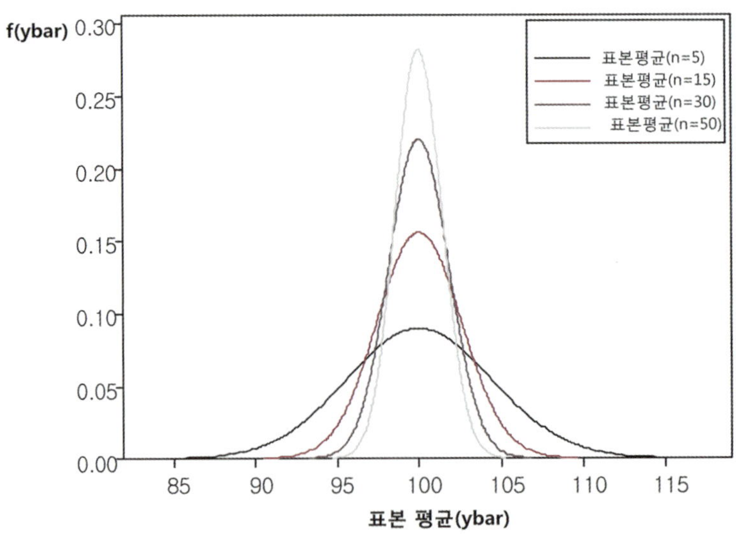


[그림 6.3] $n = 5, 15, 30, 50$일 때, 표본평균의 확률 구조

지금까지 확인된 표본평균의 표본분포에 대한 특징을 중심극한정리 Central Limit Theorem이라고 하고 이는 비정규 모집단에서도 성립한다.

**중심극한정리 CLT**

모집단의 평균과 분산을 각각 $\mu$, $\sigma^2$이라고 할 때,
표본 크기 $n$이 충분히 크다면,
표본 평균의 분포는 근사적으로 다음과 같은 분포를 따른다.

$$\bar{y} \simeq N\left(\mu, \frac{\sigma^2}{n}\right)$$

중심극한정리는 모평균을 참값으로 하는 표본평균의 확률구조가 정규분포를 따른다는 중요한 이론으로 많은 추정량의 표본분포를 정의하는데 기초가 된다. 이를 좀 더 설명해보기로 하자.

$$\bar{y} \simeq N\left(\mu, \frac{\sigma^2}{n}\right)$$

위의 기호의 의미는 표본평균 $\bar{y}$가 정규분포를 따르고 표본평균의 평균은 모평균으로 불편성을 만족하며, 표본평균의 분산은 모분산을 표본 크기 $n$으로 나눈 만큼 작아진다는 것이다. 표본평균의 분산이 작다는 것은 서로 다른 표본에서 계산된 표본평균들 간의 차이가 작다는 것을 말한다. 즉, 서로 다른 표본에서 비슷한 표본평균을 얻을 수 있다는 것이다. 예를 들어, $n$이 크다면 납품사에서 표본 $n$개를 취하여 얻은 표본평균과 고객사에서 $n$개의 표본을 취하여 얻은 표본평균이 비슷해진다는 것이다.

따라서 표본크기 $n$을 크게 하는 이유는 표본평균이 모평균과 비슷한 값을 갖는 것을 기대하기 보다는 매번 반복되는 표본에서 표본평균들 간의 차이를 작게 하고자 하는 것이다.

이때 표본을 취할 때 마다 달라지는 추정량의 값들 간의 비슷한 정도를 수량화한 값이 표준 오차[Standard Error]이다. 이는 추정량의 표준편차로 정의된다.

> **표준 오차 Standard Error**
> 특정 모수에 대한 추정량의 표준편차를 말하고
> - 이 값이 작을수록 가능한 표본에서 계산되는 추정량들 간의 차이가 적음을 의미한다.

표본평균의 표준오차는 $\sigma/\sqrt{n}$ 으로 정의된다. 다음 [그림 6.4]는 $\sigma = 5$ 를 가정하고 표본 크기에 따른 표준오차를 계산한 것이다. 표본 크기가 작은 경우에는 표준오차를 많이 감소시키지만 표본 크기가 어느 정도 커지고 나면 표본의 수를 증가시켜도 표준오차는 변화가 거의 없다는 것을 확인할 수 있다.

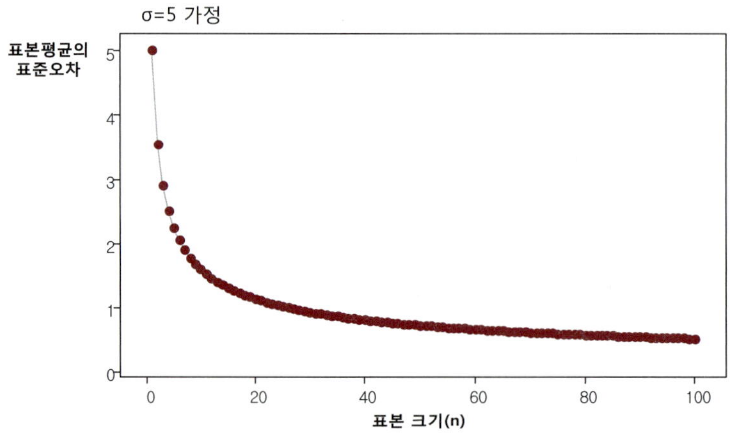


[그림 6.4] 표본 크기($n$)에 따른 표본평균의 표준오차

실무적으로 더 큰 표본크기를 고려한다는 것은 필연적으로 더 많은 시간, 비용 그리고 노력을 필요로 한다. 하지만 표본크기에 따른 표본평균의 표준오차 값의 변화는 일정한 수 이상으로 표본크기를 늘리는

것은 효과적이지 못하다. 이러한 특징은 다른 추정량에서도 비슷하게 적용된다. 따라서 통계적으로 「적절한」 표본크기가 존재하므로 이를 확인할 수 있어야 한다. 실무적 목적에 대한 표본 크기에 대한 결정은 제 9장에서 다룬다.

## 6.4 표본 분산의 표본분포

Sampling Distribution of Sample Variance

표본분산Sample Variance은 표본으로부터 측정된 값들의 변동을 수량화한 것으로 다음과 같이 계산된다.

$$s^2 = \frac{1}{n-1}\sum_{i=1}^{n}(y_i - \overline{y})^2$$

예를 들어, $n=5$개의 데이터를 $\{1,2,3,4,5\}$라고 한다면, 제곱합Sum of Squares, $\sum_{i=1}^{n}(y_i - \overline{y})^2$의 의미는 [그림 6.5]와 같다.

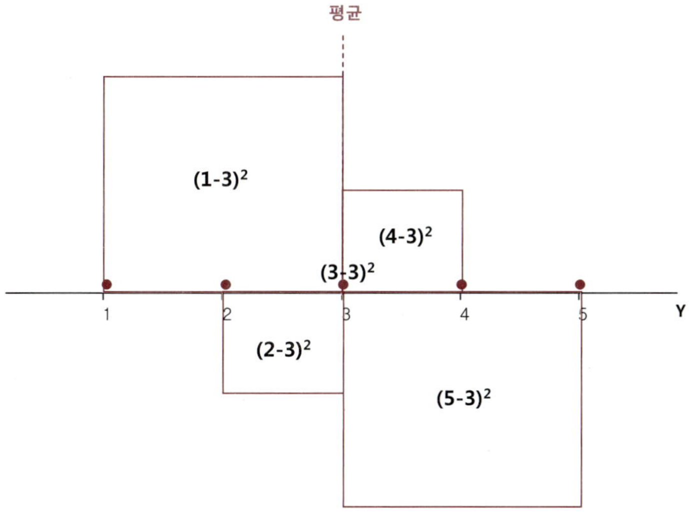


[그림 6.5] 표본 $\{1,2,3,4,5\}$에 대한 $\sum_{i=1}^{n}(y_i - \overline{y})^2$의 의미

데이터의 서로 다른 정도를 수량화하기 위하여 각 측정값들이 평균으로부터 얼마나 떨어져 있는가를 계산할 때, 측정값들의 편차[Deviation]는 $\{-2, -1, 0, 1, 2\}$로 그 합이 0이 되므로 각 편차의 제곱에 대한 합을 구한다.

그렇다면 왜 $n$이 아닌 $n-1$로 나누어주는 것일까? 이는 추정량의 중요한 특징인 불편성을 만족시키기 위한 것으로 표본 분산의 계산식에서 사용하는 $n-1$을 자유도[Degree of Freedom]라고 부른다.

> **자유도 Degree of Freedom**
> 데이터로부터 추정량을 계산할 때 선형 독립[Linear Independent]인 데이터의 수
> - 일반적으로 (추정량에 기여한 데이터의 수 – 선형 제약 조건의 수)로 계산

주어진 표본분산의 식에서 기여한 데이터의 수는 $n$이며 이를 계산하기 위하여 데이터로부터 $\bar{y}$를 먼저 계산해야 한다. 즉, 먼저 계산된 $\bar{y}$는 데이터들 간의 선형 제약 조건이 되므로 표본분산에서 계산되는 제곱합의 자유도는 $n-1$이 된다. 따라서 표본분산이 모분산에 대한 불편추정량이 되기 위해서는 반드시 $n-1$로 나누어야 한다.

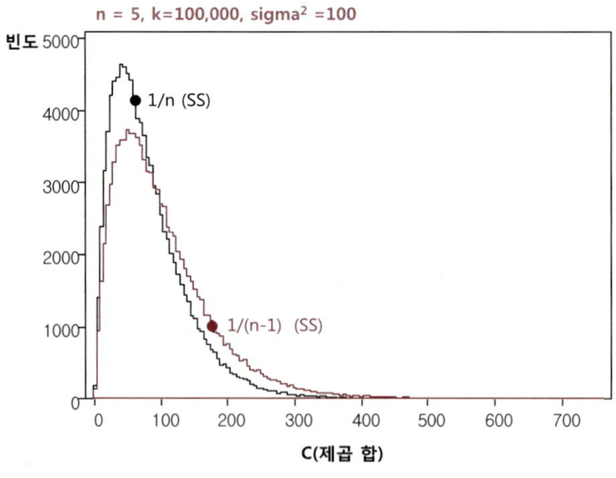


[그림 6.6] $\sigma^2 = 100$일 때 $\frac{1}{n}$(제곱합)과 $\frac{1}{n-1}$(제곱합)에 대한 빈도 구조

[그림 6.6]은 모분산 $\sigma^2 = 100$을 가정하고 동일한 표본크기 $n=5$의 확률 표본을 $k=100,000$번 임의 추출하여 각 표본으로부터 계산된 제곱합Sum of Square을 $n$으로 나눈 경우와 $n-1$로 나눈 경우에 대한 빈도 구조를 비교한 것이다. 두 추정량의 빈도 구조는 서로 다르며, 두 경우 모두 좌우대칭의 형태가 아님을 확인할 수 있다.

이제 표본 크기를 변화시켜가며 빈도구조를 확인해 보도록 하자. [그림 6.7]은 $n = 5, 15, 30, 50$에 대하여 $n-1$로 나눈 제곱합의 빈도구조를 보여준다. 실제 모분산이 100인 모집단으로부터 $n=5$개의 표본을 반복적으로 선택하여 표본분산을 계산해 보면 대략 [0, 500]사이에 그 값이 나타나지만 이러한 변동은 표본 크기가 커짐에 따라 작아지는 것을 볼 수 있다. 또한 분포의 형태 역시 오른쪽으로 긴 꼬리를 갖는 형태에서 좌우대칭의 형태로 변해가는 것을 확인할 수 있다.

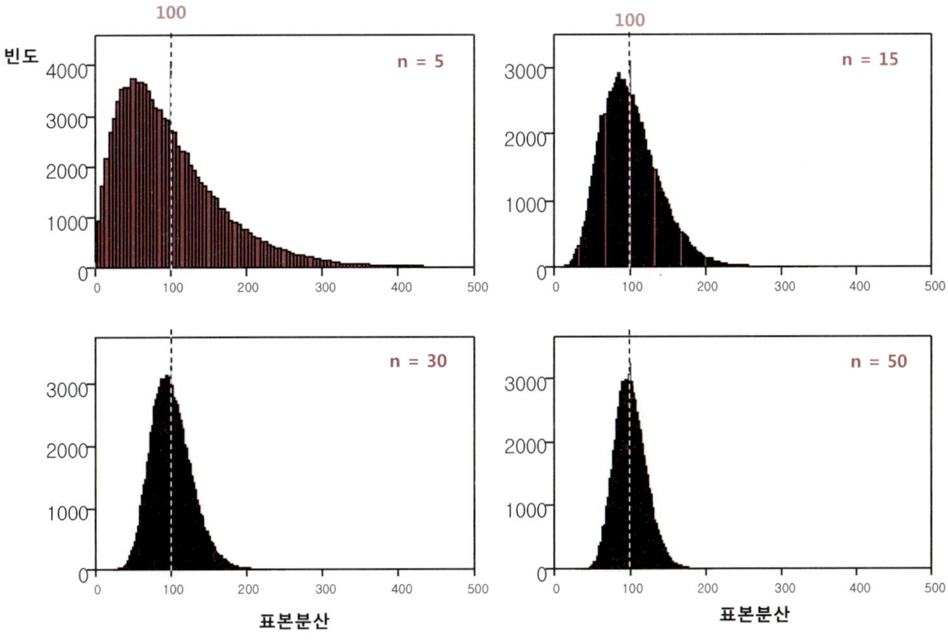


[그림 6.7] 표본 크기 $n = 5, 15, 30, 50$에 따른 표본분산의 빈도 구조

이번에는 동일한 과정을 표본 크기 $5 \leq n \leq 50$에 대하여 실시하고 $n$과 $n-1$로 나누어준 제곱합들의 불편성을 확인해 보도록 하자. [그림 6.8]에서 확인할 수 있듯이 모든 표본 크기에서 $n-1$로 나누어 준 제곱합의 평균은 모분산 100이 되어 불편성을 만족하지만, $n$으로 나눈 경우에는 일정한 크기의 편의[Bias]가 발생한다. 이러한 편의는 표본 수가 작을수록 커지고 표본 수가 커진다고 해도 완전히 없어지지 않음을 확인할 수 있다.

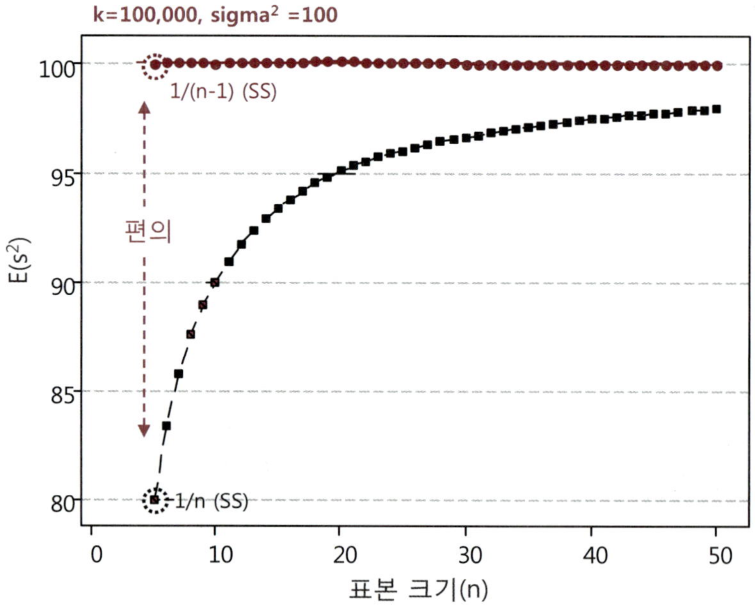


[그림 6.8] $\frac{1}{n-1}$(제곱합)의 불편성과 표본크기에 따른 $\frac{1}{n}$(제곱합)의 편의

이제 마지막으로 다음 예제를 통하여 표본분산의 불편성을 이론적으로 확인해 보자. 이는 간단한 수학적 연산에 의하여 표본분산 $s^2$의 불편성을 확인하는 것으로 이미 표본분산의 불편성을 이해한 실무자 또는 통계 비전공자라면 생략해도 좋다.

## 예제 6.3

앞서 확인된 표본분산의 불편성을 통계적으로 확인해 보면 다음과 같다.

(가정) 모평균 $\mu$, 모분산 $\sigma^2$인 임의의 모집단으로부터 크기 $n$의 확률표본 $y_1, y_2, \cdots, y_n$을 추출한다고 하자.

(결과)

$$E(s^2) = E\left[\frac{1}{n-1}\sum_{i=1}^{n}(y_i - \bar{y})^2\right]$$

$$\begin{aligned}
&= \frac{1}{n-1}E\left[\sum_{i=1}^{n}(y_i - \mu + \mu - \bar{y})^2\right] \\
&= \frac{1}{n-1}E\left[\sum_{i=1}^{n}\{(y_i - \mu) - (\bar{y} - \mu)\}^2\right] \\
&= \frac{1}{n-1}E\left[\sum_{i=1}^{n}\{(y_i - \mu)^2 - 2(y_i - \mu)(\bar{y} - \mu) + (\bar{y} - \mu)^2\}\right] \\
&= \frac{1}{n-1}E\left[\sum_{i=1}^{n}(y_i - \mu)^2 - 2(\bar{y} - \mu)\sum_{i=1}^{n}(y_i - \mu) + n(\bar{y} - \mu)^2\right] \\
&= \frac{1}{n-1}\sum_{i=1}^{n}E(y_i - \mu)^2 - \frac{n}{n-1}E(\bar{y} - \mu)^2 \left(\because \sum_{i=1}^{n}(y_i - \mu) = n(\bar{y} - \mu)\right) \\
&= \frac{1}{n-1}\sum_{i=1}^{n}Var(y_i) - \frac{n}{n-1}Var(\bar{y}) \\
&= \frac{1}{n-1}n\sigma^2 - \frac{n}{n-1}\frac{\sigma^2}{n} \\
&= \frac{1}{n-1}(n-1)\sigma^2 \\
&= \sigma^2
\end{aligned}$$

■

지금까지 여러 가지 방법을 통하여 $n-1$로 나누어준 표본분산의 불편성을 확인하였다. 이러한 이유로 $n-1$로 나누어 준 표본분산 $s^2$을 불편분산Unbiased Variance이라고 부르기도 한다. 만일 $n$으로 나누는 추정량을 선택한다면 이는 $\frac{n-1}{n}$의 편의 상수Bias Constant를 갖게 되고, 모분산을 실제보다 작게 추정하게 되어 바람직하지 않다.

표본분산은 모분산에 대한 불편 추정량으로 통계적으로 바람직하지만 제곱의 합에 기초하므로 데이터 또는 표본평균과 단위가 서로 다르다. 예를 들어, 길이를 $Cm$로 측정한 데이터에서 표본평균의 단위는 $Cm$가 되지만 표본분산의 단위는 $Cm^2$이 된다. 이러한 단위 불일치의 단점을 보완하기 위하여 다음과 같이 표본 표준편차Standard Deviation을 정의하여 사용한다. 모 표준편차 $\sigma$ 역시 모분산 $\sigma^2$의 양의 제곱근으로 정의한다.

> **표본 표준편차 Sample Standard Deviation**
>
> - 표본 분산의 양의 제곱근
>
> $$s = \sqrt{\frac{1}{n-1}\sum_{i=1}^{n}(y_i - \bar{y})^2}$$

## 6.5 유용한 표본분포

Useful Sampling Distributions

실무적 관심 특성을 표현하는 확률변수의 확률분포 도출을 위한 중요 모수들은 [표 6.1]에서 정리된 것과 같이 비율, 평균 건수, 평균 그리고 분산(또는 표준편차)이다. 비율과 평균 건수가 평균의 특수한 경우라는 점을 고려하여 6.2절에서는 주로 표본평균에 대한 표본분포를 설명하였다. 표본평균의 경우에는 중심극한정리에 의하여 모집단이 정규분포를 따르지 않더라도 표본크기가 충분히 크다면 모든 표본평균의 분포를 정규분포로 가정할 수 있음을 설명하였다.

또한 6.3절에서는 표본분산을 계산할 때 왜 $n-1$로 나누어야하는가를 설명하고 표본 크기가 작은 경우 표본분산에 대한 표본분포의 형태가 좌우대칭이 되지 않음을 확인하였다. 표본분산이 제곱합에 근거한다는 점을 상기하면 그 표본분포가 $[0, \infty)$에서 정의되고 비대칭 구조를 갖게 될 것임을 이해할 수 있다.

그리고 표본평균의 표본분포가 모평균과 모분산 또는 이들의 함수로 그 형태가 결정되므로, 모분산에 대한 정보 유무에 따라서 표본평균의 분포 역시 달라질 수 있다. 따라서 실무적인 현상을 설명하기 위해서는 모분산에 대한 정보 역시 모평균에 대한 정보만큼 중요하고, 모분산에 대한 추정량인 표본분산의 분포 역시 중요한 관심 사항이 된다.

만일 서로 다른 두 모집단을 고려한다면 모평균의 비교뿐만 아니라 두 모집단의 모분산 역시 비교할 수 있어야 한다. 이러한 관심 사항들에 대한 표본 정보는 모두 추정량 또는 추정량의 함수로 표현될 수 있으며 이에 대한 표본분포는 앞으로 설명하게 될 구간 추정과 가설검정에서 중요한 역할을 하게 된다.

이 장에서는 이러한 관심 사항에 유용한 표본분포인 카이제곱($\chi^2$)분포, $t$-분포, 그리고 $F$-분포에 대하여 알아보기로 한다. 이들은 모두 일정한 연산과정을 거치게 되므로 연속형 확률분포의 형태와 특징을 따르며 확률 계산 역시 구간 또는 구간 합의 면적으로 계산된다. 따라서 이 역시 확률분포를 활용하기 위한 다음의 3 가지를 이해할 수 있어야 한다.

**확률분포의 이해**

1) 언제 사용하는가?
2) 확률분포를 결정하는 모수(들)는 무엇인가?
3) 관심 사상에 대한 확률을 어떻게 계산할 것인가?

## 6.5.1 카이제곱 분포

카이제곱 분포[1]는 표준정규분포의 제곱합Sum of Squared의 분포를 말하며 다음과 같이 정의된다.

**카이제곱 분포**

$Z_i \sim N(0,1),\ i=1,2,\ldots,\nu$ 상호 독립일 때

$C \equiv \sum_{i=1}^{\nu} Z_i^2 \sim \chi^2_{(\nu)}$ 여기서 $\nu$은 자유도를 말하며, 카이제곱 분포의 모수

**자유도 $\nu$를 갖는 카이제곱 분포의 확률 함수와 특징**

$$f(c) = \frac{1}{\Gamma(\nu/2)\,2^{\nu/2}}\,c^{\nu/2-1}e^{-x/2}, \quad y \ge 0 \quad \text{여기서 } \Gamma(k) = \int_0^\infty t^{k-1}e^{-t}dt$$

- $E(C)=\nu$ 이고 $V(C)=2\nu$

카이제곱 분포는 $(-\infty, \infty)$의 범위에서 정의되는 표준 정규분포의 제곱 합으로 정의되므로 $(0, \infty)$의 값을 취하고, 오른쪽으로 꼬리가 긴 치우침의 형태를 갖는다. 다음 [그림 6.8]은 여러 자유도에 대한 카이제곱 분포를 보여준다. 또한 카이제곱 분포는 다음과 같은 추정량의 가법성Additivity을 만족한다.

**카이제곱 분포의 가법성**

상호 독립인 추정량 $C_1$, $C_2$가 각각 $C_1 \sim \chi^2(\nu_1)$, $C_2 \sim \chi^2(\nu_2)$이면,

$$C_1 + C_2 \sim \chi^2(\nu_1+\nu_2)$$

1) Karl Pearson, 1857~1936, 영국의 수학자이자 통계학자

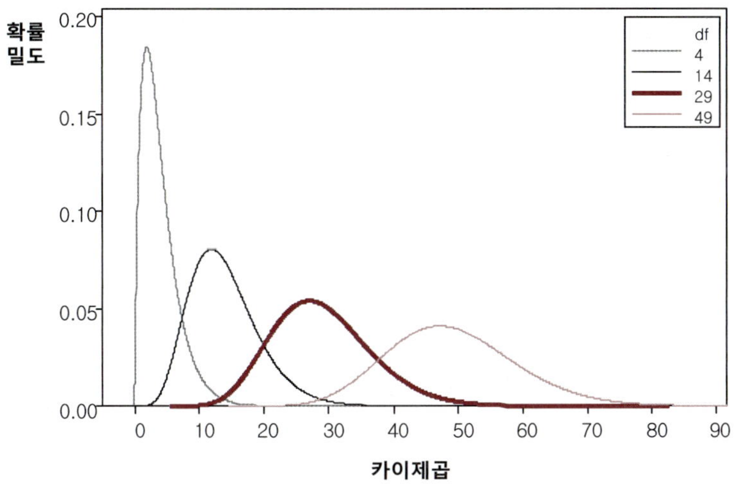


[그림 6.9] 자유도 4, 14, 29, 49를 갖는 카이제곱 분포

이러한 가법성을 이용하여 다음을 고려해 보자.

$$\sum_{i=1}^{n} Z_i^2 = \sum_{i=1}^{n}\left(\frac{y_i-\mu}{\sigma}\right)^2 = \sum_{i=1}^{n}\left(\frac{y_i-\overline{y}}{\sigma}\right)^2 + n\left(\frac{\overline{y}-\mu}{\sigma}\right)^2$$

$$= \frac{(n-1)s^2}{\sigma^2} + \left(\frac{\overline{y}-\mu}{\sigma/\sqrt{n}}\right)^2$$

여기서 마지막 두 항은 상호 독립이며 두 번째 항은 표준정규분포를 따르는 변수의 제곱이므로 $\chi^2_{(1)}$를 따른다. 따라서 카이제곱분포의 가법성에 의해, 첫 번째 항은 $\chi^2_{(n-1)}$을 따른다. 이를 정리하면 다음과 같다.

**표본분산의 분포**

정규모집단 $N(\mu, \sigma^2)$으로부터 크기 $n$의 확률표본을 추출할 때

$$C = \sum_{i=1}^{n}\left(\frac{y_i-\overline{y}}{\sigma}\right)^2 = \frac{(n-1)s^2}{\sigma^2} \sim \chi^2(n-1)$$

카이제곱 분포는 정규분포와 함께 다양한 분석에 사용되지만 기본적으로 표본분산에 대한 표본분포로 사용된다. 카이제곱 분포에 대하여 다음 사항에 대하여 반드시 확인해 둘 필요가 있다.

**언제 사용하는가?**

(1) 모분산의 통계적 추론

(2) 정규 근사에 기초한 범주형 변수의 독립성/동일성 검정

**분포의 모수는 무엇인가?**

- 표본 크기에 의하여 결정되는 자유도
  : 표본 분산의 표본분포인 경우 $n-1$

**확률 계산은 어떻게 할 것인가?**

- **[부록 Ⅱ]**의 수표 이용
- 엑셀 또는 통계 소프트웨어 이용

표본분포의 경우 모집단의 확률분포와 달리 정해진 확률값(예:0.95, 0.05 등)을 갖는 역 누적 확률Inverse Cumulative Probability 값을 주로 사용한다. 이를 표본분포의 (백)분위수Percentile라고 표현하기도 한다. 이는 표본분포가 해당 추정량의 표본 오차를 반영하므로 허용되는 오차의 범위에 속하는 한계 값에 관심이 있기 때문이다.

[표 6.2]는 자유도($\nu$)를 갖는 카이제곱 분포에서 선택된 일부 상위 누적확률 값에 대한 카이제곱 분포의 분위수 값을 나타낸 것이다.

**[표 6.2] 카이제곱 분포 표 :**

$$\Pr(\chi^2 \ \geq \chi^2_{(\nu)}) = \alpha$$

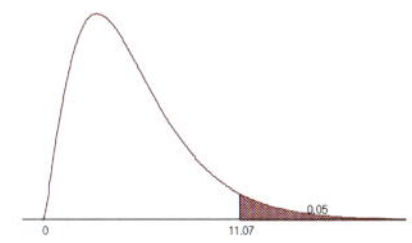

| $\nu$ \ $\alpha$ | 0.009 | 0.995 | 0.990 | 0.975 | 0.950 | 0.500 | 0.050 | 0.025 | 0.010 | 0.005 | 0.001 |
|---|---|---|---|---|---|---|---|---|---|---|---|
| 1 | 0.000 | 0.000 | 0.000 | 0.001 | 0.004 | 0.455 | 3.841 | 5.024 | 6.635 | 7.879 | 10.828 |
| 2 | 0.002 | 0.010 | 0.020 | 0.051 | 0.103 | 1.386 | 5.991 | 7.378 | 9.210 | 10.597 | 13.816 |
| 3 | 0.024 | 0.072 | 0.115 | 0.216 | 0.352 | 2.366 | 7.815 | 9.348 | 11.345 | 12.838 | 16.266 |
| 4 | 0.091 | 0.207 | 0.297 | 0.484 | 0.711 | 3.357 | 9.488 | 11.143 | 13.277 | 14.860 | 18.467 |
| 5 | 0.210 | 0.412 | 0.554 | 0.831 | 1.145 | 4.351 | 11.070 | 12.833 | 15.086 | 16.750 | 20.515 |
| 6 | 0.381 | 0.676 | 0.872 | 1.237 | 1.635 | 5.348 | 12.592 | 14.449 | 16.812 | 18.548 | 22.458 |
| 7 | 0.598 | 0.989 | 1.239 | 1.690 | 2.167 | 6.346 | 14.067 | 16.013 | 18.475 | 20.278 | 24.322 |
| 8 | 0.857 | 1.344 | 1.646 | 2.180 | 2.733 | 7.344 | 15.507 | 17.535 | 20.090 | 21.955 | 26.124 |
| 9 | 1.152 | 1.735 | 2.088 | 2.700 | 3.325 | 8.343 | 16.919 | 19.023 | 21.666 | 23.589 | 27.877 |
| 10 | 1.479 | 2.156 | 2.558 | 3.247 | 3.940 | 9.342 | 18.307 | 20.483 | 23.209 | 25.188 | 29.588 |
| 11 | 1.834 | 2.603 | 3.053 | 3.816 | 4.575 | 10.341 | 19.675 | 21.920 | 24.725 | 26.757 | 31.264 |
| 12 | 2.214 | 3.074 | 3.571 | 4.404 | 5.226 | 11.340 | 21.026 | 23.337 | 26.217 | 28.300 | 32.909 |
| 13 | 2.617 | 3.565 | 4.107 | 5.009 | 5.892 | 12.340 | 22.362 | 24.736 | 27.688 | 29.819 | 34.528 |
| 14 | 3.041 | 4.075 | 4.660 | 5.629 | 6.571 | 13.339 | 23.685 | 26.119 | 29.141 | 31.319 | 36.123 |
| 15 | 3.483 | 4.601 | 5.229 | 6.262 | 7.261 | 14.339 | 24.996 | 27.488 | 30.578 | 32.801 | 37.697 |
| 16 | 3.942 | 5.142 | 5.812 | 6.908 | 7.962 | 15.338 | 26.296 | 28.845 | 32.000 | 34.267 | 39.252 |
| 17 | 4.416 | 5.697 | 6.408 | 7.564 | 8.672 | 16.338 | 27.587 | 30.191 | 33.409 | 35.718 | 40.790 |
| 18 | 4.905 | 6.265 | 7.015 | 8.231 | 9.390 | 17.338 | 28.869 | 31.526 | 34.805 | 37.156 | 42.312 |
| 19 | 5.407 | 6.844 | 7.633 | 8.907 | 10.117 | 18.338 | 30.144 | 32.852 | 36.191 | 38.582 | 43.820 |
| 20 | 5.921 | 7.434 | 8.260 | 9.591 | 10.851 | 19.337 | 31.410 | 34.170 | 37.566 | 39.997 | 45.315 |
| 25 | 8.649 | 10.520 | 11.524 | 13.120 | 14.611 | 24.337 | 37.652 | 40.646 | 44.314 | 46.928 | 52.620 |
| 30 | 11.588 | 13.787 | 14.953 | 16.791 | 18.493 | 29.336 | 43.773 | 46.979 | 50.892 | 53.672 | 59.703 |
| 40 | 17.916 | 20.707 | 22.164 | 24.433 | 26.509 | 39.335 | 55.758 | 59.342 | 63.691 | 66.766 | 73.402 |
| 50 | 24.674 | 27.991 | 29.707 | 32.357 | 34.764 | 49.335 | 67.505 | 71.420 | 76.154 | 79.490 | 86.661 |
| 60 | 31.738 | 35.534 | 37.485 | 40.482 | 43.188 | 59.335 | 79.082 | 83.298 | 88.379 | 91.952 | 99.607 |
| 70 | 39.036 | 43.275 | 45.442 | 48.758 | 51.739 | 69.334 | 90.531 | 95.023 | 100.425 | 104.215 | 112.317 |
| 80 | 46.520 | 51.172 | 53.540 | 57.153 | 60.391 | 79.334 | 101.879 | 106.629 | 112.329 | 116.321 | 124.839 |
| 90 | 54.155 | 59.196 | 61.754 | 65.647 | 69.126 | 89.334 | 113.145 | 118.136 | 124.116 | 128.299 | 137.208 |
| 100 | 61.918 | 67.328 | 70.065 | 74.222 | 77.929 | 99.334 | 124.342 | 129.561 | 135.807 | 140.169 | 149.449 |

주어진 [카이제곱 분포 표]에서 원하는 자유도 또는 누적확률 값을 확인할 수 없는 경우에는 비슷한 값을 이용하거나 보간법을 이용하여 대략적인 값을 유추하여 사용하면 된다. 또한 범용 통계 소프트웨어를 사용한다면 가능한 모든 값에 대한 누적 확률을 구할 수 있다.

## 예제 6.4

$n = 20$개의 표본으로부터 계산되는 표본분산의 분포는 $\chi^2_{(19)}$를 따른다. $\chi^2_{(19)}$의 하위 누적확률이 0.05인 경우와 0.95인 경우의 카이제곱 분포 값을 결정하시오.

**[카이제곱 분포 표 이용]**

(1) 1열의 자유도에서 19행을 찾는다.

(2) $\alpha = 0.05$의 경우, 5열의 값과 19행이 만나는 곳의 값을 읽는다
  : 10.117

(3) $\alpha = 0.95$의 경우, 7열의 값과 19행이 만나는 곳의 값을 읽는다
  : 30.144

**[통계 소프트웨어 이용]**

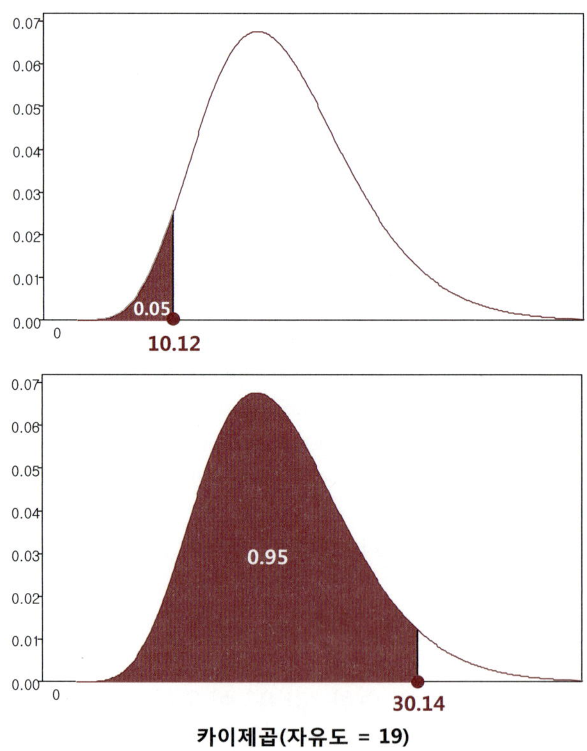


■

## 6.5.2 t-분포

$t$-분포[2)]는 표준 정규분포를 따르는 추정량과 카이제곱 분포를 따르는 추정량의 함수에 대한 분포로 다음과 같이 정의된다. 이 경우, $t$-분포의 자유도는 카이제곱 분포를 따르는 추정량의 자유도와 동일하며, 자유도 $\nu$을 갖는 $t$-분포를 $t(\nu)$로 표현한다.

**$t$-분포**

두 확률변수 $Z$와 $C$가 각각 $Z \sim N(0,1)$, $C \sim \chi^2(\nu)$이고 상호 독립이면,

$$T = \frac{Z}{\sqrt{C/\nu}} \sim t(\nu)$$

**자유도 $\nu$를 갖는 $t$-분포의 확률 함수와 특징**

$$f(t) = \frac{\Gamma\left(\frac{\nu+1}{2}\right)}{\sqrt{\pi\nu}\,\Gamma\left(\frac{\nu}{2}\right)}\left(1+\frac{t^2}{\nu}\right)^{-\frac{\nu+1}{2}}, \quad -\infty < t < \infty$$

여기서 $\Gamma(k) = \int_0^\infty t^{k-1}e^{-t}dt$

- $E(T) = 0$ 이고 $V(T) = \frac{\nu}{\nu-2}$, $\nu > 2$

$t$-분포의 평균은 표준 정규분포와 동일한 0을 갖지만 분산은 표본크기의 함수인 자유도 $\nu$에 따라 달라지며 0을 중심으로 좌우대칭이며 $(-\infty, \infty)$의 범위에서 정의된다.

[그림 6.10]에서 알 수 있듯이 $n \le 30$일 때는 표본크기가 커짐에 따라 그 분산이 작아지지만, $n \ge 30$이면 표본크기를 크게 하여도 분산의 변화는 크지 않다. [그림 6.11]은 누적확률 0.95를 갖는 표준 정규분포의 역누적 확률값[3)]과 표본크기의 변화에 따른 $t$-분포의 역누적

2) 1937년 영국의 William Gosset이 "스튜던트(student)"라는 필명으로 발표해서 "스튜던트 $t$-분포(student t-distribution)"라고도 한다.

확률값[4]의 관계를 보여준다. 대략 $n = 30$이상에서는 큰 변화가 없음을 확인할 수 있다.

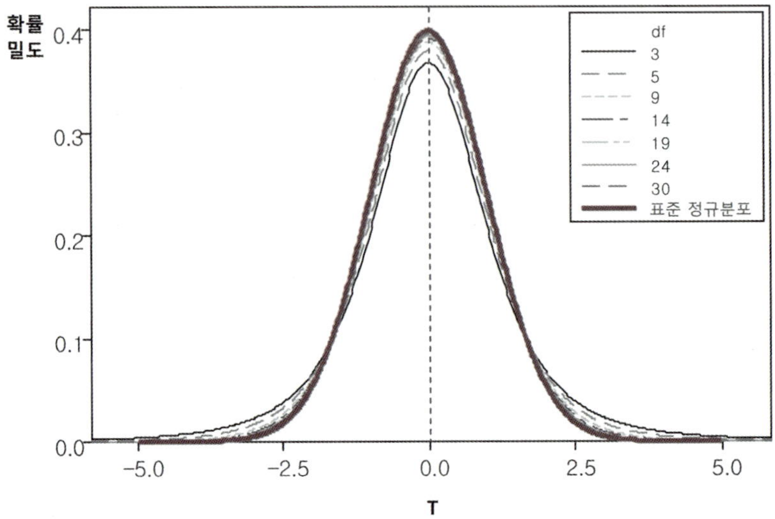


[그림 6.10] 자유도에 따른 $t$-분포와 표준 정규분포

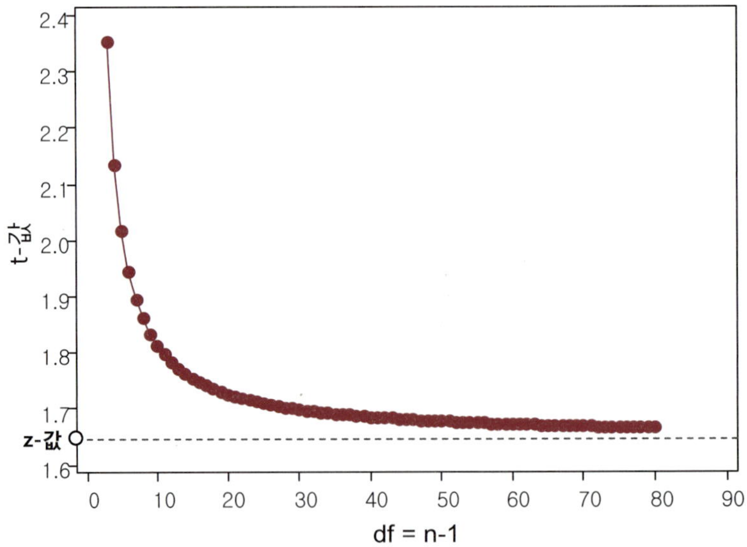


[그림 6.11] 하위 누적확률 0.95를 갖는 $t$-값과 Z-값

3) $z_{0.95}$라고 표현하고 z-값이라고 부른다.
4) $t_{0.95}(n-1)$라고 표기하며, $t$-값이라고 부른다.

중심극한정리에 의하면 표본 크기가 충분히 큰 경우 표본 평균의 분포는 정규분포에 근사한다. 이를 표준화하면 다음과 같다.

$$\bar{y} \simeq N(\mu, \frac{\sigma^2}{n}) \quad \Leftrightarrow \quad Z = \frac{\bar{y} - \mu}{\sqrt{\sigma^2/n}} \simeq N(0,1)$$

만일 위에서 정의된 $Z$에서 모분산 $\sigma^2$을 모른다면 표본으로부터 이를 추정한 표본분산 $s^2$을 사용할 수밖에 없다. 6.4절에서 표본분산 $s^2$은 다음과 같이 카이제곱 분포를 따름을 확인하였다.

$$\frac{(n-1)s^2}{\sigma^2} \sim \chi^2_{(n-1)}$$

따라서 $t$-분포의 정의에 의하여 다음의 결과를 얻을 수 있다.

$$T = \frac{Z}{\sqrt{\frac{(n-1)s^2}{\sigma^2}/(n-1)}} = \frac{\bar{y} - \mu}{\sqrt{s^2/n}} \simeq t_{(n-1)}$$

만일 표본 크기 $n$이 충분히 크다면 $t$-분포를 대신하여 표준 정규 분포를 사용해도 무방하다. 이를 정리하면 다음과 같다. 단, [그림 6.14]에서와 설명한 바와 같이 $n = 30$이라는 기준은 절대적인 기준이 아님을 기억해야 한다.

**모분산을 모르는 경우, 표본평균의 표본분포**

1) $n \le 30$ 일 때 $T = \frac{\bar{y} - \mu}{s/\sqrt{n}} \sim t(n-1)$

2) $n > 30$ 일 때 $T = \frac{\bar{y} - \mu}{s/\sqrt{n}} \sim N(0, 1)$

$t$-분포는 표본 크기가 작을 때 표본평균에 대한 표본분포로 유용한 분포이다. 이에 대하여 다음 사항을 반드시 확인해 둘 필요가 있다.

**언제 사용하는가?**

모분산을 모르는 경우, 모평균에 대한 통계적 추론

**분포의 모수는 무엇인가?**

- 표본 크기에 의하여 결정되는 자유도
  : 추정되는 $s^2$의 자유도인 $\nu$

**확률계산은 어떻게 할 것인가?**

- [부록 III]의 수표 이용
- 엑셀 또는 통계 소프트웨어 이용

$t$-분포 역시 표본분포이므로 모집단의 확률분포와 달리 일정한 확률값을 갖는 역 누적 확률Inverse Cumulative Probability 값을 주로 사용한다.

[표 6.3]은 자유도($\nu$)를 갖는 $t$-분포에서 선택된 일부 상위 누적확률값에 대한 $t$-값을 나타낸 것이다.

**[표 6.3]** $t$**-분포 표 :**

$\Pr(T \geq t_{(\nu)}) = \alpha$

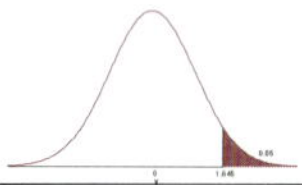

| $\nu$ \ α | 0.40 | 0.25 | 0.10 | 0.05 | 0.025 | 0.01 | 0.005 | 0.0025 | 0.001 | 0.0005 |
|---|---|---|---|---|---|---|---|---|---|---|
| 1 | 0.325 | 1.000 | 3.078 | 6.314 | 12.706 | 31.821 | 63.657 | 127.332 | 318.310 | 636.620 |
| 2 | 0.289 | 0.816 | 1.886 | 2.920 | 4.303 | 6.965 | 9.925 | 14.089 | 22.326 | 31.598 |
| 3 | 0.277 | 0.765 | 1.638 | 2.353 | 3.182 | 4.541 | 5.841 | 7.453 | 10.213 | 12.924 |
| 4 | 0.271 | 0.741 | 1.533 | 2.132 | 2.776 | 3.747 | 4.604 | 5.598 | 7.173 | 8.610 |
| 5 | 0.267 | 0.727 | 1.476 | 2.015 | 2.571 | 3.365 | 4.032 | 4.773 | 5.893 | 6.869 |
| 6 | 0.265 | 0.718 | 1.440 | 1.943 | 2.447 | 3.143 | 3.707 | 4.317 | 5.208 | 5.959 |
| 7 | 0.263 | 0.711 | 1.415 | 1.895 | 2.365 | 2.998 | 3.499 | 4.029 | 4.785 | 5.408 |
| 8 | 0.262 | 0.706 | 1.397 | 1.860 | 2.306 | 2.896 | 3.355 | 3.833 | 4.501 | 5.041 |
| 9 | 0.261 | 0.703 | 1.383 | 1.833 | 2.262 | 2.821 | 3.250 | 3.690 | 4.297 | 4.781 |
| 10 | 0.260 | 0.700 | 1.372 | 1.812 | 2.228 | 2.764 | 3.169 | 3.581 | 4.144 | 4.587 |
| 11 | 0.260 | 0.697 | 1.363 | 1.796 | 2.201 | 2.718 | 3.106 | 3.497 | 4.025 | 4.437 |
| 12 | 0.259 | 0.695 | 1.356 | 1.782 | 2.179 | 2.681 | 3.055 | 3.428 | 3.930 | 4.318 |
| 13 | 0.259 | 0.694 | 1.350 | 1.771 | 2.160 | 2.650 | 3.012 | 3.372 | 3.852 | 4.221 |
| 14 | 0.258 | 0.692 | 1.345 | 1.761 | 2.145 | 2.624 | 2.977 | 3.326 | 3.787 | 4.140 |
| 15 | 0.258 | 0.691 | 1.341 | 1.753 | 2.131 | 2.602 | 2.947 | 3.286 | 3.733 | 4.073 |
| 16 | 0.258 | 0.690 | 1.337 | 1.746 | 2.120 | 2.583 | 2.921 | 3.252 | 3.686 | 4.015 |
| 17 | 0.257 | 0.689 | 1.333 | 1.740 | 2.110 | 2.567 | 2.898 | 3.222 | 3.646 | 3.965 |
| 18 | 0.257 | 0.688 | 1.330 | 1.734 | 2.101 | 2.552 | 2.878 | 3.197 | 3.610 | 3.922 |
| 19 | 0.257 | 0.688 | 1.328 | 1.729 | 2.093 | 2.539 | 2.861 | 3.174 | 3.579 | 3.883 |
| 20 | 0.257 | 0.687 | 1.325 | 1.725 | 2.086 | 2.528 | 2.845 | 3.153 | 3.552 | 3.850 |
| 21 | 0.257 | 0.686 | 1.323 | 1.721 | 2.080 | 2.518 | 2.831 | 3.135 | 3.527 | 3.819 |
| 22 | 0.256 | 0.686 | 1.321 | 1.717 | 2.074 | 2.508 | 2.819 | 3.119 | 3.505 | 3.792 |
| 23 | 0.256 | 0.685 | 1.319 | 1.714 | 2.069 | 2.500 | 2.807 | 3.104 | 3.485 | 3.768 |
| 24 | 0.256 | 0.685 | 1.318 | 1.711 | 2.064 | 2.492 | 2.797 | 3.091 | 3.467 | 3.745 |
| 25 | 0.256 | 0.684 | 1.316 | 1.708 | 2.060 | 2.485 | 2.787 | 3.078 | 3.450 | 3.725 |
| 26 | 0.256 | 0.684 | 1.315 | 1.706 | 2.056 | 2.479 | 2.779 | 3.067 | 3.435 | 3.707 |
| 27 | 0.256 | 0.684 | 1.314 | 1.703 | 2.052 | 2.473 | 2.771 | 3.057 | 3.421 | 3.690 |
| 28 | 0.256 | 0.683 | 1.313 | 1.701 | 2.048 | 2.467 | 2.763 | 3.047 | 3.408 | 3.674 |
| 29 | 0.256 | 0.683 | 1.311 | 1.699 | 2.045 | 2.462 | 2.756 | 3.038 | 3.396 | 3.659 |
| 30 | 0.256 | 0.683 | 1.310 | 1.697 | 2.042 | 2.457 | 2.750 | 3.030 | 3.385 | 3.646 |
| 40 | 0.255 | 0.681 | 1.303 | 1.684 | 2.021 | 2.423 | 2.704 | 2.971 | 3.307 | 3.551 |
| 60 | 0.254 | 0.679 | 1.296 | 1.671 | 2.000 | 2.390 | 2.660 | 2.915 | 3.232 | 3.460 |
| 120 | 0.254 | 0.677 | 1.289 | 1.658 | 1.980 | 2.358 | 2.617 | 2.860 | 3.160 | 3.373 |
| ∞ | 0.253 | 0.674 | 1.282 | 1.645 | 1.960 | 2.326 | 2.576 | 2.807 | 3.090 | 3.291 |

주어진 [$t$-분포 표]에서 원하는 자유도 또는 누적확률 값을 확인할 수 없는 경우에는 비슷한 값을 이용하거나 보간법을 이용하여 대략적인 값을 유추하여 사용하면 된다. 또한 범용 통계 소프트웨어를 사용

한다면 가능한 모든 값에 대한 누적 확률을 구할 수 있다. 여기서 $\nu = \infty$로 표현된 값은 표준 정규분포의 $z$-값을 의미한다.

## 예제 6.5

모분산에 대한 정보 없이 $n = 20$개의 표본으로부터 계산되는 표본평균은 $t(19)$를 따른다. $t(19)$의 상위 누적확률이 0.05인 경우와 0.95인 경우의 $t$-값을 결정하시오.

**[$t$-분포 표 이용]**

(1) 1열의 자유도에서 19행을 찾는다.

(2) 표에서 상위 누적확률 값에 대한 $t$-값을 제공하므로 $\alpha = 0.95$의 경우, $\alpha$라고 표시된 4열의 값과 19행이 만나는 곳의 값을 읽는다.
 : 1.729

(3) $t$-분포는 0을 중심으로 좌우대칭이므로 $\alpha = 0.05$의 경우, $\alpha = 0.95$에서 구한 값에 (-)부호를 붙인다.
 : -1.729

**[통계 소프트웨어 이용]**

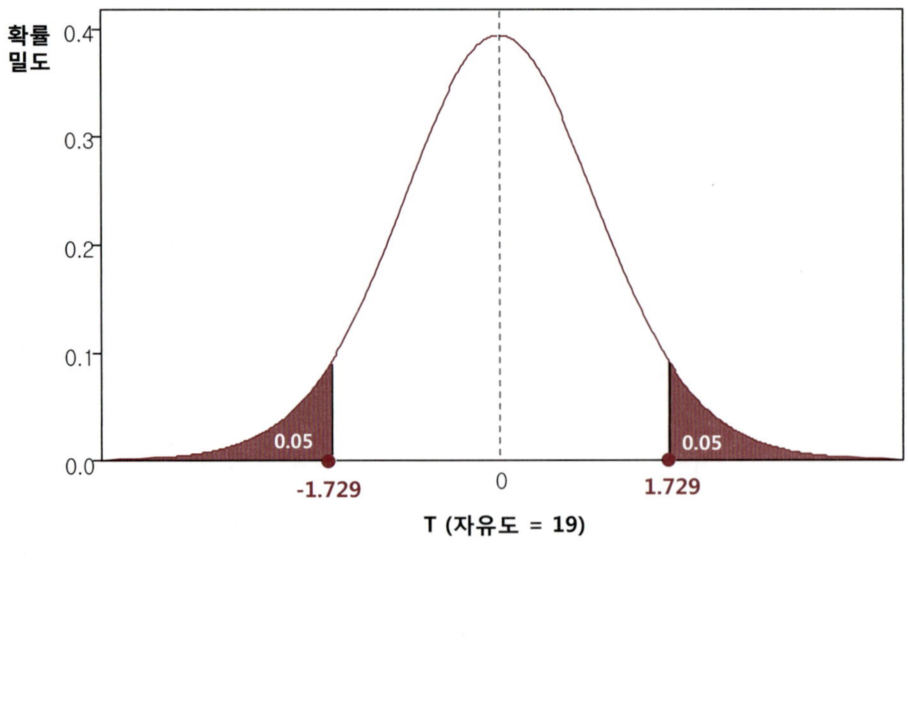


■

### 6.5.3 F-분포

F-분포[5]는 상호 독립인 두 정규모집단의 모분산을 비교하기 위해 사용하는 표본분포이며 다음과 같이 정의된다.

**F-분포**

두 개의 추정량 $C$ 와 $U$가 각각 $C \sim \chi^2(\nu_1)$, $U \sim \chi^2(\nu_2)$이고 상호 독립일 때 다음이 성립한다.

$$F = \frac{C/\nu_1}{U/\nu_2} \sim F(\nu_1, \nu_2)$$

자유도가 $\nu_1$과 $\nu_2$인 $F$-분포의 확률밀도함수

$$f(x) = \frac{\Gamma\left(\frac{\nu_1+\nu_2}{2}\right)}{\Gamma\left(\frac{\nu_1}{2}\right)\Gamma\left(\frac{\nu_2}{2}\right)} \frac{\left(\frac{\nu_1}{\nu_2}\right)^{\frac{\nu_1}{2}} x^{\frac{\nu_1}{2}-1}}{\left(1+\frac{\nu_1}{\nu_2}x\right)^{\frac{\nu_1+\nu_2}{2}}}, \ x \geq 0$$

여기서, $\Gamma(k) = \int_0^\infty t^{k-1} e^{-t} dt$

- $E(F) = \frac{\nu_2}{\nu_2 - 2}$, $\nu_2 > 2$ 이고 $V(F) = \frac{2\nu_2^2(\nu_1 + \nu_2 - 2)}{\nu_2(\nu_2-2)^2(\nu_2-4)}$, $\nu_2 > 4$

$F$-분포는 두 개의 $\chi^2$-분포의 비로 정의된다. $\chi^2$-분포를 따르는 확률 변수가 취할 수 있는 값은 $(0, \infty)$이므로, $F$-분포를 따르는 확률변수가 취할 수 있는 값 역시 $(0, \infty)$이 된다. 또한 분자의 자유도가 $\nu_1$이고 분모의 자유도가 $\nu_2$인 $F$-분포를 $F(\nu_1, \nu_2)$로 표현한다. 분자와 분모의 순서가 바뀐 $F(\nu_2, \nu_1)$은 $F(\nu_1, \nu_2)$와는 다른 분포가 되므로 자유도의 순서에 주의해야 한다.

---

5) George Waddel Snedecor, 1881~1974), 미국의 통계학자
F-분포는 Fisher's Distribution 또는 Snedecor-Fisher's Distribution이라고 부른다.

$F$-분포의 평균과 분산은 모두 자유도 $\nu_1$과 $\nu_2$의 함수로 정의된다. 즉, $F$-분포의 형태가 2 개의 자유도 $\nu_1$과 $\nu_2$에 따라 변하므로 이 2 개의 자유도가 $F$-분포의 모수가 된다. [그림 6.12]는 두 개의 자유도 $\nu_1$과 $\nu_2$에 따라 변화하는 $F$-분포의 형태를 보여준다. 특히, $\nu_1$과 $\nu_2$가 상대적으로 작으면 오른쪽 긴 꼬리 분포의 형태를 갖고, $\nu_1$과 $\nu_2$가 커지면 $F$-분포의 중심은 오른쪽으로 이동하고 $(0, \infty)$의 범위에서 1을 중심으로 대칭의 형태에 가깝게 된다.

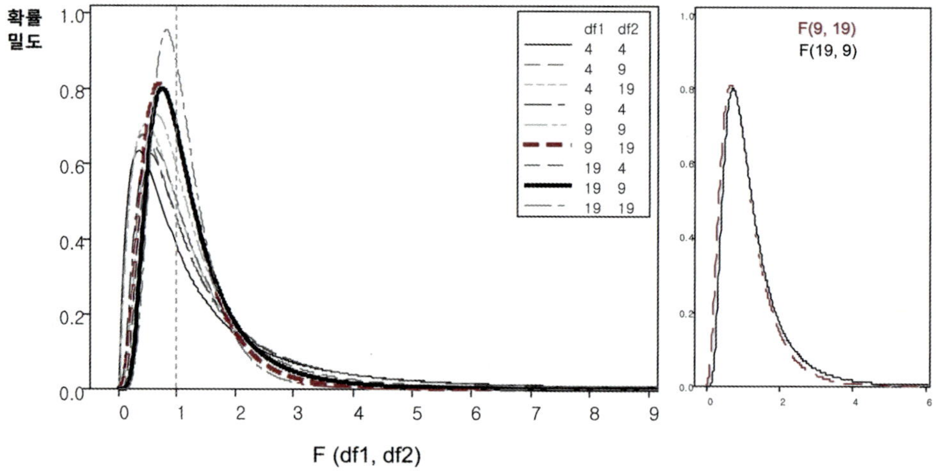


[그림 6.12] 서로 다른 자유도 $(\nu_1, \nu_2)$에서의 $F$-분포의 형태

좀 더 구체적으로 확인해 보자. 서로 다른 2 개의 정규모집단으로부터 각각 $n_1, n_2\ (n_1 \neq n_2)$ 개의 확률 표본을 추출하여 이의 표본 분산을 계산한다면 다음과 같다.

$$s_1^2 = \frac{1}{n_1 - 1} \sum_{j=1}^{n_1} (y_{1i} - \overline{y_1})^2$$ , 여기서 $y_{1i}, i = 1, 2, \ldots, n_1$은 첫 번째 정규모집단으로 부터의 확률 표본

$$s_2^2 = \frac{1}{n_2 - 1} \sum_{j=1}^{n_2} (y_{2i} - \overline{y_2})^2$$ , 여기서 $y_{2i}, i = 1, 2, \ldots, n_2$은 두 번째 정규모집단으로 부터의 확률 표본

또한 계산된 표본분산 $s_1^2, s_2^2$은 각각 다음과 같은 카이제곱 분포를 따르고 상호 독립이다.

$$\frac{(n_1-1)s_1^2}{\sigma_1^2} \sim \chi^2_{(n_1-1)},\quad \frac{(n_2-1)s_2^2}{\sigma_2^2} \sim \chi^2_{(n_2-1)}$$

따라서 $F$-분포의 정의에 의하여 다음과 같은 결과를 얻을 수 있다.

$$F = \frac{\left(\dfrac{(n_1-1)s_1^2}{\sigma_1^2}\right)/(n_1-1)}{\left(\dfrac{(n_2-1)s_2^2}{\sigma_2^2}\right)/(n_2-1)} = \frac{s_1^2}{s_2^2}\frac{\sigma_2^2}{\sigma_1^2} \sim F(n_1-1, n_2-1)$$

이를 정리하면 다음과 같다.

**상호 독립인 2 개의 표본 분산의 비에 대한 표본분포**

$$\frac{s_1^2}{s_2^2}\frac{\sigma_2^2}{\sigma_1^2} \sim F(n_1-1, n_2-1) \quad \Leftrightarrow \quad \frac{s_1^2}{s_2^2}\bigg/\frac{\sigma_1^2}{\sigma_2^2} \sim F(n_1-1, n_2-1)$$

$F$-분포는 2 개의 집단에서의 추출된 확률 표본을 대상으로 하므로 고려된 2 개의 모집단이 상호 독립임을 반드시 확인해야 한다. $F$-분포에서 중요 사항을 정리하면 다음과 같다.

**언제 사용하는가?**

(1) 모분산의 비에 대한 통계적 추론

(2) 분산 분석

**분포의 모수는 무엇인가?**

- 표본 크기에 의하여 결정되는 자유도
  : 2 개의 집단으로부터 추출된 확률 표본에 의해 결정되는 $\nu_1, \nu_2$

**확률 계산은 어떻게 할 것인가?**

- [부록 Ⅳ]의 수표 이용
- 엑셀 또는 통계 소프트웨어 이용

$F$-분포 역시 앞서 설명한 $\chi^2$-분포, $t$-분포와 같이 표본분포이므로 모집단의 확률분포와 달리 일정한 확률 값을 갖는 역 누적확률Inverse Cumulative Probability 값을 주로 사용한다. 또한 2 개의 자유도에 의해 결정되므로 중요한 확률값을 표현한 **부록 Ⅳ의 [확률 분포 표]**도 여러 장으로 제공된다. 특히 제공되는 $F$-분포 표를 이용하여 확률을 계산하기 위해서는 다음의 $F$-분포의 특징을 기억해야 한다.

**[F-분포 표]를 이용한 확률 계산 시 고려 사항**

$F \sim F(\nu_1, \nu_2)$이면 $F_{1-\alpha}(\nu_2, \nu_1) = \dfrac{1}{F_\alpha(\nu_1, \nu_2)}$

여기서 $F_{1-\alpha}(\nu_1, \nu_2)$는 자유도 $\nu_1, \nu_2$를 갖고 상위 누적 확률 $1-\alpha$를 갖는 $F$-값

이를 간단히 증명하면 다음과 같다. 만일 엑셀 또는 통계 소프트웨어를 사용한다면 굳이 확인하지 않아도 좋다.

$$
\begin{aligned}
F \sim F(\nu_1, \nu_2)\text{이면 } \alpha &= \Pr\left[F \geq F_\alpha(\nu_1, \nu_2)\right] \\
&= \Pr\left[\frac{1}{F} \leq \frac{1}{F_\alpha(\nu_1, \nu_2)}\right] \\
&= 1 - \Pr\left[\frac{1}{F} \geq \frac{1}{F_\alpha(\nu_1, \nu_2)}\right]
\end{aligned}
$$

따라서 $P\left[\frac{1}{F} \geq \frac{1}{F_\alpha(\nu_1, \nu_2)}\right] = 1-\alpha$ 이 된다.

또한 $\frac{1}{F} \sim F(\nu_2, \nu_1)$ 이므로, $P\left[\frac{1}{F} \geq F_{1-\alpha}(\nu_2, \nu_1)\right] = 1-\alpha$가 된다.

그러므로 $F_{1-\alpha}(\nu_2, \nu_1) = \frac{1}{F_\alpha(\nu_1, \nu_2)}$ 이 성립한다.

다음 [표 6.4]는 여러 장의 $F$-분포 표 중의 일부이다. 이를 이용하여 다음 예제를 확인해 보도록 하자.

### 예제 6.6

분자의 자유도 $\nu_1 = 9$, 분모의 자유도 $\nu_2 = 4$를 갖는 $F$-분포에서 상위 누적 0.95를 갖는 $F$-값을 구해 보자.

**[$F$-분포 표 이용]**

* 현재 주어진 표는 상위 누적확률이 $\alpha = 0.05$일 때이다. 이를 이용하여 상위 누적확률이 0.95인 값을 구하려면 다음과 같은 방법을 사용해야 한다.

(1) 공식 확인 :

$$F_{1-0.05}(9, 4) = \frac{1}{F_{0.05}(4, 9)}$$

(2) 따라서 $F_{0.05}(4, 9)$을 구하기 위하여 $\nu_1$의 4열, $\nu_2$의 9열을 읽는다.

: 3.63

(3) (1)의 공식을 이용하여 $F_{0.95}(9, 4)$는 다음과 같다.

: $1/3.63 = 0.28$

■

앞서 설명한 $\chi^2$-분포, $t$-분포와 같이 범용 통계 소프트웨어를 이용하여 원하는 $F$-값을 쉽게 계산할 수 있다.

**[표 6.4] $F$-분포 표(일부) :**

$$\Pr(F \geq F(\nu_1, \nu_2)) = 0.05$$

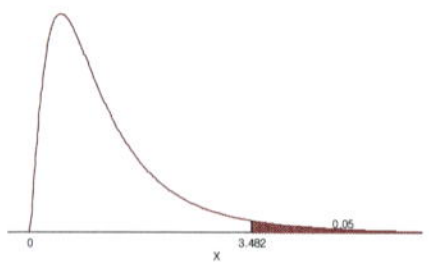

| $\nu_2$ \ $\nu_1$ | 1 | 2 | 3 | 4 | 5 | 6 | 7 | 8 | 9 | 10 | 11 | 12 | 13 | 14 | 15 | 16 | 17 |
|---|---|---|---|---|---|---|---|---|---|---|---|---|---|---|---|---|---|
| 1 | 161.45 | 199.50 | 215.71 | 224.58 | 230.16 | 233.99 | 236.77 | 238.88 | 240.54 | 241.88 | 242.98 | 243.91 | 244.69 | 245.36 | 245.95 | 246.46 | 246.92 |
| 2 | 18.51 | 19.00 | 19.16 | 19.25 | 19.30 | 19.33 | 19.35 | 19.37 | 19.38 | 19.40 | 19.40 | 19.41 | 19.42 | 19.42 | 19.43 | 19.43 | 19.44 |
| 3 | 10.13 | 9.55 | 9.28 | 9.12 | 9.01 | 8.94 | 8.89 | 8.85 | 8.81 | 8.79 | 8.76 | 8.74 | 8.73 | 8.71 | 8.70 | 8.69 | 8.68 |
| 4 | 7.71 | 6.94 | 6.59 | 6.39 | 6.26 | 6.16 | 6.09 | 6.04 | 6.00 | 5.96 | 5.94 | 5.91 | 5.89 | 5.87 | 5.86 | 5.84 | 5.83 |
| 5 | 6.61 | 5.79 | 5.41 | 5.19 | 5.05 | 4.95 | 4.88 | 4.82 | 4.77 | 4.74 | 4.70 | 4.68 | 4.66 | 4.64 | 4.62 | 4.60 | 4.59 |
| 6 | 5.99 | 5.14 | 4.76 | 4.53 | 4.39 | 4.28 | 4.21 | 4.15 | 4.10 | 4.06 | 4.03 | 4.00 | 3.98 | 3.96 | 3.94 | 3.92 | 3.91 |
| 7 | 5.59 | 4.74 | 4.35 | 4.12 | 3.97 | 3.87 | 3.79 | 3.73 | 3.68 | 3.64 | 3.60 | 3.57 | 3.55 | 3.53 | 3.51 | 3.49 | 3.48 |
| 8 | 5.32 | 4.46 | 4.07 | 3.84 | 3.69 | 3.58 | 3.50 | 3.44 | 3.39 | 3.35 | 3.31 | 3.28 | 3.26 | 3.24 | 3.22 | 3.20 | 3.19 |
| 9 | 5.12 | 4.26 | 3.86 | 3.63 | 3.48 | 3.37 | 3.29 | 3.23 | 3.18 | 3.14 | 3.10 | 3.07 | 3.05 | 3.03 | 3.01 | 2.99 | 2.97 |
| 10 | 4.96 | 4.10 | 3.71 | 3.48 | 3.33 | 3.22 | 3.14 | 3.07 | 3.02 | 2.98 | 2.94 | 2.91 | 2.89 | 2.86 | 2.85 | 2.83 | 2.81 |
| 11 | 4.84 | 3.98 | 3.59 | 3.36 | 3.20 | 3.09 | 3.01 | 2.95 | 2.90 | 2.85 | 2.82 | 2.79 | 2.76 | 2.74 | 2.72 | 2.70 | 2.69 |
| 12 | 4.75 | 3.89 | 3.49 | 3.26 | 3.11 | 3.00 | 2.91 | 2.85 | 2.80 | 2.75 | 2.72 | 2.69 | 2.66 | 2.64 | 2.62 | 2.60 | 2.58 |
| 13 | 4.67 | 3.81 | 3.41 | 3.18 | 3.03 | 2.92 | 2.83 | 2.77 | 2.71 | 2.67 | 2.63 | 2.60 | 2.58 | 2.55 | 2.53 | 2.51 | 2.50 |
| 14 | 4.60 | 3.74 | 3.34 | 3.11 | 2.96 | 2.85 | 2.76 | 2.70 | 2.65 | 2.60 | 2.57 | 2.53 | 2.51 | 2.48 | 2.46 | 2.44 | 2.43 |
| 15 | 4.54 | 3.68 | 3.29 | 3.06 | 2.90 | 2.79 | 2.71 | 2.64 | 2.59 | 2.54 | 2.51 | 2.48 | 2.45 | 2.42 | 2.40 | 2.38 | 2.37 |
| 16 | 4.49 | 3.63 | 3.24 | 3.01 | 2.85 | 2.74 | 2.66 | 2.59 | 2.54 | 2.49 | 2.46 | 2.42 | 2.40 | 2.37 | 2.35 | 2.33 | 2.32 |
| 17 | 4.45 | 3.59 | 3.20 | 2.96 | 2.81 | 2.70 | 2.61 | 2.55 | 2.49 | 2.45 | 2.41 | 2.38 | 2.35 | 2.33 | 2.31 | 2.29 | 2.27 |
| 18 | 4.41 | 3.55 | 3.16 | 2.93 | 2.77 | 2.66 | 2.58 | 2.51 | 2.46 | 2.41 | 2.37 | 2.34 | 2.31 | 2.29 | 2.27 | 2.25 | 2.23 |
| 19 | 4.38 | 3.52 | 3.13 | 2.90 | 2.74 | 2.63 | 2.54 | 2.48 | 2.42 | 2.38 | 2.34 | 2.31 | 2.28 | 2.26 | 2.23 | 2.21 | 2.20 |
| 20 | 4.35 | 3.49 | 3.10 | 2.87 | 2.71 | 2.60 | 2.51 | 2.45 | 2.39 | 2.35 | 2.31 | 2.28 | 2.25 | 2.22 | 2.20 | 2.18 | 2.17 |
| 21 | 4.32 | 3.47 | 3.07 | 2.84 | 2.68 | 2.57 | 2.49 | 2.42 | 2.37 | 2.32 | 2.28 | 2.25 | 2.22 | 2.20 | 2.18 | 2.16 | 2.14 |
| 22 | 4.30 | 3.44 | 3.05 | 2.82 | 2.66 | 2.55 | 2.46 | 2.40 | 2.34 | 2.30 | 2.26 | 2.23 | 2.20 | 2.17 | 2.15 | 2.13 | 2.11 |
| 23 | 4.28 | 3.42 | 3.03 | 2.80 | 2.64 | 2.53 | 2.44 | 2.37 | 2.32 | 2.27 | 2.24 | 2.20 | 2.18 | 2.15 | 2.13 | 2.11 | 2.09 |
| 24 | 4.26 | 3.40 | 3.01 | 2.78 | 2.62 | 2.51 | 2.42 | 2.36 | 2.30 | 2.25 | 2.22 | 2.18 | 2.15 | 2.13 | 2.11 | 2.09 | 2.07 |
| 25 | 4.24 | 3.39 | 2.99 | 2.76 | 2.60 | 2.49 | 2.40 | 2.34 | 2.28 | 2.24 | 2.20 | 2.16 | 2.14 | 2.11 | 2.09 | 2.07 | 2.05 |
| 26 | 4.23 | 3.37 | 2.98 | 2.74 | 2.59 | 2.47 | 2.39 | 2.32 | 2.27 | 2.22 | 2.18 | 2.15 | 2.12 | 2.09 | 2.07 | 2.05 | 2.03 |
| 27 | 4.21 | 3.35 | 2.96 | 2.73 | 2.57 | 2.46 | 2.37 | 2.31 | 2.25 | 2.20 | 2.17 | 2.13 | 2.10 | 2.08 | 2.06 | 2.04 | 2.02 |
| 28 | 4.20 | 3.34 | 2.95 | 2.71 | 2.56 | 2.45 | 2.36 | 2.29 | 2.24 | 2.19 | 2.15 | 2.12 | 2.09 | 2.06 | 2.04 | 2.02 | 2.00 |
| 29 | 4.18 | 3.33 | 2.93 | 2.70 | 2.55 | 2.43 | 2.35 | 2.28 | 2.22 | 2.18 | 2.14 | 2.10 | 2.08 | 2.05 | 2.03 | 2.01 | 1.99 |
| 30 | 4.17 | 3.32 | 2.92 | 2.69 | 2.53 | 2.42 | 2.33 | 2.27 | 2.21 | 2.16 | 2.13 | 2.09 | 2.06 | 2.04 | 2.01 | 1.99 | 1.98 |
| 40 | 4.08 | 3.23 | 2.84 | 2.61 | 2.45 | 2.34 | 2.25 | 2.18 | 2.12 | 2.08 | 2.04 | 2.00 | 1.97 | 1.95 | 1.92 | 1.90 | 1.89 |
| 60 | 4.00 | 3.15 | 2.76 | 2.53 | 2.37 | 2.25 | 2.17 | 2.10 | 2.04 | 1.99 | 1.95 | 1.92 | 1.89 | 1.86 | 1.84 | 1.82 | 1.80 |
| 120 | 3.92 | 3.07 | 2.68 | 2.45 | 2.29 | 2.18 | 2.09 | 2.02 | 1.96 | 1.91 | 1.87 | 1.83 | 1.80 | 1.78 | 1.75 | 1.73 | 1.71 |

주어진 [$F$-분포 표]에서 원하는 자유도 또는 누적확률 값을 확인할 수 없는 경우에는 비슷한 값을 이용하거나 보간법을 이용하여 대략적인 값을 유추하여 사용하면 된다. 또한 범용 통계 소프트웨어를 사용한다면 가능한 모든 값에 대한 누적 확률을 구할 수 있다.

## 6.6 통계적 추론의 필요성과 한계

Necessity and Limitation of Statistical Inference

통계적 추론Statistical Inference이란 표본으로부터 측정된 데이터 또는 데이터로부터 생성된 정보를 기초로 하여 관심 대상이 되는 모집단에 대한 의미 있는 결론을 도출하는 과정을 말한다. 이는 크게 추정Estimation과 가설 검정Hypotheses Testing으로 구분되고, 추정은 다시 점Point 추정과 구간Interval 추정으로 구분된다.

알려지지 않은 모수가 가질 수 있는 가능한 범위 중에서 하나의 값을 선택하여 그 값을 모수 값이라고 주장하는 것을 점 추정이라고 한다. 예를 들어, 표본을 추출하여 측정된 데이터로 부터 추정량을 계산하고 이를 모수라고 주장하는 경우에 해당한다. 이는 누구나 쉽게 사용할 수 있다는 장점과 함께 표본 오차Sampling Error를 의사결정에 반영하지 못한다는 단점을 갖는다. 비록 통계적 이론에 의해 도출된 추정량이 다른 통계량에 비하여 좋은 특징을 갖는다고 하더라도 점 추정은 실무적으로 중요한 관심 사항을 위한 판단 기준으로 바람직하다고 할 수 없다.

이와는 달리 모수에 대한 적절한 추정량을 구하고 표본 오차를 반영하여 알려지지 않은 모수가 포함될 구간을 제시하는 것을 구간 추정이라고 한다. 이는 업무 처리 시간에 대한 질문을 받았을 때, 30분이라고 딱 잘라 말하기 보다는 불확실성을 반영하여 30~50분이라는 구간으로 답을 하는 것과 같은 개념이다. 즉, 정확한 값이 아니더도 제공된 구간이 의사 결정에 충분하다면 이는 하나의 값으로 지정하는 것 보다는 더 높은 신뢰성을 갖는다.

추정과 달리 모집단에 대한 관심 사항들을 가설로 설정하고 표본 관찰을 통하여 가설의 기각 여부를 결정하는 방법을 가설 검정이라고 한다.

점 추정, 구간 추정 그리고 가설 검정은 동일한 데이터로부터 실행이 가능하다. 즉, 표본으로부터 수집된 데이터를 이용하여 점 추정만을 할 수도 있고 구간 추정과 가설 검정을 할 수도 있다. 점 추정, 구간 추정 그리고 가설 검정의 중요 사항과 용어를 정리하면 다음 [그림 6.13]과 같다.

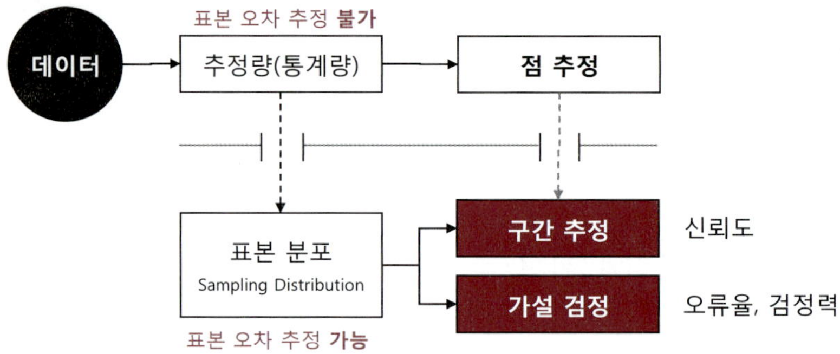


[그림 6.13] 점 추정, 구간 추정 그리고 가설 검정

일반적으로 고려하는 모수를 예상할 수 없는 경우에는 모수를 포함하는 구간을 제공하는 구간 추정을 사용하고, 모집단 또는 모수에 대한 명확한 목표가 존재하는 경우에는 주로 가설 검정을 사용한다.

예를 들어, 어떤 정책에 대한 국민들의 지지도를 확인하고자 할 때 조사를 해보기 전에는 지지도를 예측하기 어려울 것이다. 이러한 경우에는 주로 구간 추정을 사용한다. 하지만 현장의 활동이 명확한 목표가 있는 경우에는 원하는 목표를 가설로 설정하여 주로 가설 검정을 통하여 결정한다. 예를 들어, 「결재 시간을 24시간이내」라는 목표를 세웠다면 결재 시간을 조사하고 가설 검정을 통하여 결재시간이 24시간이내인가 그렇지 못한가를 결정하면 된다.

이제 모집단으로부터 표본을 추출하고 추출된 표본으로부터 데이터를 측정할 때 발생 가능한 문제점들을 확인해 보자. 다음 [그림 6.14]는 이를 간단히 요약한 것이다.

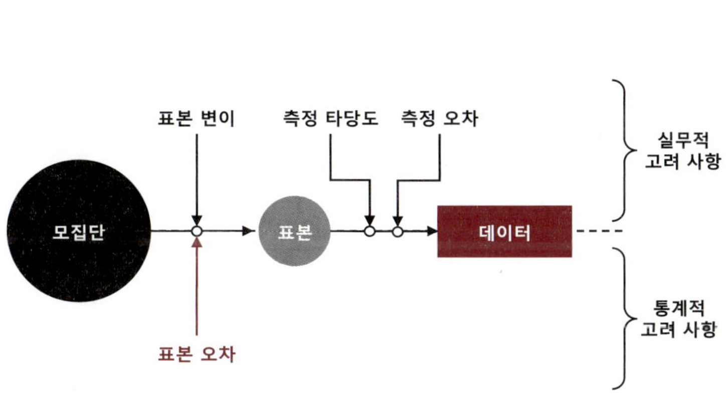


[그림 6.14] 모집단 → 표본 → 데이터의 과정에서 발생 가능한 문제점

관심 대상인 모집단으로부터 $n$ $(n > 1)$개의 표본을 임의로 선택하면 선택할 때 마다 서로 다른 표본을 얻게 된다. 즉, 모집단을 모두 조사하지 않는 한 표본은 매번 달라진다. 이렇게 표본들이 서로 다른 상태를 표본 변이Sample Variation라고 한다. 예를 들어 $\{10, 20, 30\}$으로부터 2개를 선택한다면 $\{10, 20\}, \{10, 30\}, \{20, 30\}$ 중의 하나를 얻게 되는데 가능한 표본들은 서로 동일하지 않다. 표본 변이는 모집단을 대표할 수 있도록 대표성 있는 충분한 수의 표본을 선택함으로써 그 영향을 최소화할 수 있다. 만일 모집단의 구조 또는 특징에 대한 정보가 없다면 랜덤 하게 선택하는 것이 최선의 방법이다.

표본으로부터 관심 특성을 측정할 때 측정 타당도Validity는 데이터의 질을 좌우한다. 이는 실무적인 지식에 따라 결정되는 것으로 관심 특성 충분한 변별력으로 측정할 수 있어야 한다.

또한 범주형 데이터라면 범주화의 기준을 명확히 확인하고 연속형 데이터인 경우에는 올바른 측정 장비/연산 과정에 대한 올바른 표준과 절차를 정의하고 이를 확인해야 한다. 이를 통하여 측정 활동 중에 발생할 수 있는 측정 오차Measurement Error를 최소화해야 한다.

여기서 표본 변이, 측정 타당도, 측정 오차는 실무적인 노력을 통하여 극복할 수 있다. 하지만 실무적으로 아무리 노력을 하여도 극복할 수 없는 문제가 하나 더 있다. 관심 대상이 결과들의 모임이 아닌 과정으로 정의되는 경우를 프로세스라고 정의하고 무한 모집단을 가정한다. 무한 모집단이란 시간과 비용이 충분하다고 하더라도 현실적으로 모두 조사/실험을 할 수 없는 모집단을 말한다. 따라서 모집단을 모두 조사/실험하지 못하는 경우에 발생하는 표본 오차Sampling Error는 실무적으로 아무리 노력을 하더라도 해결할 수 없다. 이러한 표본 오차를 체계적으로 반영할 수 있는 방법이 통계적 추론이다. 하지만 구간 추정과 가설 검정으로 대표되는 통계적 추론은 표본 변이, 측정 타당도, 측정 오차는 해결해 주지 않는다는 점도 기억해 둘 필요가 있다.

통계적 방법이 실무적인 문제에 도움을 주기 위해서는 먼저 실무적인 문제를 통계적으로 해결 가능하도록 잘 기술할 수 있어야 한다. 다음 [그림 6.15]는 실무적 문제에 대한 올바른 접근 방법을 보여준다.

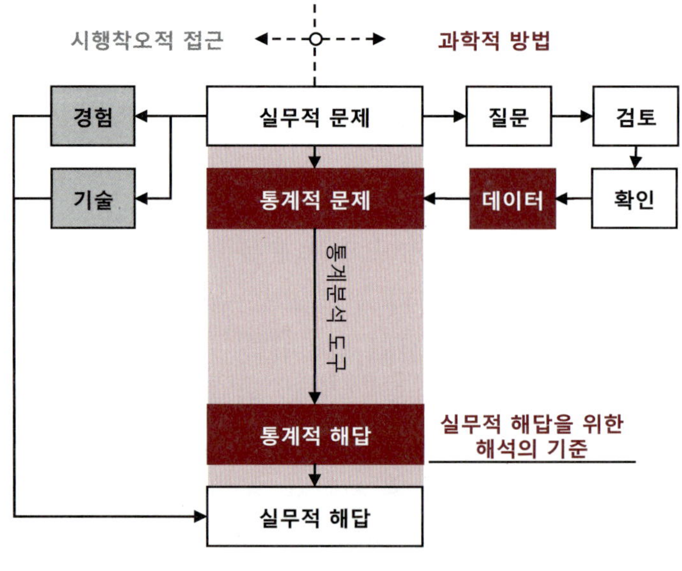


[그림 6.15] 실무적 문제와 통계적 문제 해결 절차

실무적인 문제 중에는 해당 분야의 경험과 기술을 이용하여 해결할 수 있는 경우가 많다. 그러한 경우에 데이터를 체계적으로 수집하여 통계적 방법을 적용할 필요는 없다. 하지만 그 동안의 경험과 기술을 이용하여 해결할 수 없거나 특정 활동으로 인하여 손실 또는 이익이 크

게 영향을 받는 중요한 문제라면 체계적인 데이터를 수집하고 과학적인 분석을 통하여 그 결과를 검증Verify 해야 한다. 즉, 통계적 문제 해결이란 실행뿐만 아니라 동시에 검증을 해야 하는 중요한 문제에서 그 의미를 갖게 된다.

실무적으로 발생한 문제를 이해하기 위해서는 「왜?」라는 질문을 먼저 해야 한다. 왜 결재 시간이 지연되는가? 왜 국민들은 믿지 않는가? 왜 생산되는 제품의 기능이 떨어지는가? 등 실무적인 문제가 발생된 원인을 먼저 확인해 보아야 한다. 그리고 그 질문에 대하여 충분한 정보를 수집하고 이를 확인해야 한다. 이를 확인하는 과정에서 실무적인 해결책을 찾을 수도 있지만 그렇지 못한 경우에는 새로운 사실을 올바로 확인하기 위하여 데이터를 수집하고 분석해 보아야 한다.이렇게 데이터를 수집하고 분석해야 한다면 실무적인 문제는 통계적인 문제로 전환된다.

통계적인 문제 해결을 위해서는 다양한 통계 분석 도구가 존재한다. 이는 체계적으로 정리되어 있으며 거의 모든 분야에서 수많은 적용 사례를 가지고 있다. 또한 학문적 체계를 갖추고 있으므로 이를 학습한 많은 통계 전문가들이 주변에 존재한다. 이를 통하여 통계적인 문제에 대한 통계적 해답을 쉽게 찾을 수 있다.

[그림 6.15]에서 확인할 수 있듯이 통계적 해답을 찾았다고 해서 그것이 실무적 해답이라고 할 수 없다. 통계적 해답을 기초로 하여 실무적인 해석을 했을 때 비로소 실무적 해답이 된다.

통계적 해답이 실무적 해답에 얼마나 도움이 되는가는 실무적 문제를 얼마나 잘 통계적 문제로 전환하였는가에 따라 결정된다. 따라서 통계적 결론은 실무적 결론이 아니라 실무적 해석을 위한 기준으로 활용해야 한다.

**실무적 해결책에 대한 통계적 의사 결정의 역할**

통계적 결론은 실무적 결론을 위한 해석의 기순이며 이는 데이터의 양과 질에 따라 유용성이 결정된다.

이러한 이유로 통계적 추론에서는 유의함Significance이라는 용어를 사용한다. 이 용어는 말 그대로 「의미 있다」라는 뜻으로 데이터로부터 얻어진 결과가 표본 오차에 의한 것이 아니라 실제적인 결과일 가능성이 높다는 뜻으로 사용된다.

# 제 6 장 연습문제

6.1 중심극한정리(Central Limit Theorem)를 설명하시오

6.2 모집단의 평균 $\mu$, 표준편차 $\sigma$, 표본크기 $n$이 다음과 같을 때 표본평균의 분포를 결정하시오.

(1) $\mu = 70,\ \sigma = 5,\ n = 16$

(2) $\mu = 10,\ \sigma = 1,\ n = 36$

(3) $\mu = 87,\ \sigma = 6.2,\ n = 100$

6.3 $X$가 자유도 17인 카이제곱분포를 따를 때, 즉 $X \sim \chi^2(17)$일 때 [부록 II]의 $\chi^2$-분포 표를 이용하여 다음을 구하시오.

(1) $\Pr(X < 7.645)$

(2) $\Pr(X > 27.59)$

(3) $\Pr(6.408 < X < 27.59)$

6.4 $T$가 자유도 $nu$인 $t$-분포, 즉 $T \sim t(\nu)$를 따를 때, [부록 III]의 $t$-분포표를 이용하여 다음을 구하시오.

(1) $\nu = 10$일 때, $\Pr(T \geq 2.228)$ (2) $\nu = 10$일 때, $\Pr(T \leq 2.228)$

(3) $\nu = 15$일 때, $\Pr(-1.753 \leq T \leq 2.602)$

(5) $\nu = 18$일 때, $\Pr(1.330 \leq T \leq 2.552)$

6.8 $F$가 자유도 $\nu_1, \nu_2$인 $F$-분포를 따를 때, 즉 $F \sim F(\nu_1, \nu_2)$일 때 [부록 IV]의 $F$-분포표를 이용하여 다음을 구하시오.

(1) $\nu_1 = 9,\ \nu_2 = 10$일 때 $\Pr(F \geq 3.02)$

(2) $\nu_1 - 7,\ \nu_2 = 15$일 때 $\Pr(F \leq 4.14)$

(3) $\nu_1 = 8,\ \nu_2 = 5$일 때 $\Pr(F \leq 0.1508)$

(4) $\nu_1 = 6,\ \nu_2 = 15$일 때 $\Pr(0.1323 \leq F \leq 2.79)$

7
장

# 구간 추정
## Interval Estimation

**S. G. Ko**

(표본) 오차가 존재한다면 이를 의사 결정에 체계적으로 반영할 수 있어야 한다.

### 학습 목표

- 구간 추정의 원리를 이해한다.
- 신뢰도를 이해하고 중요한 모수 또는 모수들의 함수에 대한 신뢰구간을 계산할 수 있다.

### 차례

7.1 개요
7.2 구간 추정의 원리
7.2 모평균의 차이
7.3 모분산과 모분산의 비
7.4 모비율과 모비율의 차이

### 중요 용어

- 신뢰도, 신뢰구간
  Confidence Level, Confidence Interval

# 7.1 개요
Introduction

특정 모수를 추정하는 추정량의 표본분포를 이용하는 가장 직관적인 방법이 구간 추정이다. 구간 추정Interval Estimation은 다음과 같이 정의된다.

> **구간 추정 Interval Estimation**
> 주어진 신뢰도를 만족하는 신뢰 구간을 설정하여 미지의 모수 또는 모수들의 함수를 추정하는 방법

여기서 신뢰도Confidence Level[6]란 결과의 믿을 만한 정도를 말하며, 원하는 모수 또는 모수들의 함수에 따라 결정되는 추정량의 표본분포를 이용해 계산한다. 일반적으로 90%, 95%, 99%를 사용하고 특별한 언급이 없을 때는 대부분 95%를 가정한다.

구간 추정의 결과를 신뢰 구간Confidence Interval이라고 한다. 신뢰 구간은 신뢰도를 만족하는 가능한 모든 구간들 중에서 가장 짧은 구간으로 결정된다. 모든 표본분포의 표준편차는 표본 크기가 커질수록 작아진다는 점에서 동일한 신뢰도 하에서 표본크기가 커질수록 신뢰 구간은 좁아지고 동일한 표본크기 하에서 신뢰도가 높을수록 신뢰구간은 넓어진다.

> **$100(1-\alpha)\%$ 신뢰 구간**
> (가정) 모수(또는 모수의 함수) $\theta$와 이에 대한 추정량 $\hat{\theta}$
>
> 다음을 만족하는 구간 [L, U]
> $\Pr(L \leq \theta \leq U) = 1-\alpha, 0 < \alpha < 1$

6) 신뢰 수준Confidence Level 또는 신뢰 계수Confidence Coefficient라고도 부른다.

신뢰 구간을 구성하는 값 $L, U$ 중에서 작은 값인 $L$을 신뢰 하한Lower Limit, 큰 값인 $U$를 신뢰 상한Upper Limit이라고 한다. 분석 목적에 따라 신뢰 하한은 $-\infty$값을 가질 수 있으며, 신뢰 상한은 $\infty$값을 취할 수 있다.

이 장에서는 구간 추정의 기본 개념과 유용한 모수 또는 모수들의 함수에 대한 구간 추정 방법에 대하여 알아보기로 한다.

## 7.2 구간 추정의 원리

Principles of Interval Estimation

제 6장에서는 표본의 크기가 충분히 클 때 표본평균의 표본분포는 근사적으로 정규분포를 따름을 확인하였다. 이를 위하여 다음과 같은 중심극한정리를 소개하였다.

> **중심극한정리, CLT**
>
> 모집단의 평균과 분산을 각각 $\mu$, $\sigma^2$이라고 할 때
> 표본 크기 $n$이 충분히 크다면,
> 표본 평균의 분포는 근사적으로 다음과 같은 분포를 따른다.
>
> $$\bar{y} \simeq N\left(\mu, \frac{\sigma^2}{n}\right)$$

여기서 표본 평균 $\bar{y}$의 표준편차인 $\sigma / \sqrt{n}$을 표본평균의 표준오차Standard Error라고 한다. 이를 근거로 여러 가지 표본 크기에 대한 표본 평균의 분포와 표준오차를 고려해 보면 [그림 7.1]과 같다.

이는 표본크기가 작은 경우 표본을 선택할 때마다 서로 다른 표본평균이 나타날 가능성이 높아지고, 표본크기가 큰 경우에는 상대적으로 비슷한 표본 평균을 얻을 수 있다는 것을 의미한다. 하지만 $n > 30$인 경우에는 $n \leq 30$인 경우에 비하여 상대적으로 표준오차가 크게 줄지

않음을 알 수 있다.

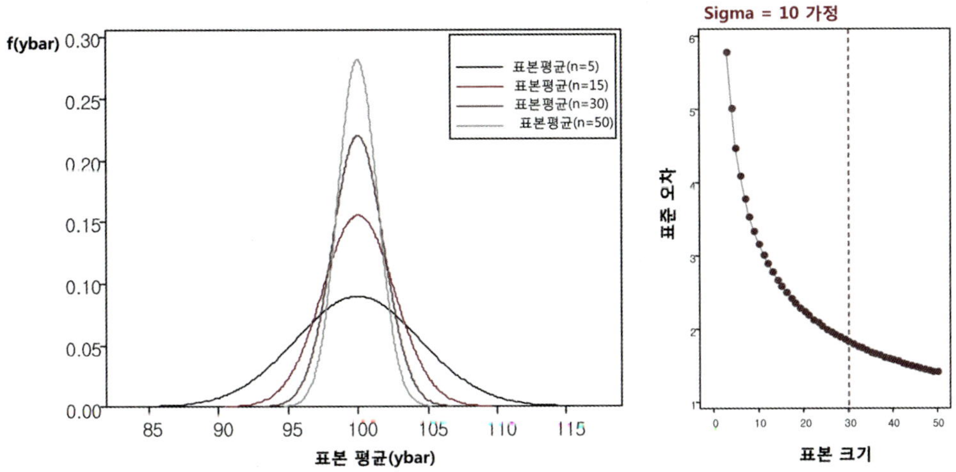


[그림 7.1] 표본 크기에 따른 표본 평균의 표본분포와 표준 오차

아직 구간 추정의 구체적인 절차를 설명하지는 않았지만 먼저 표본 크기에 따른 구간 추정의 결과를 확인해 보도록 하자.

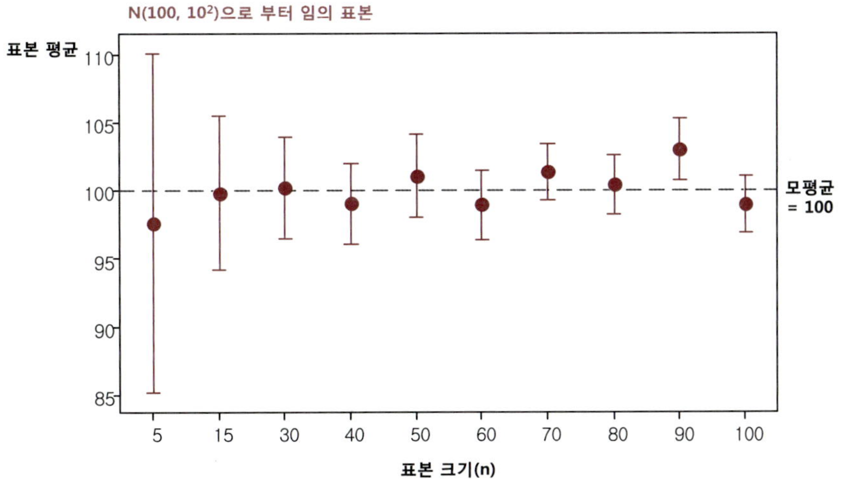


[그림 7.2] 표본 크기별 구간 추정 결과 : 95% 신뢰구간

[그림 7.2]는 2 가지 중요한 사실을 보여준다. 먼저 점으로 표현된 값은 각 표본의 크기별로 계산된 표본평균을 나타낸다. 이는 표본 크기가 커진다고 해서 표본평균이 모평균과 더 비슷해진다고 주장할 수 없음을 의미한다. 왜냐하면 표본을 선택할 때 표본 오차의 크기가 일정하지 않기 때문이다. 또한 선으로 표현된 것은 각 표본 크기별로 구해진 구간 추정의 결과이다.

주어진 구간은 신뢰도 95% 하에서 실제 모평균을 포함하는 구간으로 해석할 수 있는데 표본크기가 클수록 구간이 짧아짐을 확인할 수 있다. 즉, 표본크기가 클수록 실제 모평균에 대한 더 정확한 정보를 제공할 수 있다.

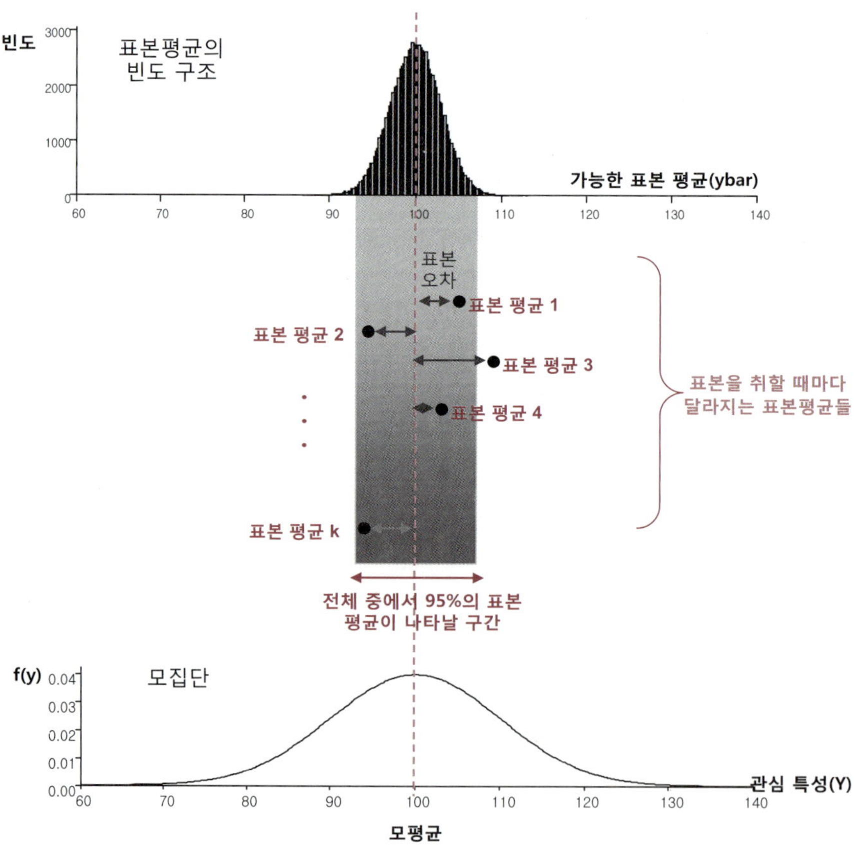


[그림 7.3] 모평균과 가능한 표본평균들

그렇다면 왜 구간 추정이 필요한가를 확인하기 위해 [그림 7.3]을 고려해 보자. 만일 모평균에 관심이 있다면 일정한 크기의 표본을 선택하여 표본평균을 계산할 것이다. 하지만 표본평균이 동일한 크기라고 하더라도 언제, 누가, 어떻게 표본을 선택하는가에 따라 그 값이 달라진다. 따라서 선택된 표본으로부터 계산된 표본평균이 모평균이라고 할 수 없다. 하지만 앞서 설명된 중심극한정리에 의하여 표본평균의 표본분포가 알려져 있다. 만일 동일한 크기의 표본을 여러 번 반복적으로 선택한 후 표본평균을 계산해 본다면 그 값들은 표본분포의 범위 중에서 확률 구조에 의해 결정되는 가능성에 따라 나타날 것이다. 따라서 상대적으로 빈도가 높은 중앙 부분에서 95%의 확률을 갖는 구간을 결정한다면 그 구간 내에서 모든 가능한 표본평균 중 95%가 발생할 것이다.

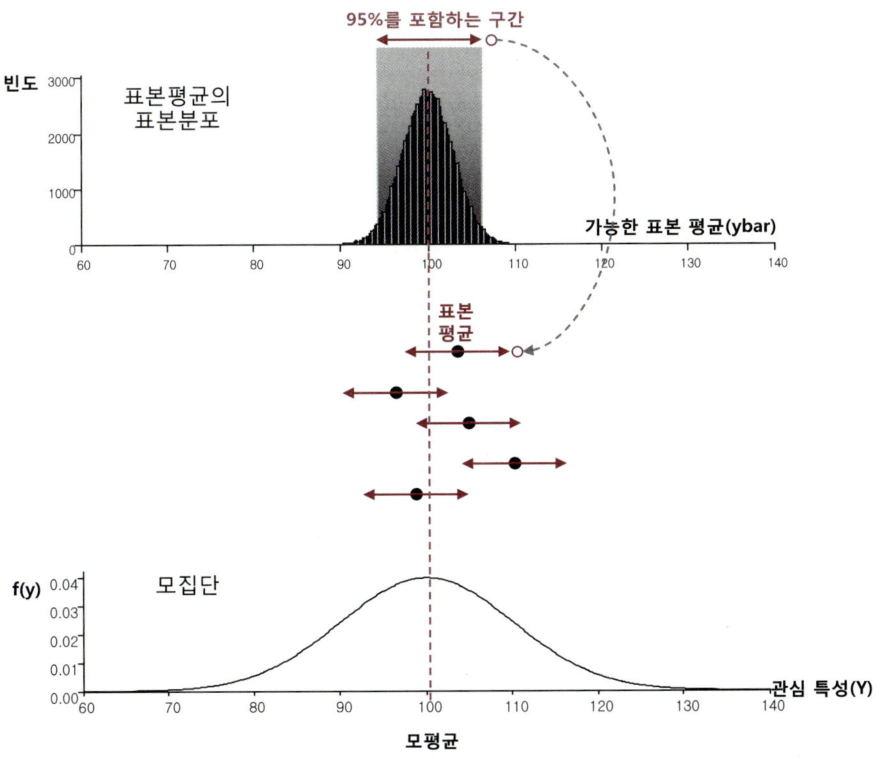


[그림 7.4] 구간추정의 개념

따라서 [그림 7.4]와 같이 가능한 표본평균들 중 빈도가 가장 높은 중앙으로부터 95%의 표본평균을 포함할 구간을 결정하고, 이를 계산된 표본평균의 표본오차로 반영한다면 실제 가능한 모든 표본평균 중에서 95%는 구해진 구간 내에 실제 모수를 포함하게 된다.

이와 같이 추정량의 표본분포가 결정되면 제 6장에서 설명한 역누적 확률값을 구하여 원하는 신뢰도를 반영하는 신뢰 구간의 길이를 결정할 수 있다. 단, 구해지는 구간은 표본 오차를 반영하므로 가능한 한 짧은 구간을 선택하는 것이 바람직하다.

[그림 7.5]는 모분산이 알려져 있고 표본 크기가 충분히 클 때, 표본평균의 표본분포인 표준 정규분포를 이용하여 구해진 구간의 길이를 보여준다. 이와 같이 중심에서 좌우대칭이 되도록 구간을 결정하는 것이 가장 짧은 구간을 제공한다.

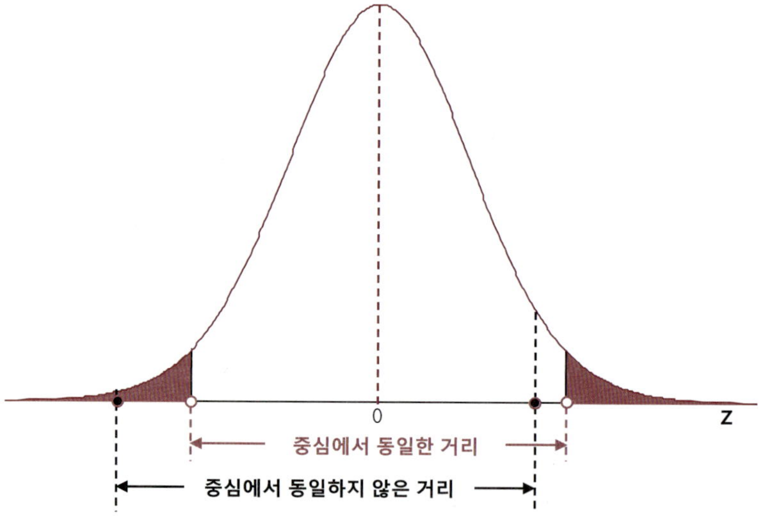


[그림 7.5] 표준 정규분포를 이용한 구간의 한계 결정

지금까지 설명한 모평균의 구간 추정 과정을 이론적으로 전개해 보면 다음 예제와 같다.

### 예제 7.1

$y_1, y_2, \cdots, y_n$ 을 정규분포 $N(\mu, \sigma^2)$으로부터 임의 추출한 확률표본이라고 하자. 모분산 $\sigma^2$이 알려져 있다고 가정했을 때 모평균 $\mu$에 대한 $100(1-\alpha)\%$ 신뢰구간을 구하시오. 또한 $\sigma^2 = 100$을 가정했을 때, 다음 데이터를 이용하여 모평균 $\mu$의 95% 신뢰구간을 계산하시오.

{ 98, 95, 101, 122, 87, 96, 115, 114, 108, 100 }

(결과 1) 모분산이 알려져 있을 때 표본평균의 분포는 다음과 같다.

$$Z = \frac{\bar{y} - \mu}{\sigma/\sqrt{n}} \sim N(0, 1)$$

신뢰도 $100(1-\alpha)\%$ 하에서 다음이 성립한다.

$\Pr[-z_{\alpha/2} \le Z \le z_{\alpha/2}] = 1-\alpha$,

여기서 $z_{\alpha/2}$는 $\Pr(Z \leqq z) = \alpha/2$를 만족하는 $z$-값

$$\Leftrightarrow P\left[-z_{\alpha/2} \le \frac{\bar{y} - \mu}{\sigma/\sqrt{n}} \le z_{\alpha/2}\right] = 1-\alpha$$

$$\Leftrightarrow P\left[\bar{y} - z_{\alpha/2}\frac{\sigma}{\sqrt{n}} \le \mu \le \bar{y} + z_{\alpha/2}\frac{\sigma}{\sqrt{n}}\right] = 1-\alpha$$

따라서 모평균 $\mu$의 $100(1-\alpha)\%$ 신뢰 구간은 다음과 같다.

$$\left[\bar{y} - z_{\alpha/2}\frac{\sigma}{\sqrt{n}},\ \bar{y} + z_{\alpha/2}\frac{\sigma}{\sqrt{n}}\right]$$

(결과 2) $\sigma = 10,\ n = 10,\ \bar{y} = 103.60$ 그리고 $z_{0.025} = 1.96$이므로 모평균 $\mu$의 $95\%$ 신뢰구간은 다음과 같다.

$$\left[103.60 - 1.96\frac{10}{\sqrt{10}},\ 103.60 + 1.96\frac{10}{\sqrt{10}}\right]$$

$$= [97.40, 109.80]$$

■

표준 정규분포는 표본 크기 $n$과 무관하게 역 누적확률 값이 결정되므로 다음 [표 7.1]과 같이 자주 사용하는 값을 정리해 두면 유용하다.

**[표 7.1] 자주 사용하는 표준 정규분포의 역 누적확률 값**

| $\alpha$ | 0.100 | 0.050 | 0.010 |
|---|---|---|---|
| $z_\alpha$ | 1.282 | 1.645 | 2.326 |
| $z_{\alpha/2}$ | 1.645 | 1.960 | 2.576 |

만일 모분산이 알려져 있지 않은 경우 주어진 표본 크기에 따라 자유도가 결정되는 $t$-분포를 이용하여 동일한 절차를 적용하면 된다.

# 7.3 모평균의 차이

Difference of Population Means

모집단의 관심 특성에 대한 가장 기초적인 정보는 모평균이다. 모평균은 관심 특성의 현상을 간단히 요약할 수 있는 유용한 정보이며 서로 다른 활동 또는 동일한 활동의 개선 전/후의 비교 등을 위하여 널리 사용되는 모수이다. 만일 모집단으로 정의된 프로세스가 명확한 목표를 가지고 안정적으로 운영되고 있다면 모평균은 가장 유용한 정보가 된다.

모평균의 함수 역시 실무적으로 중요한 관심 사항이다. 그 중에서 모평균의 차이[Difference]는 가장 널리 사용되는 모평균의 함수이다. 차이를 구하기 위해서는 최소한 2 개의 집단이 필요하다. 만일 2 개의 집단이 서로 아무런 관련이 없는 집단이라면 이를 상호 독립[Independence]이라고 하고 동일 대상을 2 번 반복 측정하게 되는 경우를 쌍체[Paired]라고 부른다.

모평균의 함수에 대한 추정량의 표본분포 역시 모분산에 대한 정보를 필요로 한다. 즉, 두 집단의 모분산을 모두 아는 경우와 그렇지 않은 경우를 구별해야 하고 모분산을 모르는 경우에는 7.3절에서 설명 할 등분산Homogeneous Variances과 이분산Heterogeneous Variances 방법을 구별하여 적용해야 한다. 이를 정리하면 다음과 같다.

> **모평균 차이 $\mu_1 - \mu_2$에 대한 구간 추정 고려 사항**
> - 상호 독립 vs 쌍체
> - 모분산을 알고 있는 경우 vs. 모분산을 모르는 경우
> - 모분산을 모르는 경우, 등분산 vs. 이분산

### 7.3.1 상호 독립인 두 집단

상호 독립이란 관심 특성들 간에 아무 연관이 없다는 것을 의미한다. 예를 들어, 제품의 설계를 담당하는 부서와 제품을 판매하는 부서를 고려한다면 이 두 부서는 상호 독립이라고 할 수 있다. 각 부서의 업무 프로세스가 안정되어 있다고 가정했을 때 비교 가능한 관심 특성 (예 : 활동비, 결재 시간 등) 을 선정하여 각각 $n_1, n_2$개의 데이터를 수집했다면 이는 상호 독립인 표본이라고 할 수 있으며, 다음과 같이 표현할 수 있다.

- A업무 프로세스의 관심 특성, $Y_1 \sim N(\mu_1, \sigma_1^2)$
  $Y_2$ : A업무 프로세스의 관심 특성
  $n_1$개의 표본으로부터 측정된 데이터 : $y_{11}, y_{12}, \cdots, y_{1n_1}$
- B업무 프로세스의 관심 특성, $Y_2 \sim N(\mu_2, \sigma_2^2)$
  $Y_2$ : B업무 프로세스의 관심 특성
  $n_2$개의 표본으로부터 측정된 데이터 : $y_{21}, y_{22}, \cdots, y_{2n_2}$

여기서 관심 모수의 함수 $\mu_1 - \mu_2$를 추정할 수 있는 추정량은 다음과 같다.

$$\overline{y_1} - \overline{y_2}, \quad \text{여기서 } \overline{y_1} = \frac{1}{n_1}\sum_{j=1}^{n_1} y_{1j}\ ,\ \overline{y_2} = \frac{1}{n_2}\sum_{j=1}^{n_2} y_{2j}$$

이는 다음과 같은 표본분포를 갖는다.

$$\overline{y_1} - \overline{y_2} \sim N\left(\mu_1 - \mu_2,\ \frac{\sigma_1^2}{n_1} + \frac{\sigma_2^2}{n_2}\right)$$

$$\Leftrightarrow \quad Z = \frac{(\overline{y_1} - \overline{y_2}) - (\mu_1 - \mu_2)}{\sqrt{\frac{\sigma_1^2}{n_1} + \frac{\sigma_2^2}{n_2}}} \sim N(0,1)$$

따라서 모분산에 대한 정보가 주어진 경우에는 다음과 같이 $100(1-\alpha)\%$의 신뢰구간을 구할 수 있으며 구해진 신뢰구간이 상수 0을 포함하고 있다면 「두 모평균 간의 차이가 없다」라고 해석한다.

**두 개의 모분산이 모두 알려진 경우**

$\mu_1 - \mu_2$의 $100(1-\alpha)\%$ 신뢰구간

$$\left[(\overline{y_1} - \overline{y_2}) - z_{\alpha/2}\sqrt{\frac{\sigma_1^2}{n_1} + \frac{\sigma_2^2}{n_2}},\ (\overline{y_1} - \overline{y_2}) + z_{\alpha/2}\sqrt{\frac{\sigma_1^2}{n_1} + \frac{\sigma_2^2}{n_2}}\right]$$

## 예제 7.2

두 기업 A, B에서 가공하는 동일 제품에 대한 평균 무게의 차를 추정하기 위해 다음과 같은 중간조사 결과를 얻었다. 두 기업 A, B에서 생산되는 제품의 실제 평균 무게 차이에 대한 95% 신뢰구간을 구해보자. (단, 두 기업의 가공 프로세스는 안정되어 있으므로 관심 특성인 제품의 무게는 정규분포를 따른다고 가정한다)

| 기업 | $n$ | 표본평균$\bar{y}$ | 모분산$\sigma^2$ |
|---|---|---|---|
| A | 36 | 22g | 10 $g^2$ |
| B | 49 | 20g | 10 $g^2$ |

(결과) 두 모분산이 모두 알려져 있고 동일한 값을 갖는다. 따라서 다음의 정보를 이용하여 95% 신뢰구간을 구하면 다음과 같다.

- 기본 정보 : $n_1 = 36,\ n_2 = 49,\ \overline{y_1} = 22,\ \overline{y_2} = 20,\ \sigma_1^2 = \sigma_2^2 = 10$
- 신뢰수준 95% ⇔ $1 - \alpha = 0.95$ ⇔ $\alpha = 0.05$

[표 7.1]을 이용하여 $z_{\alpha/2} = z_{0.025} = 1.96$

$$(\overline{y_1} - \overline{y_2}) \pm z_{\alpha/2}\sqrt{\frac{\sigma_1^2}{n_1} + \frac{\sigma_2^2}{n_2}} = (22-20) \pm (1.96)\sqrt{\frac{10}{36} + \frac{10}{49}}$$

- 구해진 95% 신뢰구간 : $[0.64,\ 3.36]$

구해진 신뢰구간에 상수 0을 포함하고 있지 않으므로 두 기업의 관심 특성인 무게는 통계적으로 차이가 있다고 할 수 있다.

■

만일 두 모분산이 서로 다른 값을 갖더라도 동일한 절차를 적용하여 $100(1-\alpha)\%$의 신뢰구간을 구할 수 있고, 프로세스가 안정되지 못하여 정규성을 가정하지 못하는 경우에도 각 집단의 표본 크기가 충분히 크다면 중심극한정리에 의하여 근사적인 $100(1-\alpha)\%$의 신뢰구간을 구할 수 있다.

생산 공정과 같이 변동의 발생 여부가 업무 성과와 밀접한 경우를 제외하고는 실무적 관심 대상인 프로세스의 모분산이 알려져 있는 경우는 드물다. 즉, 모분산이 알려져 있지 않은 경우가 더 일반적이라고 할 수 있다. 그러나 모분산이 알려져 있지 않다고 하더라도 수집된 데이터를 통하여 모분산의 동일성은 통계적으로 판단할 수 있다. 따라서 모분산을 알려져 있지 않는 경우에는 통계적 판단에 의하여 모분산이 동일한 경우와 동일하지 않은 경우를 구분하여 적용한다.

두 모분산이 동일하다면 두 집단으로부터 측정된 모든 데이터를 이용하여 다음과 같은 합동 표본분산Pooled Sample Variance $s_p^2$ 계산할 수 있다.

$$s_p^2 = \frac{1}{n_1+n_2-2}\left\{\sum_{j=1}^{n_1}(y_{1j}-\overline{y_1})^2+\sum_{j=1}^{n_2}(y_{2j}-\overline{y_2})^2\right\} = \frac{(n_1-1)s_1^2}{(n_1+n_2-2)}+\frac{(n_2-1)s_2^2}{(n_1+n_2-2)}$$

이는 두 집단의 표본분산과 자유도를 이용한 가중평균을 구한 것으로 더 많은 데이터로부터 계산된 표본분산에 더 높은 가중치를 갖는다. 이를 이용하여 도출된 표본평균의 차이에 대한 분포는 다음과 같다.

$$T = \frac{(\overline{y_1}-\overline{y_2})-(\mu_1-\mu_2)}{s_p\sqrt{\frac{1}{n_1}+\frac{1}{n_2}}} \sim t(n_1+n_2-2)$$

따라서 모분산이 알려져 있지 않지만 동일하다고 판단되는 경우 $100(1-\alpha)\%$의 신뢰구간을 구할 수 있으며 구해진 신뢰구간이 상수 0을 포함하고 있다면 「두 모평균 간의 차이가 없다」 라고 해석한다.

**두 개의 모분산이 알려져 있지 않지만 동일한 경우**

$\mu_1-\mu_2$의 $100(1-\alpha)\%$ 신뢰 구간

$$\left[(\overline{y_1}-\overline{y_2})-t_{\alpha/2}(v)\,s_p\sqrt{\frac{1}{n_1}+\frac{1}{n_2}},\ (\overline{y_1}-\overline{y_2})+t_{\alpha/2}(v)\,s_p\sqrt{\frac{1}{n_1}+\frac{1}{n_2}}\right]$$

여기서 $v=n_1+n_2-2$, $s_p^2$은 합동 표본분산

이때 계산된 자유도 $v>30$이면 근사적으로 표준 정규분포를 사용한다.

## 예제 7.3

최종 납품 업체를 결정하기 위하여 두 기업 A, B에서 제공되는 제품 중 일부를 임의로 선택 후 동일한 방법으로 성분 함유량을 실험했다.
실험에 사용된 표본 크기와 표본으로부터 계산된 평균과 분산은 다음과 같다.

A 기업 : $n_1 = 50$, $\overline{y_1} = 3.298$, $s_1^2 = 0.000035$

B 기업 : $n_2 = 50$, $\overline{y_2} = 3.255$, $s_2^2 = 0.000093$

두 기업의 실제 평균 성분 함유량 $\mu_1 - \mu_2$의 95% 신뢰구간을 계산하시오.
(단 두 기업의 모분산은 알려져 있지 않지만 통계적 판단에 의하여 동일하다는 것을 확인하였다.)

(결과)

· 두 모분산은 알려져 있지 않지만 통계적으로 동일하다고 판단되었으므로 합동 표본분산을 이용하여 공통 분산을 추정한다.

$$s_p^2 = \frac{(n_1 - 1)s_1^2 + (n_2 - 1)s_2^2}{n_1 + n_2 - 2}$$

$$= \frac{(50-1)(0.000035) + (50-1)(0.000093)}{50 + 50 - 2} = 0.000064$$

$$s_p = \sqrt{s_p^2} = 0.008$$

· 자유도 $\nu = n_1 + n_2 - 2 = 50 + 50 - 2 = 98$ 가 30보다 크므로
근사 관계를 이용하여 $t$-분포 대신 표준 정규분포를 이용한다.
신뢰수준 95% ⇔ $1 - \alpha = 0.95$ ⇔ $\alpha = 0.05$, $z_{\alpha/2} = z_{0.025} = 1.96$

$$\therefore\ (\overline{y_1} - \overline{y_2}) \pm z_{0.025}\, s_p \sqrt{\frac{1}{n_1} + \frac{1}{n_2}} = 0.043 \pm (1.96)(0.008)\sqrt{\frac{1}{50} + \frac{1}{50}}$$

$$= 0.043 \pm 0.003136$$

· 구해진 95% 신뢰구간 : $[0.0399,\ 0.0461]$
구해진 95% 신뢰구간이 상수 0을 포함하고 있지 않으므로 두 기업의 성분 함유량은 통계적으로 동일하다고 할 수 없다.

■

만일 두 모분산이 동일하지 않다고 판단된 경우에는 정확한 구간추정을 할 수 없으므로 근사 자유도를 이용한 $t$-분포를 사용해야 한다. 계산된 추정량 $\overline{y_1} - \overline{y_2}$의 표본 분포는 다음과 같이 정의된다.

$$T = \frac{(\overline{y_1} - \overline{y_2}) - (\mu_1 - \mu_2)}{\sqrt{\frac{s_1^2}{n_1} + \frac{s_2^2}{n_2}}} \sim t(\nu^*)$$

여기서 $\nu^*$는 다음과 같이 정의된다.7)

$$\nu^* = \left[ \frac{(s_1^2/n_1 + s_2^2/n_2)^2}{\frac{(s_1^2/n_1)^2}{n_1 - 1} + \frac{(s_2^2/n_2)^2}{n_2 - 1}} \right],$$ 여기서 $[a]$는 $a$를 넘지 않는 최대 정수

이 경우 역시 계산된 $\nu^* > 30$이라면 근사적으로 표준 정규분포를 이용한다. 모분산을 알지 못하고 모분산이 동일하지 않다고 판단된 경우의 $100(1-\alpha)\%$의 신뢰구간은 다음과 같이 정의된다.

**두 개의 모분산이 알려지지 않고 동일하지 않은 경우**

$\mu_1 - \mu_2$의 $100(1-\alpha)\%$ 신뢰구간

$$\left[ (\overline{y_1} - \overline{y_2}) - t_{\alpha/2}(\nu^*) \sqrt{\frac{s_1^2}{n_1} + \frac{s_2^2}{n_2}},\ (\overline{y_1} - \overline{y_2}) + t_{\alpha/2}(\nu^*) \sqrt{\frac{s_1^2}{n_1} + \frac{s_2^2}{n_2}} \right]$$

여기서 $\nu^*$는 세터스웨이트의 공식에 의한 근사 자유도

7) 이를 세터스웨이트[Satterthwaite]의 공식이라고 한다.

## 예제 7.4

두 업무 A, B에서 임의로 선택된 업무 활동으로부터의 처리 시간을 측정하여 다음과 같은 결과를 얻었다.

A업무 : $n = 6,\ \overline{y_1} = 280$(분), $s_1^2 = 49$(분$^2$)

B업무 : $n = 5,\ \overline{y_2} = 265$(분), $s_1^2 = 64$(분$^2$)

두 업무로부터 모평균의 차 $\mu_1 - \mu_2$에 대한 95% 신뢰구간을 구하시오. (단, 모분산은 서로 동일하지 않음을 통계적으로 확인하였다.)

(결과)

· 모분산이 알려져 있지 않고 등분산을 가정할 수 없으므로 세터스웨이트 공식을 이용하여 $t$-분포의 근사 자유도를 계산한다.

$$\nu^* = \left[ \frac{(s_1^2/n_1 + s_2^2/n_2)^2}{\frac{(s_1^2/n_1)^2}{n_1 - 1} + \frac{(s_2^2/n_2)^2}{n_2 - 1}} \right]$$

$$= \left[ \frac{(49/6 + 64/5)^2}{\frac{(49/6)^2}{6-1} + \frac{(64/5)^2}{5-1}} \right] = [8.1] = 8$$

· 신뢰도 95% ⇔ $1 - \alpha = 0.95$

⇔ $\alpha = 0.05,\ t_{\alpha/2}(8) = t_{0.025}(8) = 2.306$

$$\therefore \quad (\overline{y_1} - \overline{y_2}) \pm t_{0.025}(8)\sqrt{\frac{49}{6} + \frac{64}{5}}$$

$$= (280 - 265) \pm (2.306)\sqrt{\frac{49}{6} + \frac{64}{5}}$$

· 구해진 95% 신뢰구간 : $[4.44, 25.56]$

구해진 95% 신뢰구간은 상수 0을 포함하고 있지 않으므로 두 업무의 실제 처리 시간은 통계적으로 동일하다고 할 수 없다. 또한 $\overline{y_1} - \overline{y_2}$으로부터 계산된 신뢰 한계의 값이 모두 양수이므로 A 업무가 B 업무에 비하여 처리 시간이 길다고 할 수 있다. 또한 그 차이는 최소 4.4분, 최대 25.56분 정도라고 예상할 수 있다.

■

### 7.3.2 쌍체 집단

상호 독립인 집단과 달리 동일한 대상에 대하여 반복적으로 측정되는 경우가 있다. 예를 들어, 어떤 운동법이 체중 감량에 효과가 있는지를 확인하기 위하여 집단 내의 동일한 사람을 대상으로 운동 전과 운동 후의 몸무게를 측정하거나, 동일한 소프트웨어에서 초기 설정 값에 따라 처리 속도가 달라지는가를 확인하고자 할 수 있다. 이 때 상호 독립 집단에 적용되었던 방법을 사용할 경우 올바른 결론을 얻을 수 없다. 왜냐하면 동일한 대상으로부터 반복적으로 측정된 값은 서로 일정한 관계를 갖기 때문이다. 이와 같이 집단내의 각 값이 동일한 대상으로부터 반복 측정되어 일정한 관계를 갖는 데이터를 다음과 같이 정의한다.

> **쌍체 데이터**
>
> 고려하는 집단 내의 동일한 대상을 반복적으로 2번 측정한 데이터
> : $(y_{11}, y_{21}), (y_{12}, y_{22}), \dots, (y_{1n}, y_{2n})$
>
> 여기서 $y_{1i}$는 $i$번째 대상의 첫 번째 측정값
> $y_{2i}$는 $i$번째 대상의 두 번째 측정값

쌍체 데이터의 경우 상호 독립인 두 집단 간 데이터가 아니므로 다음과 같은 추정량을 사용한다.

$$\overline{D} = \frac{1}{n}\sum_{i=1}^{n} D_i \ , \ D_i = y_{1i} - y_{2i}, \ i = 1, 2, \dots, n$$

이는 $\overline{y_1} - \overline{y_2}$ 와 동일한 값을 갖지만 표본분포 정의를 위한 추정량의 분산 $Var(\overline{y_1} - \overline{y_2}) = Var(\overline{y_1}) + Var(\overline{y_2}) - 2\,Cov(\overline{y_1}, \overline{y_2})$에서 $Cov(\overline{y_1}, \overline{y_2})$

의 정보를 필요로 하지 않는다. 또한 쌍체 표본으로부터 계산된 $D_i$ 는 $y_{ij},\ i=1,2$ 가 각각 정규분포를 따르는 경우, 다음의 확률분포를 가정할 수 있다.

$$D_1, D_2, \dots D_n \sim N(\mu_D, \sigma_D^2)$$

따라서 $\overline{D}$는 다음과 같은 표본분포를 갖는다.

$$\overline{D} \sim N(\mu_D, \frac{\sigma_D^2}{n}) \iff Z = \frac{\overline{D}-\mu_D}{\sigma_D/\sqrt{n}} \sim N(0,1)$$

이에 대한 95% 신뢰구간을 구하는 방법은 단일 모평균에서의 방법과 동일하다. 즉, 쌍체 표본으로부터 계산된 $D_i,\ i=1,2,\dots,n$를 단일 모집단에서 측정된 확률표본의 데이터라고 가정하고 다음을 이용한다.

**쌍체 표본의 경우**

$\mu_1-\mu_2$의 $100(1-\alpha)\%$ 신뢰구간

· 모분산이 알려진 경우

$$\left[\overline{D}-z_{\alpha/2}\frac{\sigma_D}{\sqrt{n}},\quad \overline{D}+z_{\alpha/2}\frac{\sigma_D}{\sqrt{n}}\right]$$

· 모분산이 알려지지 않은 경우

(1) $n < 30$

$$\left[\overline{D}-t_{\alpha/2}(n-1)\frac{s_D}{\sqrt{n}},\ \overline{D}+t_{\alpha/2}(n-1)\frac{s_D}{\sqrt{n}}\right]$$

(2) $n > 30$

$$\left[\overline{D}-z_{\alpha/2}\frac{s_D}{\sqrt{n}},\ \overline{D}+z_{\alpha/2}\frac{s_D}{\sqrt{n}}\right]$$

여기서, $s_D = \sqrt{\frac{1}{n-1}\sum_{i=1}^{n}(D_i-\overline{D})^2}$

## 예제 7.5

소프트웨어 검증을 위한 새로운 시스템 도입을 결정하기 위하여 5명의 숙련된 검증원에게 기존 시스템과 새로운 시스템을 이용하여 동일한 프로그램을 검증하게 하였다. 그 결과 측정된 검증 완료 시간은 다음과 같다.

(단위 : 시간)

| 시스템 | 소프트웨어 검증원 | | | | |
|---|---|---|---|---|---|
| | A | B | C | D | E |
| Old | 168 | 195 | 183 | 169 | 155 |
| New | 160 | 197 | 180 | 163 | 150 |

기존 시스템과 새로운 시스템 간의 모평균 차이에 대한 95% 신뢰구간을 구하시오. (단, 각 시스템의 검증 완료시간은 정규분포를 따른다고 가정한다.)

(결과)

- 동일한 검증원이 Old와 New 시스템을 반복적으로 적용하여 검증 완료 시간을 측정하였으므로 쌍체 데이터이다.
- 개인별 시스템 간 검증 완료 시간의 차이 $D_i,\ i=1,2,\ldots,5$와 $\overline{D}$, $s_D^2$를 구한 결과는 다음과 같다.

| 검증원 | $y_{1i}$ | $y_{2i}$ | $D_i = y_{1i} - y_{2i}$ | $D_i - \overline{D}$ | $(D_i - \overline{D})^2$ |
|---|---|---|---|---|---|
| A | 168 | 160 | 8 | 4 | 16 |
| B | 195 | 197 | -2 | -6 | 36 |
| C | 183 | 180 | 3 | -1 | 1 |
| D | 169 | 163 | 6 | 2 | 4 |
| E | 155 | 150 | 5 | 1 | 1 |
| | | | $\overline{D}=4$ | 0 | $s_D^2 = 14.5$ |

- $n=5$로 표본 크기가 $n<30$이므로
  $\mu_D = \mu_1 - \mu_2$의 $95\%$ 신뢰구간은 다음과 같이 계산된다.

$$\overline{D} \pm t_{\alpha/2}(n-1)\frac{s_D}{\sqrt{n}} = (174-170) \pm (2.776)\sqrt{\frac{14.5}{5}}$$

- 구해진 $95\%$ 신뢰구간 : $[-0.73, 8.73]$

구해진 95% 신뢰구간이 상수 0을 포함하고 있으므로 새로운 시스템이 기존 시스템에 비하여 검증 완료 시간을 줄여준다고 할 수 없다. 하지만 신뢰 하한이 신뢰 상한보다 상수 0 에 더 가깝게 정의되었으므로 표본 크기 $n$을 크게 한다면 새로운 시스템이 검증 완료 시간을 줄여준다는 결론이 나올 가능성이 높다. 하지만 그 차이는 크지 않을 것으로 보인다.

■

만일 [예제 7.5]를 상호 독립 집단에서의 방법을 이용하여 95% 신뢰구간을 구해보면 그 결과는 다음과 같다.

| 조건 | $t$-분포 지유도 | 95% 신뢰구간 |
|---|---|---|
| 등분산 | $\nu = 8$ | [-20.8, 28.8] |
| 이분산 | $\nu^* = 7$ | [-21.5, 29.5] |

동일한 신뢰도 하에서 두 경우 모두 쌍체 집단을 가정한 경우보다 더 넓은 신뢰구간을 제공한다. 즉, 쌍체 집단은 동일 대상자들로부터 반복 측정되므로 측정하고자 하는 관심 특성 이외의 요소들(성별, 나이, 경력 등)을 배제하는 효과가 있다. 그러므로 이를 반영할 수 없는 상호 독립 집단에 비하여 쌍체 집단의 신뢰구간이 더 정확하게 추정됨을 확인할 수 있다. 따라서 통계적 방법을 적용하기 전에 반드시 표본이 수집된 상황을 확인할 수 있어야 한다.

# 7.4 모분산과 모분산의 비

Population Variance and Ratio of Population Variances

관심 특성의 모평균이 동일하다고 하더라도 성과가 서로 다르게 나타나는 경우가 있다. 다음 [그림 7.6]은 동일한 모평균을 갖는 처리시간이 서로 다른 모분산을 갖는 경우를 보여준다. 만일 업무 처리 시간이 120분을 넘는 경우 고객 불만이 발생한다고 가정한다면 A업무는 고객 불만족이 발생할 가능성이 없지만 B업무는 약 9%이상 발생할 가능성이 있다. 즉, 모평균이 동일하다고 해서 두 업무의 처리 시간이 동일하다고 할 수 없다.

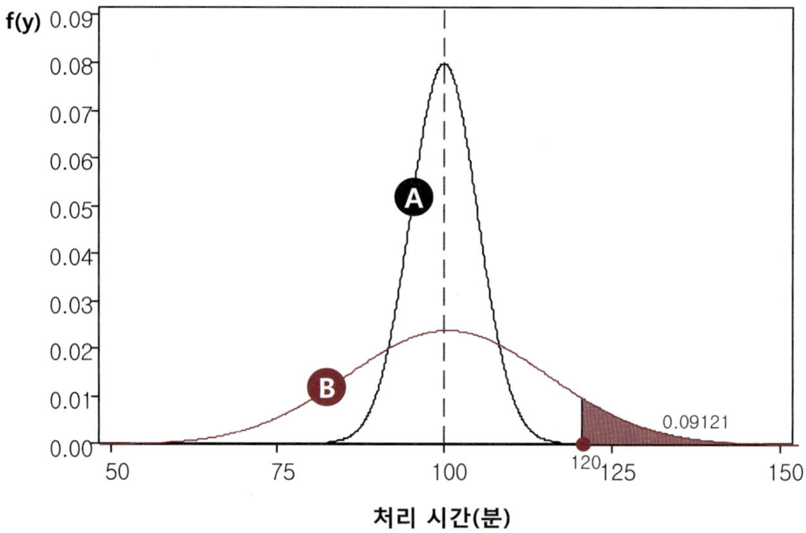


[그림 7.6] 모평균은 동일하지만 모분산이 서로 다른 경우

따라서 7.2절의 상호독립 집단 간 모평균의 차이에 대한 구간 추정을 적용하기 전에 반드시 두 모분산의 동일성을 확인할 수 있어야 한다. 이 절에서는 먼저 모분산의 구간 추정을 설명하고 모분산의 동일성에 대한 통계적 확인 방법을 소개하기로 한다.

### 7.4.1 모분산

정규모집단 $N(\mu, \sigma^2)$에서 추출한 크기 $n$인 확률표본 $y_1, y_2, \cdots, y_n$의 표본분산을 $s^2 = \frac{1}{n-1}\sum_{i=1}^{n}(y_i - \bar{y})^2$으로 정의하면 이는 다음과 같은 표본분포를 따른다.

$$X^2 = \frac{(n-1)s^2}{\sigma^2} \sim \chi^2_{(n-1)}$$

따라서 주어진 신뢰도 $100(1-\alpha)\%$ 하에서 $\sigma^2$의 신뢰구간은 다음과 같이 계산 된다.

$$\begin{aligned}
& \Pr\left[\chi^2_{1-\alpha/2}(n-1) \le X^2 \le \chi^2_{\alpha/2}(n-1)\right] = 1-\alpha \\
\Leftrightarrow\ & \Pr\left[\chi^2_{1-\alpha/2}(n-1) \le \frac{(n-1)s^2}{\sigma^2} \le \chi^2_{\alpha/2}(n-1)\right] = 1-\alpha \\
\Leftrightarrow\ & \Pr\left[\frac{1}{\chi^2_{1-\alpha/2}(n-1)} \ge \frac{\sigma^2}{(n-1)s^2} \ge \frac{1}{\chi^2_{\alpha/2}(n-1)}\right] = 1-\alpha \\
\Leftrightarrow\ & \Pr\left[\frac{1}{\chi^2_{\alpha/2}(n-1)} \le \frac{\sigma^2}{(n-1)s^2} \le \frac{1}{\chi^2_{1-\alpha/2}(n-1)}\right] = 1-\alpha \\
\Leftrightarrow\ & \Pr\left[\frac{(n-1)s^2}{\chi^2_{\alpha/2}(n-1)} \le \sigma^2 \le \frac{(n-1)s^2}{\chi^2_{1-\alpha/2}(n-1)}\right] = 1-\alpha
\end{aligned}$$

**모분산** $\sigma^2$의 $100(1-\alpha)\%$ 신뢰구간

$$\left[\frac{(n-1)s^2}{\chi^2_{\alpha/2}(n-1)},\ \frac{(n-1)s^2}{\chi^2_{1-\alpha/2}(n-1)}\right]$$

제 6장에서 설명된 바와 같이 $n$이 작은 경우 카이제곱 분포는 좌우대칭 형태를 갖지 않는다. 따라서 양쪽에서 $\alpha/2$의 확률을 갖는 경우를 제외하고 구해진 신뢰구간은 최소 길이의 구간이 아닐 수 있다. 하지만 $n$이 충분히 큰 경우 카이제곱 분포의 형태는 좌우대칭과 비슷해지므로 위의 공식으로 최소 길이에 가까운 구간을 구할 수 있다. 만일 $n < 10$인 경우에는 주어진 공식을 이용한 $100(1-\alpha)\%$ 신뢰구간보다 더 짧은 구간을 찾을 수 있다. 하지만 그 차이는 크지 않다.

### 예제 7.6

안정된 프로세스에서 생산되는 스마트폰 방열판의 무게(kg)를 조사하기 위하여 $n=51$개의 방열판을 조사한 결과 $s^2 = 0.021$을 얻었다. 이 프로세스에서 생산되는 제품의 모분산에 대한 95% 신뢰구간을 구하시오.

(결과)

- $n=51,\ s^2 = 0.021$
- 신뢰도 95% ⇔ $1-\ \alpha = 0.95$ ⇔ $\alpha = 0.05$

  [부록 3]의 카이제곱 분포표로부터 다음을 계산하면,

  1) $\chi^2_{\alpha/2}(n-1) = \chi^2_{0.025}(50) = 71.4202$

  2) $\chi^2_{1-a/2}(n-1) = \chi^2_{0.975}(50) = 32.3574$

$$\therefore \quad \left[\frac{(n-1)s^2}{\chi^2_{\alpha/2}(n-1)},\ \frac{(n-1)s^2}{\chi^2_{1-\alpha/2}(n-1)}\right] = \left[\frac{50(0.021)}{71.4202},\ \frac{50(0.021)}{32.3574}\right]$$

- 구해진 95% 신뢰구간 : [ 0.0147, 0.0325 ]

■

## 7.4.2 모분산의 비

서로 다른 집단 간 모분산의 비교는 모평균의 비교를 위한 전제 조건이다. 모평균은 차이를 통해 비교하지만 모분산은 차이 대신 비Ratio를 고려한다. 따라서 모분산의 비 $\sigma_1^2/\sigma_2^2$가 상수 1이라는 것은 모분산이 서로 차이가 없음을 의미하고, 상수 1이 아니라면 그 크기와 관계없이 모분산이 서로 차이가 있음을 알 수 있다.

모분산 비의 정보는 각각 $n_1$, $n_2$개의 표본으로부터 계산되는 표본분산의 비로 구할 수 있고 표본분산의 비는 다음과 같은 표본분포를 따른다.

$$F = \frac{s_1^2/\sigma_1^2}{s_2^2/\sigma_2^2} = \frac{s_1^2\,\sigma_2^2}{s_2^2\,\sigma_1^2} \sim F(n_1-1,\, n_2-1),\ n_i, i = 1,2$$

따라서 주어진 신뢰도 $100(1-\alpha)\%$ 하에서 모분산의 비에 대한 신뢰구간은 다음과 같이 구할 수 있다.

$$\Pr\left[F_{1-\alpha/2}(n_1-1,\, n_2-1) \le F \le F_{\alpha/2}(n_1-1,\, n_2-1)\right] = 1-\alpha$$

$$\Leftrightarrow \Pr\left[F_{1-\alpha/2}(n_1-1,\, n_2-1) \le \frac{s_1^2\sigma_2^2}{s_2^2\sigma_1^2} \le F_{\alpha/2}(n_1-1,\, n_2-1)\right] = 1-\alpha$$

$$\Leftrightarrow \Pr\left[\frac{1}{F_{1-\alpha/2}(n_1-1,\, n_2-1)} \ge \frac{s_2^2\,\sigma_1^2}{s_1^2\,\sigma_2^2} \ge \frac{1}{F_{\alpha/2}(n_1-1,\, n_2-1)}\right] = 1-\alpha$$

$$\Leftrightarrow \Pr\left[\frac{1}{F_{\alpha/2}(n_1-1,\, n_2-1)} \le \frac{s_2^2}{s_1^2}\frac{\sigma_1^2}{\sigma_2^2} \le \frac{1}{F_{1-\alpha/2}(n_1-1,\, n_2-1)}\right] = 1-\alpha$$

$$\Leftrightarrow \Pr\left[\frac{s_1^2/s_2^2}{F_{\alpha/2}(n_1-1,\, n_2-1)} \le \frac{\sigma_1^2}{\sigma_2^2} \le \frac{s_1^2/s_2^2}{F_{1-\alpha/2}(n_1-1,\, n_2-1)}\right] = 1-\alpha$$

이 때, 어떤 집단을 기준으로 비를 계산하는가에 따른 통계적 결과는 동일하지만 구해신 신뢰구간은 서로 다른 값을 갖는다. 이러한 혼동을 막기 위하여 계산된 표본분산 중 큰 값을 $s_1^2$으로 지정하기도 한다. 이를 정리하면 다음과 같다.

> **모분산의 비 $\sigma_1^2/\sigma_2^2$의 $100(1-\alpha)\%$ 신뢰구간**
>
> $$\left[\frac{s_1^2/s_2^2}{F_{\alpha/2}(n_1-1,\, n_2-1)},\ \frac{s_1^2/s_2^2}{F_{1-\alpha/2}(n_1-1,\, n_2-1)}\right]$$
>
> 단, $n_i, i=1,2$는 $i$번째 집단의 데이터 수
> ($n_1$은 계산된 표본분산 중에서 큰 집단의 데이터 수)

## 예제 7.7

안정된 두 업무 활동의 처리 시간(단위 : 시간)의 변동이 동일한가를 확인하기 위하여 임의로 선택된 날짜의 업무 처리 시간을 조사하였다. 두 업무 활동의 모집단이 동일한지 신뢰도 90% 에서 확인하시오.

| | 표본 크기 $n$ | 표본분산 $s^2$ |
|---|---|---|
| 업무 A | 13 | 2.3 |
| 업무 B | 11 | 1.5 |

(결과)

- $n_1=13,\ s_1^2=2.3,\ n_2=11, s_2^2=1.5$
- 따라서 $F=\dfrac{s_1^2\,\sigma_2^2}{s_2^2\,\sigma_1^2}\ \sim\ F(13-1,\ 11-1)$
- 신뢰도 90% ⇔ $1-\alpha=0.90$ ⇔ $\alpha=0.10$

  [부록 4]의 $F$-분포표를 이용하여 다음을 계산

  $F_{0.05}(12,\,10)=2.91$

  $F_{0.95}(12,\,10)=\dfrac{1}{F_{0.05}(10,\,12)}=\dfrac{1}{2.91}\ =\ 0.36$

  $$\therefore\quad \left[\frac{s_1^2/s_2^2}{F_{\alpha/2}(n_1-1,\,n_2-1)},\ \frac{s_1^2/s_2^2}{F_{1-\alpha/2}(n_1-1,\,n_2-1)}\right]$$

$$= \left[ \frac{2.3/1.5}{2.91}, \ \frac{2.3/1.5}{0.36} \right]$$

- 구해진 90% 신뢰구간 :$[0.52, \ 4.24]$

구해진 90% 신뢰구간이 상수 1을 포함하고 있으므로 두 집단간 모분산이 서로 다르다고 할 수 없다. 실제로 표본 크기가 작은 경우 $F$-분포는 좌우 대칭이 되지 않는다. 따라서 구해진 구간의 폭이 비교적 넓다. 이는 대부분의 경우 모분산의 동일성을 지지할 가능성을 높인다. 따라서 모분산의 동일성이 실무적으로 중요한 경우에는 충분한 표본 크기를 선택하는 것이 바람직하다. ■

## 7.5 모비율과 모비율의 차이

Population Proportions and their Difference

통계적으로 비율Proportion이란 특정 속성이 전체에서 차지하는 비중을 의미한다. 따라서 실무적으로 속성의 빈도 또는 빈도의 함수 간 제약 없이 계산할 수 있는 비Ratio와는 구별되어야 한다. 예를 들어, 전체 100명 중에서 남성이 60명 그리고 여성이 40명이라면, 다음은 모두 비의 조건을 만족한다.

- $\dfrac{\text{남성의 수}}{\text{여성의 수}} = \dfrac{60}{40} = 1.5$
- $\dfrac{\text{여성의 수}}{\text{남성의 수}} = \dfrac{40}{60} = \dfrac{2}{3}$
- $\dfrac{(\text{남성의 수} - \text{여성의 수})}{(\text{남성의 수})} = \dfrac{60-40}{60} = \dfrac{1}{3}$

하지만 통계적 비율의 경우에는 항상 계산의 근거인 전체의 수를 분모에 정의하여 계산한다. 따라서 비율은 다음의 2 가지 경우에만 사용이 가능하다.

- $\dfrac{\text{남성의 수}}{\text{전체의 수}} = \dfrac{60}{100} = \dfrac{3}{5}$
- $\dfrac{\text{여성의 수}}{\text{전체의 수}} = \dfrac{40}{100} = \dfrac{2}{5}$

모비율은 모평균의 특수한 경우로 주로 범주형 데이터에서 특정 속성의 비중에 관심이 있을 때 고려하는 모수이다. 이는 제 4장에서 설명된 이항 분포의 모수이며 일반적으로 확률 계산의 번거로움을 피하기 위하여 정규 근사를 이용한다.

모비율의 $\pi$인 이항 모집단으로부터 임의 추출된 $n$개의 확률표본에서 관심의 대상이 $y$개 포함되어 있고 $n\pi > 5$, $n(1-\pi) > 5$일 때, 표본비율 $p = y/n$의 표본분포는 다음과 같이 표준 정규분포로 근사한다.

$$p \sim N\left(\pi,\ \frac{\pi(1-\pi)}{n}\right) \quad \Leftrightarrow \quad Z = \frac{p-\pi}{\sqrt{\pi(1-\pi)/n}} \sim N(0,\,1)$$

만일 통계 소프트웨어를 이용하는 경우에는 이항 분포에 근거한 정확한 구간 추정을 통하여 원하는 신뢰도하에서의 신뢰구간을 구할 수 있다.

### 7.5.1 모비율

이는 모평균에 대한 $100(1-\alpha)\%$ 신뢰구간의 도출 과정과 동일한 절차를 따르며 다음과 같이 정리할 수 있다.

> **모비율 $\pi$의 $100(1-\alpha)\%$ 신뢰구간**
>
> $np > 5,\, n(1-p) > 5$일 때
>
> $$\left[p - z_{\alpha/2}\sqrt{\frac{p(1-p)}{n}},\ p + z_{\alpha/2}\sqrt{\frac{p(1-p)}{n}}\right]$$

## 예제 7.8

신규 진출하는 인터넷 사업 마케팅 부서에 의하면 OO시에서 100가구를 임의 추출하여 조사한 결과 85 가구가 경쟁사의 서비스를 받고 있다고 한다. 이 도시 전체에서 경쟁사 서비스를 받고 있는 비율에 대한 95% 신뢰구간을 구하시오.

(결과)

- $n = 100$ 을 기준으로 구한 표본비율 $p = \dfrac{85}{100} = 0.85$

  $\min[np, n(1-p)] = 15 > 5$ 이므로 정규 근사 가능

- 신뢰도 95% ⇔ $1-\alpha = 0.95$ ⇔ $\alpha = 0.05,\ z_{\alpha/2} = z_{0.025} = 1.96$

  $$\therefore\ p \pm z_{\alpha/2}\sqrt{\frac{p(1-p)}{n}} = (0.85) \pm (1.96)\sqrt{\frac{(0.85)(0.15)}{100}}$$

- 구해진 95% 신뢰구간 : $[0.78,\ 0.92]$

구해진 결과에 의하면 경쟁사의 인터넷 보급률은 최소 78% 그리고 최대 92% 정도로 나타났다. ■

정규 근사를 이용한 모비율에 대한 구간 추정에서는 반드시 근사 조건을 확인해야 한다. 만일 표본평균 $p$가 매우 작거나 또는 고려한 표본크기 $n$이 작은 경우에는 정규 근사의 조건을 만족하지 않을 수 있다. [그림 7.7]은 가능한 표본평균 $p$와 일정한 표본크기 $n$에 대한 $np$와 $n(1-p)$를 계산한 것이다. 표본크기가 작은 경우에는 $p$ 또는 $(1-p)$가 0.5에 가까워야 하고, $p$ 또는 $(1-p)$가 0 또는 1에 가까운 경우에는 매우 큰 표본크기 $n$이 고려되어야 근사 조건을 만족하는 것을 확인할 수 있다.

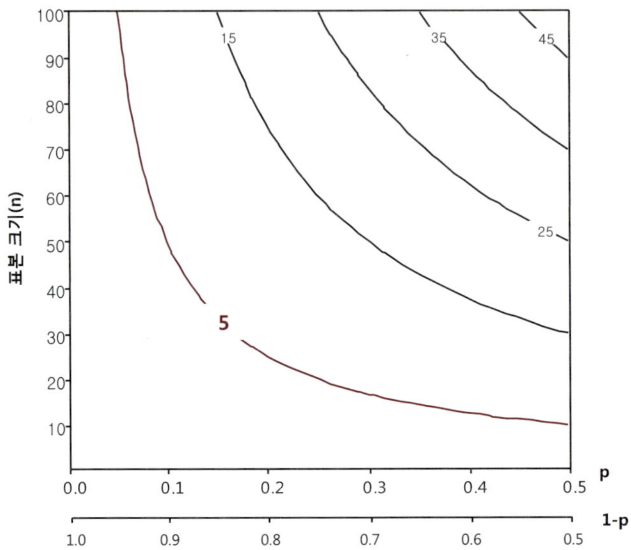


[그림 7.7] 이항분포의 정규 근사 조건 : $\min[np, n(1-p)] \leqq 5$

이번에는 주어진 신뢰도 95%하에서 표본 크기에 따른 신뢰구간을 고려해 보자.

모비율은 $0 < \pi < 1$의 범위 값을 갖는다. [그림 7.8]은 정규 근사를 만족하는 범위 내에서 가능한 표본 비율과 주어진 표본크기에 대한 95% 신뢰구간의 길이를 보여준다. $n = 11$인 경우 주어지는 신뢰구간의 길이가 거의 $0.6$ 이다. 이는 $[0,1]$의 범위를 갖는 모비율의 속할 범위가 0.1~0.7 또는 0.2~0.8이라는 것으로 어떤 의사 결정에도 의미가 없다. 또한 $n = 100$의 경우에도 $p$에 따라 신뢰구간의 길이는 약 0.1~0.2 정도로 작지 않음을 확인할 수 있다. 또한 표본크기 $n$이 대략 70~80보다 크면 구간의 길이는 크게 줄어들지 않음을 확인할 수 있다.

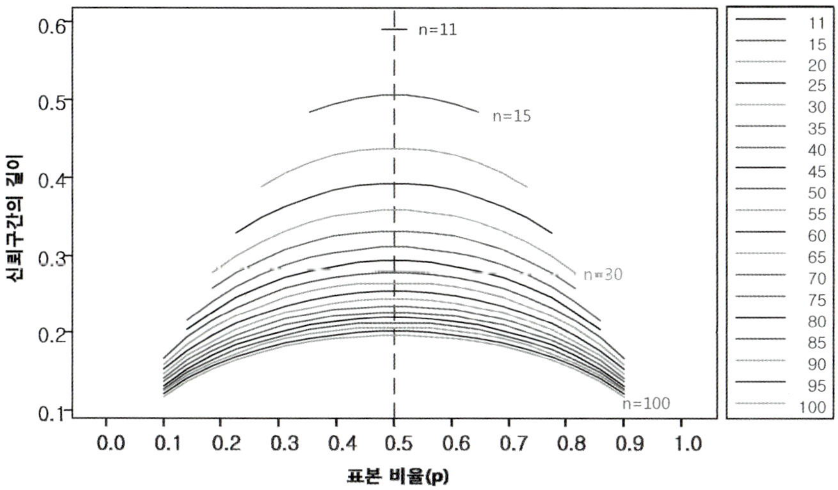


[그림 7.8] 정규 근사에 의해 구해진 95% 신뢰구간의 길이
: $\min[np, n(1-p)] \leq 5$

만일 정규 근사 조건을 만족하지 못한다면 다음과 같이 이항 분포의 상위/하위 누적확률을 이용하여 모비율에 대한 구간 추정을 할 수 있다. 단, 신뢰도를 정확하게 일치시킬 수 없는 경우에는 신뢰도보다 큰 최소 확률 값을 사용한다.

**소표본에 대한 모비율 $\pi$의 $100(1-\alpha)\%$ 신뢰구간**

$np < 5$ 또는 $n(1-p) < 5$ 일 때

다음을 동시에 만족하는 $(p_L, p_U)$

1) $\sum_{y=k}^{n} \binom{n}{y} p_L^y (1-p_L)^{n-y} = \alpha/2$

2) $\sum_{y=0}^{k} \binom{n}{y} p_U^y (1-p_U)^{n-y} = \alpha/2$

소표본에 대한 구간 추정은 반복적이인 확률 계산을 요구한다. 가능한 한 통계 소프트웨어를 사용하여 계산하는 것이 좋다.

### 7.5.2 모비율의 차이

모비율의 차이 역시 정규 근사에 의한 모평균의 차이의 추정 절차와 동일하다. 이를 정리하면 다음과 같다.

각각 모비율 $\pi_1, \pi_2$를 갖고 상호독립인 두 이항모집단으로부터 각각 $n_1$, $n_2$개의 확률표본을 추출하여 표본비율의 차이 $p_1 - p_2$를 구한다. 이때 표본분포가 $n_i p_i > 5$, $n_i(1-p_i) > 5$, $i = 1,2$의 조건을 만족하는 경우 다음과 같이 근사적으로 정규분포를 따른다.

$$(p_1 - p_2) \sim N\left(\pi_1 - \pi_2, \frac{\pi_1(1-\pi_1)}{n_1} + \frac{\pi_2(1-\pi_2)}{n_2}\right)$$

$$\Leftrightarrow \quad Z = \frac{(p_1 - p_2) - (\pi_1 - \pi_2)}{\sqrt{\dfrac{\pi_1(1-\pi_1)}{n_1} + \dfrac{\pi_2(1-\pi_2)}{n_2}}} \sim N(0, 1)$$

따라서 주어진 신뢰도 하에서 모비율의 차이 $\pi_1 - \pi_2$에 대한 신뢰구간은 다음과 같다.

**모비율의 차이 $\pi_1 - \pi_2$ 의 $100(1-\alpha)\%$ 신뢰구간**

$n_i p_i > 5$ , $n_i(1-p_i) > 5$, $i = 1,2$

$$\left[(p_1 - p_2) - z_{\alpha/2}\sqrt{\frac{p_1(1-p_1)}{n_1} + \frac{p_2(1-p_2)}{n_2}},\ (p_1 - p_2) + z_{\alpha/2}\sqrt{\frac{p_1(1-p_1)}{n_1} + \frac{p_2(1-p_2)}{n_2}}\right]$$

이 경우 역시 통계 소프트웨어를 사용한다면 이항 분포에 근거한 정확한 구간 추정을 통하여 주어진 신뢰도 하에서 신뢰구간을 구할 수 있다.

## 예제 7.9

기업 제품 광고를 대행하는 업체에서 두 종류의 잡지 중 하나의 잡지에 광고를 게재하고자 한다. 이를 위하여 두 잡지 A, B를 구독하는 가구를 임의로 선택하고 정기 구독 기간이 2년 이상된 가구를 조사하였다. 두 잡지 A와 B의 구독자들 중에서 정기 구독 기간이 2년 이상 된 비율이 동일한지 95% 신뢰도 하에서 확인하시오.

| 잡지 | 표본 크기 | 2년이상 구독하는 가구의 수 |
|---|---|---|
| A | 500 | 300 |
| B | 500 | 200 |

(결과)

- 각 잡지별 표본비율 계산
  $p_1 = \dfrac{300}{500} = 0.6, \quad p_2 = \dfrac{200}{500} = 0.4$

- 근사 조건 확인
  $n_1 p_1 = 300 > 5, n_1(1-p_1) = 200 > 5$
  $n_2 p_2 = 200 > 5, n_2(1-p_2) = 300 > 5$
  : 정규 근사 가능

- 신뢰도 95% ⇔ $1-\alpha = 0.95$이고 $\alpha = 0.05, \quad z_{\alpha/2} = z_{0.025} = 1.96$

$$\therefore (p_1 - p_2) \pm z_{\alpha/2}\sqrt{\frac{p_1(1-p_1)}{n_1} + \frac{p_2(1-p_2)}{n_2}}$$

$$= (0.6 - 0.4) \pm (1.96)\sqrt{\frac{(0.6)(0.4)}{500} + \frac{(0.4)(0.6)}{500}}$$

$$= 0.2 \pm (1.96)(0.03)$$

- 구해진 95% 신뢰구간 : $[0.14, \ 0.26]$
  구해진 결과에 의하면 잡지 A의 정기 구독률이 잡지 B에 비하여 최소 14%정도 높은 것으로 나타났다. ■

## 제 7 장 연습문제

7.1 다음 용어들을 명확히 정의하시오.

(1) 구간 추정 (2) 신뢰도

(3) 신뢰구간 (4) 중심극한정리

(5) 합동 표본분산 (6) 쌍체 표본

7.2 모분산 $\sigma^2 = 100$ 이라고 알려진 모집단으로부터 다음 크기의 표본을 추출할 때, 모평균 $\mu$에 대한 95% 신뢰구간을 구하시오.

(1) $n = 100$ (2) $n = 200$ 3) $n = 400$

7.3 [문제 7.2]에 각 경우에 대하여 90%, 99% 신뢰구간을 구해보고 신뢰도가 커짐에 따라 신뢰구간의 길이가 어떻게 달라지는지 설명하시오.

7.4 어느 보험회사가 두 병원 A, B를 이용한 환자의 연령 차이를 알고자 하여 각 병원에서 표본을 임의 추출하여 조사한 결과 다음과 같았다. 두 모집단이 대략 정규분포를 따른다고 할 때, 다음 질문에 답하시오.

| 병원 | 표본 크기 | 표본평균 | 표본분산 |
|---|---|---|---|
| A | 24 | 54.5 | 256 |
| B | 20 | 39.4 | 200 |

(1) 모분산이 동일하다고 가정할 때, 모평균 차에 대한 95% 신뢰구간을 구하시오.

(2) 모분산이 동일하지 않다고 할 때, 모분산이 동일한지에 대한 95% 신뢰구간을 구하시오.

(3) (2)의 결과를 이용하여 모평균의 차에 대한 95% 신뢰구간을 구하시오.

# 8장

# 가설 검정
## Hypothesis Testing

**S. G. Ko**

목표를 명확히 설정할 수 있다면, 시간, 비용, 노력 중에서 무언가를 줄일 수 있다.

---

### 학습 목표

- 구간 추정과 가설 검정의 차이점을 이해한다.
- 가설 검정의 원리와 유용성을 이해한다.
- 중요한 모수 또는 모수들의 함수에 대한 가설 검정 절차를 이해한다.

---

### 차례


8.1 개요

8.2 가설 검정의 원리

8.3 모평균의 차이

8.4 모분산과 모분산의 비

8.5 모비율과 모비율의 비


---

### 중요 용어

- 통계적 가설, 유의수준
  Statistical hypothesis, Significance level
- 검정력
  Power of Test

# 8.1 개요
Introduction

제 7장의 구간 추정에서는 주어진 모집단의 관심 모수에 대한 주어진 신뢰도 하에서 모수를 포함하는 신뢰 구간의 원리와 계산 방법을 알아보았다. 이를 위하여 소개한 추정량 그리고 추정량의 표본분포를 정리하면 다음 [표 8.1]과 같다.

**[표 8.1] 모집단의 중요 관심 사항에 대한 추정량과 표본분포**

| 관심 사항 | 추정량 | 추가 정보 | 표본분포 |
|---|---|---|---|
| 모평균 $\mu$ | $\overline{y}$ | 모분산 정보 있음 | 표준 정규분포 |
| | | 모집단 정보 없음 | $t$-분포 |
| 모평균의 차이 $\mu_1 - \mu_2$ | $\overline{y_1} - \overline{y_2}$ | 모분산 정보 있음 | 표준 정규분포 |
| | | 모분산 정보 없음 (등분산 가정) | $t$-분포 |
| | | 모분산 정보 없음 (이분산 가정) | 근사 $t$-분포 |
| 차이의 모평균 $\mu_D$ | $\overline{D} = \overline{y_1} - \overline{y_2}$ | 차이의 분산 정보 있음 | 표준 정규분포 |
| | | 차이의 분산 정보 없음 | $t$-분포 |
| 모분산 $\sigma^2$ | $s^2$ | * | $\chi^2$-분포 |
| 모분산의 비 $\sigma_1^2 / \sigma_2^2$ | $s_1^2 / s_2^2$ | * | $F$-분포 |
| 모비율 $\pi$ | $p$ | $np \geq 5$, $n(1-p) \geq 5$ | 근사 표준 정규분포 |
| 모비율의 차이 $\pi_1 - \pi_2$ | $p_1 - p_2$ | $n_i p_i \geq 5$, $n_i(1-p_i) \geq 5$, $i = 1,2$ | 근사 표준 정규분포 |

가설 검정Hypotheses Testing이란 구간 추정과 구별되는 통계적 방법이지만 구간 추정과 동일한 추정량과 표본분포를 사용한다. 따라서 [표 8.1]의 내용을 잘 이해한다면 가설 검정 역시 쉽게 이해할 수 있다. 구간 추정이 사회현상 또는 자연현상과 같이 실제 모수를 예상할 수 없는 경우에 주로 사용한다면, 가설 검정은 명확한 목표가 정의된 경영 활동 또는 제품의 기능 확인 등과 같이 원하는 모수의 값이 명확한 기술/공학 분야에서 많이 사용한다.

일반 연구 분야에서 가설Hypotheses이란 「관찰 가능한 명제」를 의미한다. 즉, 막연한 추측이나 상상이 아닌 실제로 현장에서 확인 가능한 명제들을 말한다. 예를 들어 「많이 배우면 잘 산다」라는 명제는 가설이 될 수 없다. '많이 배우면' 이라는 뜻이 학교 교육을 많이 받은 것인지 아니면 실제 직장에서 경험을 많이 한 것인지에 대한 객관성이 없으며 '잘 산다' 또한 경제적으로 풍요로운 것인지 시간이 많은 것인지 등을 명확히 지정할 수 없어 관찰이 불가능하기 때문이다. 하지만 이 명제를 「정규 교육 기간이 길수록 급여가 높다.」라고 바꾸면 가설이 된다. 누구나 동의할 수 있는 '정규 교육 기간'과 '급여'에 대한 객관적인 정의를 찾을 수 있고 이는 현장에서 관찰 및 조사가 가능하기 때문이다.

통계적 가설Statistical Hypotheses은 일반적인 가설보다 더욱 엄밀한 조건이 부여된다. 이는 반드시 모집단의 관심 특성을 표현한 특징으로 정의되며 표본 추출을 통해 추출에 의하여 확인될 수 있어야 한다. 통계적 가설 검정은 다음과 같이 정의된다.

> **가설 검정**
>
> (모집단의 특성에 대한)
> 어떤 주장이나 명제를 가설로 설정하고 표본 관찰을 통해 이의 기각Rejection 여부를 결정하는 통계적 방법

가설 검정의 원리를 이해하고 실무에 적용하기 위해서는 먼저 가설 검정에서 사용하는 용어의 의미를 명확히 해야 한다. 다음은 가설

검정에서 사용하는 중요 용어들이다.

> **가설 검정의 중요 용어**
>
> - 귀무 가설 vs. 대립 가설
> - 제 1종의 오류, 제 2종의 오류
> - 검정통계량
> - 기각역
> - 유의수준과 $p$-값
> - 검정력

# 8.2 가설 검정의 원리

Principles of Hypothesis Testing

가설 검정의 목적인 통계적 가설은 항상 2 가지로만 정의된다. 먼저 귀무[Null] 가설은 $H_0$로 표기하고, 기존의 알려진 사실을 구체적으로 표현한다. 만일 모수들로 정의된다면 $H_0$는 반드시 동일[Equal] 부호인 「=」을 포함해야 한다. 또한 대립[Alternative] 가설은 $H_1$ 또는 $H_A$로 표기하며 분석자가 데이터 수집을 통하여 사실임을 입증하고자 하는 사실로 정의한다.

예를 들어, 모평균 $\mu$가 일정한 값 $\mu_0 = 100$을 갖는지 여부를 확인하기 위한 통계적 가설을 표현하면 다음과 같다.

(1) $H_0 : \mu = 100 \;\; vs. \; H_1 : \mu \neq 100$

(2) $H_0 : \mu \leq 100 \;\; vs. \; H_1 : \mu > 100$

(3) $H_0 : \mu \geq 100 \;\; vs. \; H_1 : \mu < 100$

통계적 가설은 $H_1$의 형태에 따라 양측[Two-sided] 가설과 단측[One-sided] 가설로 구분한다.[8)] 즉 (1)과 같이 대립 가설의 범위가 양쪽에서 정의된 가설을 양측 가설이라고 하고, (2)와 (3)처럼 대립 가설이 한쪽 방향에서만 정의되는 경우를 단측 가설이라고 한다. 이는 실무적으로 확인하고자 하는 사항에 따라 결정되는 것으로 모집단의 모수가 커질지 작아질지 구별할 수 없다면 양측 가설로 정의하는 것이 타당하고, 모수가 더 큰 값 또는 작은 값이 되도록 일정한 활동이 진행되었다면 단측 가설로 설정함이 바람직하다.

## 예제 8.1

다음 각 경우에 대한 통계적 가설을 설정하시오.

(1) 현재까지 측정한 업무 처리 시간은 평균적으로 55분이었다. 하지만 새로운 시스템 도입으로 업무 처리 시간이 줄어들 것으로 예상된다. 임의로 선택된 업무 처리 시간을 조사하여 '시스템 도입으로 인해 업무 처리 시간이 예전보다 줄어들었다는 것'을 증명하고자 한다.

(결과) $H_0 : \mu \geq 55 \;\; vs.\; H_1 \; : \mu \; < 55$

(2) 기존까지 드럼 세탁기의 힌지(Hinge) 내구성은 평균적으로 50Kg정도 였다. 더 큰 용량의 세탁기를 개발하면서 힌지에 받는 하중이 더 높아짐을 확인하였고 기술적으로 65Kg은 되어야 한다는 판단하에 새로운 힌지를 개발하여 이를 확인하고자 한다.

(결과) $H_0 : \mu \leq 65 \;\; vs.\; H_1 \; : \mu \; > 65$

(2) 휴대폰의 발열이 고객 불만 사항으로 자주 접수된다. 그래서 개발팀은 어느 정도 발열이 나는지를 확인하고자 대상 휴대폰을 임의로 $k>0$대를 선택하여 발열량을 조사하고자 한다. 출시 전 확인된 발열량은 5분 연속 통화 기준으로 약 13(섭씨)였다.

(결과) $H_0 : \mu = 13 \;\; vs.\; H_1 \; : \mu \; \neq 13$

---

8) 실무적으로 양측 가설을 비방향[Non-directional] 가설, 단측 가설을 방향[Directional] 가설이라고도 한다.

분석자는 표본 관찰을 통하여 정의된 통계적 가설의 $H_0$ 기각 여부를 결정한다. 이 때 사용되는 통계량을 검정 통계량Test Statistic이라고 하고, 검정 통계량은 항상 $H_0$ 하에서 계산되며 고려하는 모수 또는 모수들의 함수에 대한 추정량의 표본분포 값으로 정의된다.

검정 통계량은 모집단의 일부인 표본으로부터 계산되므로 이를 근거로한 판단 오류가 발생할 수 있다. 그 가능성을 정리해 보면 [표 8.2]와 같다.

**[표 8.2] 가능한 의사결정의 오류**

( )은 확률

| 통계적 결정 | 실제 사실 | |
|---|---|---|
| | $H_0$ 사실 | $H_0$ 거짓 |
| $H_0$ 기각 | 제 I 종의 오류 ($\alpha$) | 옳은 결정($1-\beta$) |
| $H_0$ 기각 못함 | 옳은 결정($1-\alpha$) | 제 II 종의 오류($\beta$) |

가능한 두 가지 오류 중에서 $H_0$가 사실일 때 $H_0$를 기각하는 경우를 제 I 종의 오류Type I Error라고 한다. 또한 $H_0$가 사실이 아닐 때 $H_0$를 기각하지 못하는 경우를 제 II 종의 오류Type II Error라고 한다.

또한 기존의 사실을 표현하는 $H_0$를 잘못 기각하는 오류의 허용한계를 유의수준Significant Level이라고 한다.

> **유의수준**
> 제 I 종의 오류를 범할 확률의 허용한계
> 분석자에 의하여 사전에 정의되며, 일반적으로 0.01, 0.05, 0.1을 사용한다.
> 특별한 언급이 없는 경우 0.05를 가정한다.

유의수준은 데이터로부터 계산되는 확률값이 아니라 분석자에 의하여 사전에 지정되는 허용한계이며, 이는 $H_0$의 기각 여부를 결정하는 기준이 된다. 다음의 [그림 8.1]을 고려해 보자.

$$H_0 : \mu \leq 100 \ \ vs. \ H_1 : \mu > 100$$

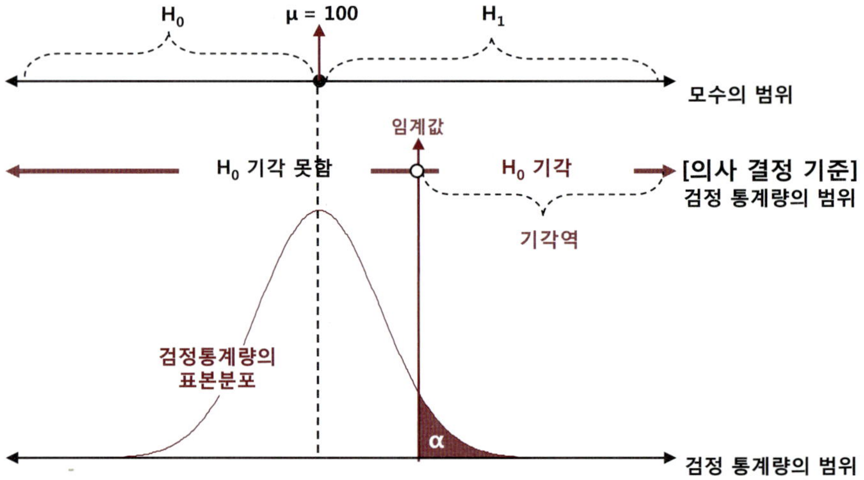


[그림 8.1] 유의수준($\alpha$)과 의사 결정 기준

표본을 통하여 얻을 수 있는 모수 $\mu$에 대한 정보는 표본 평균 $\bar{y}$이다. 또한 $\bar{y}$의 표본분포는 표본 크기 $n$에 따라 $t$-분포 또는 표준 정규분포로 정의된다. 여기서는 간단한 설명을 위하여 표준 정규분포를 가정하기로 한다.

$$\frac{\bar{y} - \mu}{\sigma / \sqrt{n}} \sim N(0, 1)$$

위의 표본분포를 이용하여 $H_0$하에서 검정 통계량을 계산한다. 이때 $H_0$: $\mu \leq 100$로 주어진 $\mu$의 범위 중에서 $H_1$영역에 가장 가까운 $\mu = 100$을 가정하고 계산한다. 따라서 $H_0 : \mu \leq 100$과 $H_0 : \mu = 100$은 통계적으로 동일한 결과를 제공한다.

$H_0$하에서 계산된 검정 통계량은 다음과 같다.

$$\text{검정통계량} = \frac{\bar{y} - 100}{\sigma / \sqrt{n}}$$

계산된 검정통계량은 표본평균 $\bar{y}$의 표준화된 표본분포가 정의되는 범위에서 그 값을 된다. 또한 주어진 표본분포의 범위 중 $H_0$를 기각하는 확률이 유의수준을 만족하도록 결정된 값을 임계값Critical Value 이라고 부른다. 임계값을 기준으로 검정 통계량이 가질 수 있는 가능한 전체 범위를 $\{H_0 \text{ 기각}\}$의 영역인 기각역Rejection Region 그리고 $\{H_0 \text{ 기각하지 못함}\}$의 나머지 영역으로 구분한다.

표본으로부터 계산된 검정통계량 값이 $\{H_0 \text{ 기각하지 못함}\}$영역에 속하면 「$H_0$를 기각하지 못함」 또는 $\{H_0 \text{ 기각}\}$인 기각역에 속하면 「$H_0$ 기각」으로 판단하는 것이 가설 검정의 절차이다.

통계 소프트웨어를 사용하는 경우 기각역을 제시하기 보다는 유의확률Significant Probability이라고 부르는 $p$-값p-value을 제공한다.

> **$p$-값과 의사결정**
> $H_0$ 하에서 $H_0$를 기각할 최소의 유의수준
> * 만일 $p$-값 $<$ 유의수준$(\alpha)$ 이면, $H_0$를 기각

$p$-값은 분석자에 의하여 결정되는 유의수준이 바뀔 때마다 매번 기각역을 새롭게 계산해야 하는 번거로움을 덜어준다. 기각역이 검정통계량의 범위에서 정의된다면 $p$-값은 검정통계량의 표본분포 상위 그리고/또는 하위 누적확률로 정의된다는 점만 다를 뿐 의사 결정의 결과는 항상 동일하다. 다음 [그림 8.2]를 통하여 $p$-값의 의미를 확인해 보도록 하자.

표본으로부터 계산된 검정 통계량 값을 이용하여 $H_0$ 하에서 $H_0$를 기각할 확률을 구한 것이 $p$-값이다. 만일 분석자가 유의수준을 (A)와 같이 결정하였다면 주어진 $p$-값에 해당하는 검정통계량 값은 기각역에 속하게 된다. 그러므로 $H_0$를 기각하게 되지만 유의 수준을

(B)와 같이 결정하였다면 $p$-값에 해당하는 검정통계량 값이 기각역에 속하지 않으므로 $H_0$를 기각하지 못한다.

만일 [그림 8.2]에서 유의수준 (A)를 (B)의 방향으로 점점 줄여간다면, 정확히 $p$-값을 계산한 검정통계량 값보다 크게 되는 순간에 $H_0$를 기각하지 못하게 됨을 확인할 수 있다.

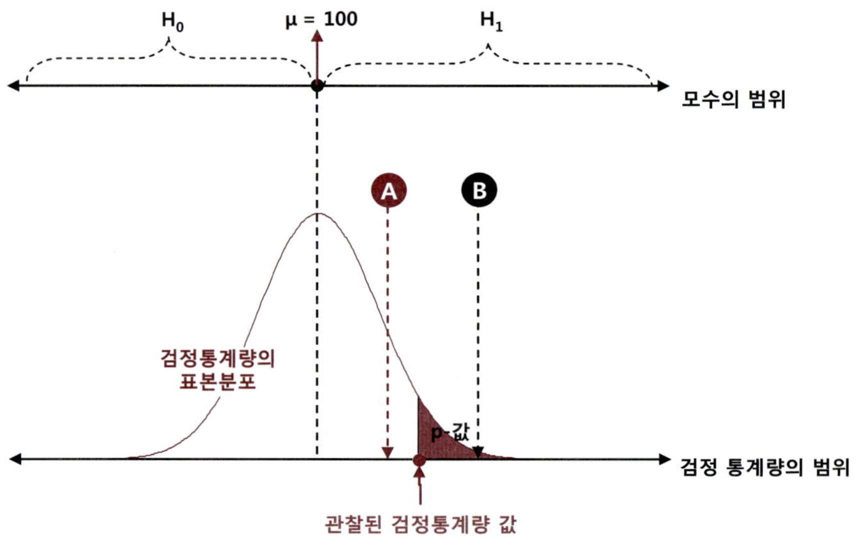


[그림 8.2] 유의수준과 $p$-값에 의한 의사결정

지금까지 제 I 종의 오류에 기초한 유의수준과 $p$-값에 대하여 설명하였다. 가설 검정이 항상 두 개의 가설로 정의되는 만큼 제 II 종의 오류 또한 고려해야 한다. 다음 [그림 8.3]은 $H_1 : \mu > 100$의 범위 중에서 선택한 하나의 값 $\mu = 150$에서 계산된 제 II 종의 오류 $\beta$를 나타낸다. 이때 $\beta$는 다음과 같이 정의된다.

$$\beta = \Pr(H_0 \text{ 기각 못함} \mid H_0 \text{ 거짓})$$

즉, 제 II 종의 오류는 분석자가 확인하고자 하는 「$H_0$가 사실이 아님」인데도 $H_1$을 지지하지 못하는 오류의 확률을 말한다. 이는 $H_1$ 하에서 정의된 모든 모수의 값에서 계산될 수 있으며 그 값이 $H_0$에서 정의되는 값 또는 범위에 가까워질수록 더 큰 값을 갖는다.

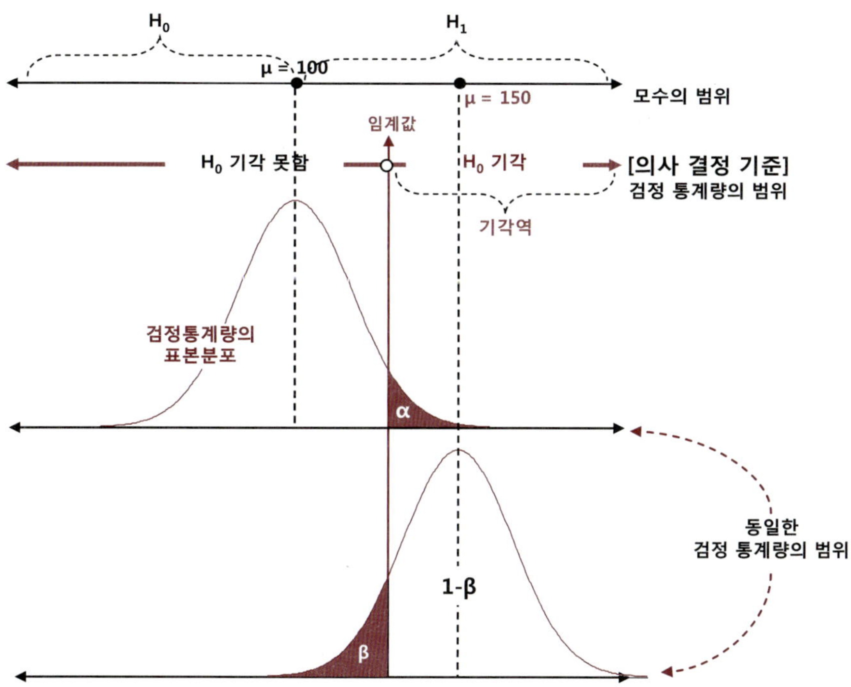


[그림 8.3] 유의수준 $\alpha$와 제 II 종의 오류 $\beta$

의사결정의 오류는 바람직하지 않다. 따라서 제 I 종 그리고 제 II 종의 오류 모두 적게 발생하는 것이 좋다. 하지만 [그림 8.3]에서 확인할 수 있듯이 $\alpha$를 줄이고자 하면 $\beta$가 커지고 그 역도 역시 성립한다. 즉, 주어진 가설과 표본 크기 $n$ 하에서 $\alpha$ 와 $\beta$ 를 동시에 줄일 수 없다.

분석자가 결정하는 유의 수준 $\alpha$는 대립 가설의 형태와 표본 크기에 상관없이 항상 그 값을 보장받는다. 하지만 $\beta$의 경우에는 대립 가설의 형태와 표본 크기에 영향을 받는다. 특히 표본크기는 검정통계량의 표본분포를 결정하는 자유도와 표준오차에 영향을 주어 $\beta$의 크기 또한 영향을 받는다. 따라서 올바른 의사 결정을 위해서는 $\beta$값이 충분히 작아지도록 표본크기를 결정할 수 있어야 한다. $H_1$의 범위에 속하는 하나의 모수 값에서 계산된 $1-\beta$를 **검정력**Power of Test 이라고 하고, $H_1$에서 정의되는 모든 가능한 모수의 값에서 계산된 $1-\beta$들의 함수를 **검정력 곡선**Power Curve 이라고 한다.

> **검정력**
> - $H_0$가 사실이 아닐 때 $H_0$를 기각할 확률, $1-\beta$

다음 [그림 8.4]는 단측 검정에서 검정력이 어떻게 계산되는지에 대해 보여 준다. $H_1$에서 정의되는 모수의 값이 $H_0$의 값에 가까워질수록 검정력 $1-\beta$가 작아지는 것을 확인할 수 있다.

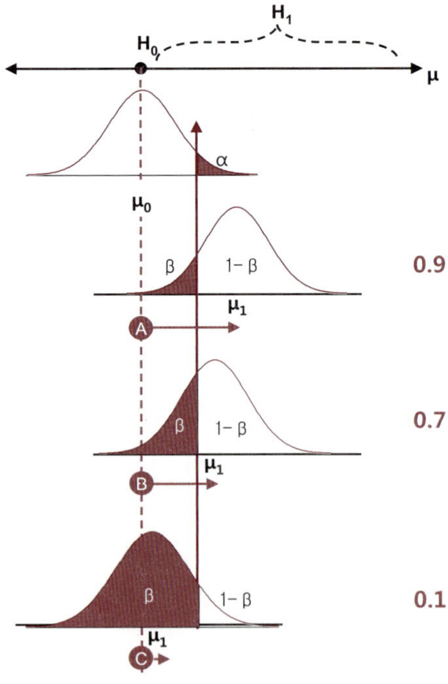


[그림 8.4] $H_1$의 여러 가지 값에 대한 검정력 곡선

검정력은 검정통계량의 표본분포에 의하여 결정된다. 따라서 동일한 대립 가설이라고 하더라도 표본 크기에 따라 검정력은 달라진다. 다음 [그림 8.5]는 [그림 8.4]와 같은 단측 가설 하에서 표본 크기의 증가에 따른 검정력 곡선을 보여준다. 표본 크기가 클수록 높은 검정력 하에서 더 작은 차이까지 확인할 수 있다.

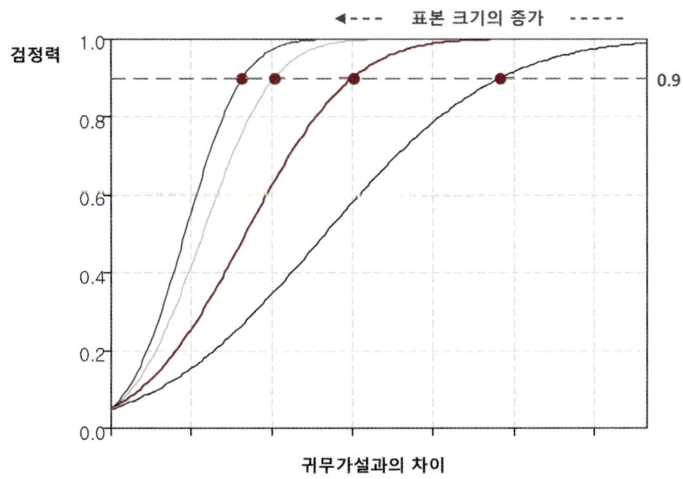


[그림 8.5] 표본 크기에 따른 검정력 곡선의 변화

유의수준은 귀무가설 하에서 정의되며 각 분야 별로 정해진 값(예 : 0.05)을 사용한다. 이는 모든 가설 검정 절차에서 표본 크기와 상관없이 항상 그 값을 보장받는다. 하지만 일반적으로 분석자의 관심은 대립 가설이 사실일 때 이를 표본 추출을 통하여 입증하고자 하는 것이므로, 대립 가설에 대한 올바른 판단 정도라고 해석할 수 있는 검정력 역시 함께 고려되어야 한다.

일반적으로 가설 검정의 검정력은 0.9이상을 지정한다. 하지만 표본 크기를 구하기 어려운 임상 실험이나 첨단 상품의 시제품 개발 등의 분야에서는 0.8정도까지 낮추어 고려하기도 한다. 이러한 검정력은 통계적으로 적절한 표본 크기를 결정하는데 중요한 역할을 하는데 이에 관해서는 제 9 장에서 다루기로 한다.

다음 절에서는 제 7 장에서 고려된 다양한 실무적 관심 사항에 대한 가설 검정에서 고려해야 할 사항이다.

**가설 검정에서 고려할 사항**

1) 통계적 가설
2) 검정통계량과 검정통계량의 표본분포
3) 의사결정 방법 : 기각역 또는 $p$-값

# 8.3 모평균의 차이

Difference of Population Means

모평균의 차이에 대한 구간 추정을 설명한 7.2절에서는 데이터의 수집 상황을 상호독립 집단과 쌍체 집단으로 구분하였다. 이 절에서는 이에 대한 가설 검정 절차를 알아보기로 한다.

## 8.3.1 상호독립 집단

서로 독립인 두 모집단으로부터 얻은 확률표본을 각각 다음과 같다고 하자.

$$y_{11}, y_{12}, \cdots, y_{1n_1} \sim iid\, N(\mu_1, \sigma_1^2)$$[9]

$$y_{21}, y_{22}, \cdots, y_{2n_2} \sim iid\, N(\mu_2, \sigma_2^2)$$

이때 모평균의 차이에 대한 추정량과 표본분포는 다음과 같다.

---

9) iid 란 independently identically distributed의 약자로 확률표본을 의미한다.

| 관심 사항 | 추정량 | 추가 정보 | 표본분포 |
|---|---|---|---|
| 모평균의 차이 $\mu_1 - \mu_2$ | $\overline{y_1} - \overline{y_2}$ | 모분산 정보 있음 | 표준 정규분포 |
| | | 모분산 정보 없음 (등분산 가정) | $t$-분포 |
| | | 모분산 정보 없음 (이분산 가정) | 근사 $t$-분포 |

이러한 상호 독립 집단의 모평균 차이에 대한 가능한 통계적 가설은 다음과 같다.

### 통계적 가설

두 평균의 차에 대한 가설은 기준값 $\Delta_0$에 대해 다음과 같이 3 종류로 표현할 수 있다.

| 귀무가설 | 대립가설 |
|---|---|
| $H_0 : \mu_1 - \mu_2 = \Delta_0$ | (1) $H_1 : \mu_1 - \mu_2 > \Delta_0$<br>(2) $H_1 : \mu_1 - \mu_2 < \Delta_0$<br>(3) $H_1 : \mu_1 - \mu_2 \neq \Delta_0$ |

**(1)** 두 분산이 모두 알려져 있는 경우

**검정통계량과 검정통계량의 분포 :**

$$Z_{\Delta} = \frac{(\overline{y_1} - \overline{y_2}) - \Delta_0}{\sqrt{\frac{\sigma_1^2}{n_1} + \frac{\sigma_2^2}{n_2}}} \sim N(0,1)$$

,여기서 $\Delta_0$는 알고자 하는 차이

**의사결정 기준**

| 대립가설 | 기각역 | $p$-값 |
|---|---|---|
| (1) $H_1 : \mu_1 - \mu_2 > \Delta_0$ | $\{Z_\Delta > z_\alpha\}$ | $\Pr(Z > z_0)$* |
| (2) $H_1 : \mu_1 - \mu_2 < \Delta_0$ | $\{Z_\Delta < -z_\alpha\}$ | $\Pr(Z < z_0)$ |
| (3) $H_1 : \mu_1 - \mu_2 \neq \Delta_0$ | $\{\lvert Z_\Delta \rvert > z_{\alpha/2}\}$ | $\begin{cases} 2 \cdot \Pr(Z > z_0) & \text{if } z_0 > 0 \\ 2 \cdot \Pr(Z < z_0) & \text{if } z_0 < 0 \end{cases}$ |

* $z_0$는 $H_0$ 하에서 데이터로부터 계산된 검정통계량의 값

고려된 확률변수들이 정규분포를 따르지 않는 경우라도 표본의 크기 $n_1$과 $n_2$가 충분히 크다면 중심극한정리에 의하여 정규분포를 가정할 수 있다. 따라서 위에서 정의된 동일한 기각역과 $p$-값을 통해 검정하게 되지만 그 결과는 근사적으로 해석 한다.

## 예제 8.2

두 기업 A, B에서 가공하는 동일 제품에 대한 실제 평균 무게의 차를 추정하기 위해 다음과 같은 중간조사 결과를 얻었다. 두 기업 A, B에서 생산되는 제품의 실제 평균 무게의 차이가 있는지 여부에 대한 가설 검정을 실시하시오. 단, 유의 수준은 0.05로 가정하고, 두 기업의 가공 프로세스는 안정되어 있으므로 관심 특성인 제품의 무게는 정규분포를 따른다고 가정한다.

| 기업 | 표본크기 $n$ | 표본평균 $\bar{y}$ | 모분산 $\sigma^2$ |
|---|---|---|---|
| A | 36 | 22g | 10 $g^2$ |
| B | 49 | 20g | 10 $g^2$ |

(결과)

**통계적 가설**

$H_0 : \mu_1 - \mu_2 = 0$ vs. $H_1 : \mu_1 - \mu_2 \neq 0$

데이터로부터 계산된 검정통계량의 값

$$z_0 = \frac{(22-20)-0}{\sqrt{\frac{10}{36}+\frac{10}{49}}} = 2.88$$

**의사결정**

유의수준 0.05 ⇔ [부록 I]을 이용 $z_{0.025} = 1.96$

- 기각역 : $[-\infty, -1.96] \cup [1.96, \infty]$
- $p$-값 = 2(0.00198) ≒ 0.004[10)]

기각역이 $z_0$값을 포함하고 있으며 $p$-값 < 0.05이므로 $H_0$를 기각한다. 즉, 두 모평균의 차이는 상수 0 이라고 할 수 없다.

■

[예제 7.2]의 구간 추정 결과에서 95% 신뢰구간은 [0.64, 3.36]으로 두 모평균의 차이가 상수 0이 아니라고 판단하였다. 이와 같이 모평균의 차이에 대해서는 구간 추정과 가설 검정의 결과는 동일하다. 구간 추정의 결과는 실제 관심 모수 또는 모수의 함수에 대한 범위를 제공하므로 실무적 해석이 가능한 반면 가설 검정에서는 분석자가 지정한 $H_0$의 기각 여부만 확인할 수 있다.

만일 두 모분산에 대한 정보가 알려져 있지 않다면, 모분산의 동일성 여부를 통계적으로 판단한 후 다음과 같은 절차를 통해 가설 검정을 할 수 있다. 단, 각 모분산의 추정량은 반드시 불편성을 만족하는 다음의 표본분산을 사용한다.

$$s_1^2 = \frac{1}{n_1-1}\sum_{i=1}^{n_1}(y_{1i}-\overline{y_1})^2,\ \ s_2^2 = \frac{1}{n_2-1}\sum_{i=1}^{n_2}(y_{2i}-\overline{y_2})^2$$

10) $p$-값은 통계 소프트웨어를 이용하여 계산하였다.

**(2)** 두 분산이 알려져 있지 않고 등분산인 경우

**검정통계량과 검정통계량의 분포 :**

$$T_{\Delta} = \frac{(\overline{y_1} - \overline{y_2}) - \Delta_0}{s_p \sqrt{\frac{1}{n_1} + \frac{1}{n_2}}} \sim t(\nu)$$

여기서, $\nu = n_1 + n_2 - 2$,

$$s_p^2 = \frac{(n_1 - 1)s_1^2 + (n_2 - 1)s_2^2}{n_1 + n_2 - 2},$$

$\Delta_0$는 알고자하는 차이

**의사결정 기준**

| 대립가설 | 기각역 | $p$-값 |
|---|---|---|
| (1) $H_1 : \mu_1 - \mu_2 > \Delta_0$ | $\{T_{\Delta} > t_{\alpha}(\nu)\}$ | $\Pr(t(\nu) > t_0)$ |
| (2) $H_1 : \mu_1 - \mu_2 < \Delta_0$ | $\{T_{\Delta} < -t_{\alpha}(\nu)\}$ | $\Pr(t(\nu) < t_0)$ |
| (3) $H_1 : \mu_1 - \mu_2 \neq \Delta_0$ | $\{\lvert T_{\Delta}\rvert > t_{\alpha/2}(\nu)\}$ | $\begin{cases} 2 \cdot \Pr(t(\nu) > t_0) \text{ if } t_0 > 0 \\ 2 \cdot \Pr(t(\nu) < t_0) \text{ if } t_0 < 0 \end{cases}$ |

두 표본의 크기 $n_1$과 $n_2$가 크면 자유도 $\nu = n_1 + n_2 - 2$인 $t$-분포의 분위수 $t_{\alpha}(\nu)$, $t_{\alpha/2}(\nu)$는 각각 표준 정규분포의 분위수 $z_{\alpha}$, $z_{\alpha/2}$와 거의 같아지므로 표준 정규분포의 분위수를 사용한다.

## 예제 8.3

안정적으로 운영되는 2 종류의 프로세스 A, B로부터 관심 특성을 측정하기 위하여 임의로 선택된 $n_1 = 12$, $n_2 = 8$의 데이터는 다음과 같다.

| | | | | | | | | |
|---|---|---|---|---|---|---|---|---|
| A | | 63.9 | 54.1 | 53.1 | 53.4 | 63.3 | 52.2 | |
| | | 63.5 | 63.5 | 54.5 | 55.4 | 52.3 | 55.0 | |
| B | 53.7 | 56.5 | 46.7 | 65.9 | 55.7 | 56.6 | 56.6 | 48.0 |

A업무의 모평균이 B업무의 모평균보다 큰 값을 갖는지에 대해 확인하고자 한다. 유의수준 0.05 하에서 가설 검정을 실시하시오. (단, 모분산은 알려져 있지 않고 통계적 방법으로 동일함을 확인하였다.)

(결과)

**통계적 가설**

$H_0 : \mu_1 - \mu_2 = 0$ vs. $H_1 : \mu_1 - \mu_2 > 0$

주어진 데이터를 이용하여 필요한 추정량 계산

$\overline{y_1} = 57.02$, $\overline{y_2} = 54.96$, $s_1^2 = 24.21$, $s_2^2 = 35.16$ 그리고

$$s_p = \sqrt{\frac{11(24.21) + 7(35.16)}{12 + 8 - 2}} = \sqrt{28.468} = 5.336$$

계산된 추정량을 이용하여 $H_0$ 하에서 검정통계량 값을 계산하면

$$T_0 = \frac{(\overline{y_1} - \overline{y_2}) - 0}{s_p\sqrt{\frac{1}{n_1} + \frac{1}{n_2}}} = \frac{57.02 - 54.96}{5.336\sqrt{\frac{1}{12} + \frac{1}{8}}} = 0.84$$

**의사결정**

유의수준 0.05 ⇔ [부록 II]을 이용 ⇔ $t_{0.05}(18) = 2.1$

- 기각역 : $[2.1, \infty]$

기각역이 $z_0$값을 포함하고 있지 않으므로 $H_0$를 기각하지 못한다.

$p$ 값 = 0.216

$p$-값 > 0.05이므로 $H_0$를 기각하지 못한다.

∴ 즉, A의 모평균이 B의 모평균보다 크다고 할 수 없다. ■

**(3)** 두 분산이 알려져 있지 않고 등분산이 아닌 경우

**검정통계량과 검정통계량의 분포 :**

$$T_{\Delta} = \frac{(\overline{y_1} - \overline{y_2}) - \Delta_0}{\sqrt{\dfrac{s_1^2}{n_1} + \dfrac{s_2^2}{n_2}}} \sim t(\nu^*)$$

여기서, $\Delta_0$는 알고자하는 차이

$$\nu^* = \left[ \frac{(s_1^2/n_1 + s_2^2/n_2)^2}{\dfrac{(s_1^2/n_1)^2}{n_1 - 1} + \dfrac{(s_2^2/n_2)^2}{n_2 - 1}} \right]$$

$[a]$는 $a$를 넘지 않는 최대 정수

**의사결정 기준**

| 대립 가설 | 기각역 | $p$-값 |
|---|---|---|
| (1) $H_1 : \mu_1 - \mu_2 > \Delta_0$ | $\{T_{\Delta} > t_{\alpha}(\nu^*)\}$ | $\Pr(t(\nu^*) > t_0)$ |
| (2) $H_1 : \mu_1 - \mu_2 < \Delta_0$ | $\{T_{\Delta} < -t_{\alpha}(\nu^*)\}$ | $\Pr(t(\nu^*) < t_0)$ |
| (3) $H_1 : \mu_1 - \mu_2 \neq \Delta_0$ | $\{\|T_{\Delta}\| > t_{\alpha/2}(\nu^*)\}$ | $\begin{cases} 2 \cdot \Pr(t(\nu^*) > t_0) & \text{if } t_0 > 0 \\ 2 \cdot \Pr(t(\nu^*) < t_0) & \text{if } t_0 < 0 \end{cases}$ |

이 경우에도 두 표본의 크기 $n_1$과 $n_2$가 크면 자유도 $\nu^*$인 $t$-분포의 분위수 $t_{\alpha}(\nu^*)$, $t_{\alpha/2}(\nu^*)$는 각각 표준 정규분포의 분위수 $z_{\alpha}$, $z_{\alpha/2}$와 거의 같아지므로 표준 정규분포의 분위수를 사용한다.

## 예제 8.4

안정적으로 운영되는 2 종류의 프로세스 A, B로부터 관심 특성을 측정하기 위하여 임의로 선택된 $n_1 = 10$, $n_2 = 8$의 데이터는 다음과 같다.

| A | 200.5 214.0 171.5 173.7 174.0 201.6 176.6 178.0 155.8 206.2 |
|---|---|
| B | 181.6 183.6 182.4 191.1 177.5 178.2 180.1 182.7 |

A업무의 모평균이 B업무의 모평균보다 2 이상 큰 값을 갖는지를 확인하고자 한다. 유의수준 0.05하에서 가설 검정하시오. 단, 모분산은 알려져 있지 않고 통계적 방법으로 동일하지 않은 것으로 판단되었다.

(결과)

**통계적 가설**

$H_0 : \mu_1 - \mu_2 = 2$ vs $H_1 : \mu_1 - \mu_2 > 2$

주어진 데이터를 이용하여 필요한 추정량 계산

$\Delta_0 = 2,\ \overline{y_1} = 185.19,\ \overline{y_2} = 182.15,\ s_1^2 = 356.45,\ s_2^2 = 17.72$

계산된 추정량을 이용하여 $H_0$하에서 검정통계량 값과 근사 자유도 $\nu^*$ 계산

$$T_0 = \frac{(\overline{y_1} - \overline{y_2}) - \Delta_0}{\sqrt{\frac{s_1^2}{n_1} + \frac{s_2^2}{n_2}}} = \frac{(185.19 - 182.15) - 2}{\sqrt{\frac{356.45}{10} + \frac{17.72}{8}}} = 0.17$$

$\nu^* = [10.15] = 10$

**의사 결정**

유의 수준 0.05 ⇔ [부록 II]을 이용 ⇔ $t_{0.05}(10) = 1.812$

- 기각역 : $[\,1.812, \infty\,]$

  기각역이 $T_0$값을 포함하고 있지 않으므로 $H_0$를 기각하지 못한다.

- $p$-값 = 0.435

  $p$-값 > 0.05이므로 $H_0$를 기각하지 못한다.

즉, A업무가 B업무의 모평균보다 2이상 큰 값을 갖는다고 할 수 없다. ■

### 8.3.2 쌍체 집단

고려하는 집단 내의 동일한 대상을 반복적으로 2 번 측정된 데이터는 다음과 같이 표현한다. 여기서 $y_{1i}$는 $i$번째 대상의 첫 번째 측정값 그리고 $y_{2i}$는 $i$번째 대상의 두 번째 측정값을 말한다.

$$(y_{11}, y_{21}), (y_{12}, y_{22}), \ldots, (y_{1n}, y_{2n})$$

이때 각 대상의 차이를 $D_i = y_{1i} - y_{2i},\ i = 1, 2, \ldots, n$로 계산하면 이는 다음과 같이 표현할 수 있다.

$$D_1, D_2, \cdots, D_n \sim iid\, N(\mu_D, \sigma_D^2)$$

이때 차이의 모평균에 대한 추정량과 표본분포는 다음과 같다. 또한 고려한 차이의 모평균에 대한 통계적 가설은 다음과 같다.

| 관심 사항 | 추정량 | 추가 정보 | 표본분포 |
|---|---|---|---|
| 차이의 모평균 $\mu_D$ | $\overline{D} = \overline{y_1} - \overline{y_2}$ | 차이의 분산 정보 있음 | 표준 정규분포 |
| | | 차이의 분산 정보 없음 | $t$-분포 |

**통계적 가설**

차이에 대한 모평균의 가설은 기준값 $\Delta_0$에 대해 다음과 같이 3종류로 표현할 수 있다.

| 귀무가설 | 대립가설 |
|---|---|
| $H_0 : \mu_D = \Delta_0$ | (1) $H_1 : \mu_D > \Delta_0$<br>(2) $H_1 : \mu_D < \Delta_0$<br>(3) $H_1 : \mu_D \neq \Delta_0$ |

**검정통계량과 검정통계량의 분포**

- $\sigma_D^2$를 알고 있는 경우

$$Z_\Delta = \frac{(\overline{y_1} - \overline{y_2}) - \Delta_0}{\sqrt{\frac{\sigma_D^2}{n}}} \sim N(0,1)$$

,여기서, $\Delta_0$는 알고자 하는 차이

- $\sigma_D^2$를 모르는 경우

$$T_\Delta = \frac{(\overline{y_1} - \overline{y_2}) - \Delta_0}{\sqrt{\frac{s_D^2}{n}}} \sim t(n-1)$$

,여기서, $\Delta_0$는 알고자 하는 차이

**의사결정 기준**

| 대립 가설 | 기각역 | $p$-값 |
|---|---|---|
| (1) $H_1 : \mu_D > \Delta_0$ | $\{Z_\Delta > z_\alpha\}$ | $\Pr(Z > z_0)$ |
| (2) $H_1 : \mu_D < \Delta_0$ | $\{Z_\Delta < -z_\alpha\}$ | $\Pr(Z < z_0)$ |
| (3) $H_1 : \mu_D \neq \Delta_0$ | $\{\lvert Z_\Delta \rvert > z_{\alpha/2}\}$ | $\begin{cases} 2 \cdot \Pr(Z > z_0) & \text{if } z_0 > 0 \\ 2 \cdot \Pr(Z < z_0) & \text{if } z_0 < 0 \end{cases}$ |

고려된 차이에 대한 확률변수가 정규분포를 따르지 않는 경우라도 차이를 계산한 표본 크기 $n$이 충분히 크다면 중심극한정리에 의해 정규분포를 가정할 수 있다. 따라서 동일한 기각역과 유의 확률을 통해 검정하게 되지만 그 결과는 근사적 검정결과로 해석해야 한다.

## 예제 8.5

소프트웨어 검증을 위한 새로운 시스템 도입을 결정하기 위하여 5명의 숙련된 검증원에게 기존 시스템과 새로운 시스템을 이용하여 동일한 프로그램을 검증하게 했다. 그 결과 측정된 검증 완료 시간은 다음과 같다.

(단위 : 시간)

| 시스템 | 소프트웨어 검증원 | | | | |
|---|---|---|---|---|---|
| | A | B | C | D | E |
| Old | 168 | 195 | 183 | 169 | 155 |
| New | 160 | 197 | 180 | 163 | 150 |

새로운(New) 시스템이 기존(Old) 시스템보다 평균적으로 3 시간 이상 줄일 수 있다고 할 수 있는지 유의수준 0.05 하에서 가설검정을 시행하시오. (단, 차이에 대한 모분산은 알려져 있지 않다.)

(결과)

**통계적 가설**

$H_0 : \mu_D = 3$ vs. $H_1 : \mu_D > 3$

주어진 데이터를 이용하여 필요한 추정량 계산.

$\Delta_0 = 3, \ \overline{D} = 4, \ s_D^2 = 14.5$

계산된 추정량을 이용하여 $H_0$ 하에서 검정통계량 값과 자유도를 계산.

$$T_0 = \frac{4-3}{\sqrt{\frac{14.5}{5}}} = 0.587$$

**의사결정**

유의수준 0.05 ⇔ [부록 II]을 이용 ⇔ $t_{0.05}(4) = 2.13$

- 기각역 : $[2.13, \infty]$
  기각역이 $T_0$값을 포함하고 있지 않으므로 $H_0$를 기각하지 못한다.
- $p$-값 = 0.294
  $p$-값 > 0.05이므로 $H_0$를 기각하지 못한다.

∴ 즉, 새로운 시스템이 기존 시스템 보다 평균적으로 3시간 이상 줄일 수 있다고 할 수 없다. ■

# 8.4 모분산과 모분산의 비

Population Variance and Ratio of Population Variances

모분산과 모분산의 비에 대한 가설 검정 역시 다음과 같이 구간 추정과 동일한 추정량과 표본분포를 이용한다.

| 관심 사항 | 추정량 | 표본분포 |
|---|---|---|
| 모분산 $\sigma^2$ | $s^2$ | $\chi^2$-분포 |
| 모분산의 비 $\sigma_1^2 / \sigma_2^2$ | $s_1^2 / s_2^2$ | $F$-분포 |

## 8.4.1 모분산

정규모집단 $N(\mu, \sigma^2)$에서 추출한 표본 크기 $n$인 확률표본 $y_1, y_2, \cdots, y_n$의 표본분산을 $s^2 = \frac{1}{n-1}\sum_{i=1}^{n}(y_i - \bar{y})^2$으로 정의하면 모분산의 기준값 $\sigma_0^2$에 대하여 다음 3 종류의 가설이 가능하다.

**통계적 가설**

| 귀무 가설 | 대립 가설 |
|---|---|
| $H_0 : \sigma^2 = \sigma_0^2$ | (1) $H_1 : \sigma^2 > \sigma_0^2$<br>(2) $H_1 : \sigma^2 < \sigma_0^2$<br>(3) $H_1 : \sigma^2 \neq \sigma_0^2$ |

**검정통계량과 검정통계량의 분포**

$$\chi_T^2 = \frac{(n-1)s^2}{\sigma_0^2} \sim \chi^2(n-1)$$

**의사 결정 기준**

| 대립 가설 | 기각역 | $p$-값 |
|---|---|---|
| (1) $H_1 : \sigma^2 > \sigma_0^2$ | $\{\chi_T^2 > \chi_\alpha^2(n-1)\}$ | $\Pr(\chi^2(n-1) > \chi_0^2)$ |
| (2) $H_1 : \sigma^2 < \sigma_0^2$ | $\{\chi_T^2 < \chi_{1-\alpha}^2(n-1)\}$ | $\Pr(\chi^2(n-1) < \chi_0^2)$ |
| (3) $H_1 : \sigma^2 \neq \sigma_0^2$ | $\left\{\begin{matrix} \chi_T^2 > \chi_{\alpha/2}^2(n-1) \text{ 또는} \\ \chi_T^2 < \chi_{1-\alpha/2}^2(n-1) \end{matrix}\right\}$ | $\min\left\{\begin{matrix} 2 \cdot \Pr(\chi^2(n-1) > \chi_0^2), \\ 2 \cdot \Pr(\chi^2(n-1) < \chi_0^2) \end{matrix}\right\}$ |

귀무 가설이 사실일 때 즉 $\sigma^2 = \sigma_0^2$이면 검정통계량 $\chi_T^2$는 $\chi^2(n-1)$분포를 따른다. 또한 기각역을 설정할 때 $\chi^2(n-1)$분포의 분위수를 사용한다. 대립가설 (3)은 양측 가설이므로 유의확률은 $2 \cdot \Pr(\chi^2(n-1) > \chi_0^2)$ 또는 $2 \cdot \Pr(\chi^2(n-1) < \chi_0^2)$가 되지만 그 값이 1보다 클 수는 없다. 따라서 계산된 2 개의 값 중에서 1 보다 작은 값을 선택해야 하는데, 이는 계산된 2 개의 값 중에서 작은 값이 된다. 또한 표본의 측정값이 정규분포를 따르지 않는 경우에도 표본 크기 $n$이 큰 경우에는 위와 동일한 검정절차를 따르지만 그 결과는 근사적으로 적용 가능하다.

## 예제 8.6

정규분포를 따르는 모집단으로부터 크기 $n = 10$인 확률표본을 다음과 같이 관측하였다.

| A | 10.2 | 9.5 | 17.3 | 4.6 | 7.5 | 9.8 | 10.1 | 6.8 | 5.9 | 14.0 |
|---|---|---|---|---|---|---|---|---|---|---|

이를 이용하여 모분산 $\sigma^2$이 25라고 할 수 있는지 유의수준 0.05 하에서 가설검정 하시오.

(결과)

**통계적 가설**

$H_0 : \sigma^2 = 25 \quad vs. \quad H_1 : \sigma^2 \neq 25$

주어진 데이터를 이용하여 필요한 추정량 계산

$n = 10, s^2 = 14.44$

계산된 추정량을 이용하여 $H_0$하에서 검정통계량 값과 자유도 계산

$$\chi_T^2 = \frac{(n-1)s^2}{\sigma_o^2} = \frac{(10-1)(14.44)}{25} = 5.21$$

**의사 결정**

유의 수준 0.05

⇔ [부록 III]을 이용 ⇔ $\chi^2(0.025,9) = 19.023, \chi^2(0.975,9) = 2.700$

- 기각역 : $[0, 2.7] \cup [19.02, \infty]$

  기각역이 $\chi_T^2$ 값을 포함하고 있지 않으므로 $H_0$를 기각하지 못한다.

- $p$-값 = 0.369

  $p$-값 > 0.05이므로 $H_0$를 기각하지 못한다.

∴ 즉, 모분산 $\sigma^2$이 25라고 할 수 없다. ■

위의 <예제 8.6>의 결과에서 기준이 되는 모분산 $\sigma^2 = 25$와 데이터로부터 계산된 표본분산 $s^2 = 14.44$은 큰 차이처럼 보이지만 $H_0$ 를 기각하지 못했다. 이는 표본의 결과만으로 모집단에 대한 판단을 결정 할 때 얼마나 위험할 수 있는 지를 보여준다. 그 이유 중의 하나는 $n = 10$으로 표본 크기가 작다는 것인데 적절한 표본 크기 하에서 통계적 가설 검정을 해야만 사실에 가까운 결과를 얻을 수 있음을 알 수 있다.

## 8.4.2 모분산의 비

두 분산의 비교를 위해 수집되는 데이터는 상호 독립인 경우 모평균의 비교와 동일한 구조를 갖는다.

$$y_{11}, y_{12}, \cdots, y_{1n_1} \sim iid\, N(\mu_1, \sigma_1^2)$$

$$y_{21}, y_{22}, \cdots, y_{2n_2} \sim iid\, N(\mu_2, \sigma_2^2)$$

모분산의 비교에 대한 가설 검정은 두 분산의 비에 대한 검정을 사용하며, 두 분산의 비에 대한 가설은 기준값 $\gamma_0$에 대해 다음과 같은 3 종류로 표현할 수 있다. 두 모분산의 비교에 대한 가설 검정 결과는 두 모평균의 비교 검정에 앞서 시행되어야 하며, 그 결과에 따라 모분산이 같은 경우와 같지 않은 경우로 구분하여 두 모평균에 대한 가설 검정이 진행되므로 반드시 이해해 둘 필요가 있다.

**통계적 가설**

| 귀무 가설 | 대립 가설 |
|---|---|
| $H_0 : \sigma_1^2/\sigma_2^2 = \gamma_0$ | (1) $H_1 : \sigma_1^2/\sigma_2^2 > \gamma_0$<br>(2) $H_1 : \sigma_1^2/\sigma_2^2 < \gamma_0$<br>(3) $H_1 : \sigma_1^2/\sigma_2^2 \neq \gamma_0$ |

**검정통계량과 검정통계량의 분포**

$$F_T = \frac{s_1^2}{\gamma_0 s_2^2} \sim F(\nu_1, \nu_2)$$

여기서, $\nu_1$ 은 $s_1^2$의 자유도

$\nu_2$ 는 $s_2^2$의 자유도

**의사결정기준**

| 대립 가설 | 기각역 | $p$-값 |
|---|---|---|
| (1) $H_1 : \sigma_X^2/\sigma_Y^2 > \gamma_0$ | $\{F_T > F_\alpha(\nu_1, \nu_2)\}$ | $\Pr(F(\nu_1, \nu_2) > F_0)$ |
| (2) $H_1 : \sigma_X^2/\sigma_Y^2 < \gamma_0$ | $\{F_T < F_{1-\alpha}(\nu_1, \nu_2)\}$ | $\Pr(F(\nu_1, \nu_2) < F_0)$ |
| (3) $H_1 : \sigma_X^2/\sigma_Y^2 \neq \gamma_0$ | $\{F_T > F_{\alpha/2}(\nu_1, \nu_2)$ 또는 $F_T < F_{1-\alpha/2}(\nu_1, \nu_2)\}$ | $\min\{2 \cdot \Pr(F(\nu_1, \nu_2) > F_0)$ if $F_0 > 0$, $2 \cdot \Pr(F(\nu_1, \nu_2) < F_0)$ if $F_0 < 0\}$ |

$H_0$ 하에서 검정통계량 $F_T$는 $F(n_1 - 1,\ n_2 - 1)$분포를 따르게 되어 기각역을 설정할 때 $F(n_1 - 1,\ n_2 - 1)$분포의 분위수를 사용한다. 단 $F$ 분포는 좌우대칭의 형태가 아니므로 (2)와 (3)의 $H_1$에서 기각역의 한계값으로 $F_{1-\alpha}(n_1 - 1,\ n_2 - 1)$ 또는 $F_{1-\alpha/2}(n_1 - 1,\ n_2 - 1)$을 사용한다. 또한 (3)의 경우 양측 가설로 $p$-값을 계산할 때 $2 \cdot \Pr(F(n_1 - 1,\ n_2 - 1) > F_0)$ 또는 $2 \cdot \Pr(F(n_1 - 1,\ n_2 - 1) < F_0)$을 사용하지만 그 값은 1보다 클 수 없다. 따라서 두 값 중에서 작은 값을 선택하여야 한다.

만일 고려하는 모집단이 정규모집단이 아니라고 판단되는 경우에도 표본 크기가 충분히 크다면 동일한 기각역과 $p$-값을 사용하면 된다.

## 예제 8.7

안정적으로 운영되는 2 종류의 프로세스 A, B로부터 관심 특성을 측정하기 위하여 임의로 선택된 $n_1 = 12,\ n_2 = 8$의 데이터는 다음과 같다.

| | |
|---|---|
| A | 63.9 54.1 53.1 53.4 63.3 52.2<br>63.5 63.5 54.5 55.4 52.3 55.0 |
| B | 53.7 56.5 46.7 65.9 55.7 56.6 56.6 48.0 |

A업무의 모평균과 B업무의 모평균을 비교하기 전에 모분산의 동일성을 확인하고자 한다. 유의 수준 0.05하에서 가설 검정을 시행하시오.

(결과)

**통계적 가설**

$H_0 : \sigma_1^2/\sigma_2^2 = 1 \quad vs. \quad H_1 : \sigma_1^2/\sigma_2^2 \neq 1$

주어진 데이터를 이용하여 필요한 추정량 계산

$s_1^2 = 24.21\,,\ s_2^2 = 35.16$

계산된 추정량을 이용하여 $H_0$ 하에서 검정통계량 값과 자유도 계산

$$F_0 = \frac{24.21}{35.16} = 0.690, \quad (\nu_1, \nu_2) = (12-1, 8-1) = (11, 7)$$

**의사결정**

유의 수준 0.05 ⇔ [부록 표 5] ⇔ $F_{0.025}(11,7) = 4.715$

다음 식을 이용하여 $F_{0.975}(11,7) = 0.266$을 계산.

$$F_{0.975}(11,7) = \frac{1}{F_{0.025}(7,11)} = \frac{1}{3.759} = 0.266$$

- 기각역 : $[0, 2.66] \cup [4.715, \infty]$
  기각역이 $F_0$ 값을 포함하고 있지 않으므로 $H_0$를 기각하지 못한다.
- $p$-값 = 0.556
  $p$-값 > 0.05이므로 $H_0$를 기각하지 못한다.

∴ 즉 A, B 업무의 모분산이 동일하다고 할 수 있다. ■

# 8.5 모비율과 모비율의 차이

Population Proportions and their Difference

2 개의 속성만으로 측정되는 확률 표본은 다음과 같이 표현할 수 있다. 이때, 관심 있는 속성을 「1」로 지정하면 원하는 표본 비율 $p$를 계산할 수 있다.

$$y_1, y_2, \cdots, y_n \quad \text{단, } y_i = 0, 1$$

모비율 $\pi$ 또는 모비율의 차 $\pi_1 - \pi_2$에 대한 추정량과 표본분포는 다음과 같다.

| 관심 사항 | 추정량 | 추가 정보 | 표본분포 |
|---|---|---|---|
| 모비율<br>$\pi$ | $p$ | $np \geq 5$,<br>$n(1-p) \geq 5$ | 근사 표준 정규분포 |
| 모비율의 차이<br>$\pi_1 - \pi_2$ | $p_1 - p_2$ | $n_i p_i \geq 5$,<br>$n_i(1-p_i) \geq 5$,<br>$i=1,2$ | 근사 표준 정규분포 |

## 8.5.1 모비율

모비율 $\pi$에 대한 가설 역시 기준값 $\pi_0$에 대하여 다음과 같이 3 종류로 표현할 수 있다.

**통계적 가설**

| 귀무 가설 | 대립 가설 |
|---|---|
| $H_0 : \pi = \pi_0$ | (1) $H_1 : \pi > \pi_0$<br>(2) $H_1 : \pi < \pi_0$<br>(3) $H_1 : \pi \neq \pi_0$ |

**검정통계량과 검정통계량의 분포**

$$Z_T = \frac{p - \pi_0}{\sqrt{\dfrac{\pi_0(1-\pi_0)}{n}}} \simeq N(0,1)$$

**의사결정 기준**

| 대립 가설 | 기각역 | $p$-값 |
|---|---|---|
| (1) $H_1 : \pi > \pi_0$ | $\{Z_T > z_\alpha\}$ | $\Pr(Z > z_0)$ |
| (2) $H_1 : \pi < \pi_0$ | $\{Z_T < -z_\alpha\}$ | $\Pr(Z < z_0)$ |
| (3) $H_1 : \pi \neq \pi_0$ | $\{\lvert Z_T \rvert > z_{\alpha/2}\}$ | $\begin{cases} 2 \cdot \Pr(Z > z_0) & \text{if } z_0 > 0 \\ 2 \cdot \Pr(Z < z_0) & \text{if } z_0 < 0 \end{cases}$ |

귀무가설이 사실일 때, 즉 $\pi = \pi_0$이면 검정통계량 $Z_T$는 근사적으로 표준 정규분포를 따른다. 따라서 기각역을 정의할 때 표준 정규분포의 분위수를 사용하고 유의확률은 표준 정규분포의 확률을 이용하여 계산한다. 이때 근사조건을 만족하기 위한 $np > 5,\, n(1-p) > 5$를 반드시 확인해야 한다.

## 예제 8.8

OO업무에 대한 내부규정에서 업무의 미처리 비율은 30% 이내를 요구한다. $n = 100$개의 업무를 임의로 조사해 보니 이 중에서 38개가 미처리로 나타났다. 만일 OO업무의 모든 경우를 조사한다면 미처리 비율이 30%를 넘는다고 할 수 있는지 유의수준 0.05 하에서 확인하시오.

(결과)

**통계적 가설**

$H_0 : \pi = 0.3 \;\; vs. \;\; H_1 : \pi > 0.3$

주어진 데이터를 이용하여 필요한 추정량을 계산하면

$p = 0.38$

계산된 추정량을 이용하여 $H_0$ 하에서 검정통계량 값을 계산

$$Z_p = \frac{p - \pi_0}{\sqrt{\frac{\pi_0(1-\pi_0)}{n}}} = \frac{0.38 - 0.3}{\sqrt{\frac{0.3(1-0.3)}{100}}} = 1.75$$

**의사 결정**

유의 수준 0.05 ⇔ [부록 표 5] ⇔ $z_{0.05} = 1.645$

- 기각역 : $[1.645, \infty]$

  기각역이 $z_0$ 값을 포함하고 있으므로 $H_0$를 기각한다.

- $p$-값 = 0.040

  $p$-값 < 0.05이므로 $H_0$를 기각한다.

∴ 즉, OO업무의 미처리 비율이 30%를 넘는다고 할 수 있다. ■

## 8.5.2 모비율의 차이

모비율의 차이 역시 정규 근사에 의하여 모평균의 차이에 대한 가설 검정 절차와 동일하다. 이를 정리하면 다음과 같다.

각각 모비율 $\pi_1$, $\pi_2$를 갖고 상호독립인 두 이항모집단으로부터 각각 $n_1, n_2$개의 확률표본을 추출하여 얻는 표본비율의 차이 $p_1 - p_2$의 표본분포는 $n_i p_i > 5$, $n_i(1-p_i) > 5$, $i = 1,2$ 의 조건을 만족할 때 근사적으로 정규분포를 따른다. 두 모비율의 차에 대한 가설은 기준값 $\pi_d$에 대하여 다음과 같이 3 종류로 표현할 수 있다.

**통계적 가설**

| 귀무 가설 | 대립 가설 |
|---|---|
| $H_0 : \pi_1 - \pi_2 = \pi_d$ | (1) $H_1 : \pi_1 - \pi_2 > \pi_d$ |
| | (2) $H_1 : \pi_1 - \pi_2 < \pi_d$ |
| | (3) $H_1 : \pi_1 - \pi_2 \neq \pi_d$ |

**검정통계량과 검정통계량의 분포**

$$Z_T = \frac{(p_1 - p_2) - \pi_d}{\sqrt{\frac{p_1(1-p_1)}{n_1} + \frac{p_2(1-p_2)}{n_2}}} \simeq N(0,1)$$

**의사결정 기준**

| 대립가설 | 기각역 | $p$-값 |
|---|---|---|
| (1) $H_1 : \pi_1 - \pi_2 > \pi_d$ | $\{Z_T > z_\alpha\}$ | $\Pr(Z > z_0)$ |
| (2) $H_1 : \pi_1 - \pi_2 < \pi_d$ | $\{Z_T < -z_\alpha\}$ | $\Pr(Z < z_0)$ |
| (3) $H_1 : \pi_1 - \pi_2 \neq \pi_d$ | $\{\lvert Z_T \rvert > z_{\alpha/2}\}$ | $\begin{cases} 2 \cdot \Pr(Z > z_0) & \text{if } z_0 > 0 \\ 2 \cdot \Pr(Z < z_0) & \text{if } z_0 < 0 \end{cases}$ |

검정통계량 $Z_T$는 $H_0$가 사실일 때, 근사적으로 표준 정규분포를 따르므로 유의수준 $\alpha$하에서 기각역과 $p$-값을 계산한다.

실무적으로 두 모비율이 동일한가에 관심이 있을 수 있다. 이 때는 $\pi_d = 0$로 정의하고 $\pi_1 = \pi_2 = \pi_e$이므로 다음과 같이 공통 표본비율을 사용한다.

$$p_e = \frac{n_1 p_1 + n_2 p_2}{n_1 + n_2}$$

$$Z_{T_e} = \frac{(p_1 - p_2) - 0}{\sqrt{p_e(1-p_e)}\sqrt{\frac{1}{n_1} + \frac{1}{n_2}}} \simeq N(0,1)$$

## 예제 8.9

두 종류의 업무 A, B에 대하여 처리/미처리 여부를 다음과 같이 조사하였다. 관심이 있는 미처리율은 '1'로 표현한 결과는 다음과 같다.

| | |
|---|---|
| A | 1 0 1 0 1 1 1 1 1 1 |
| B | 0 0 1 1 1 1 1 1 0 1 1 1 |

먼저 A와 B업무 간의 차이가 10% 이하인지 확인해보고자 한다.
(단, 고려한 유의수준은 0.05이다.)

(결과)

**통계적 가설**

$H_0 : \pi_1 - \pi_2 = 0.1 \;\; vs \;\; H_1 : \pi_1 - \pi_2 < \;\; 0.1$

주어진 데이터를 이용하여 필요한 추정량 계산

$p_1 = 0.8\,,\, p_2 = 0.75$

계산된 추정량을 이용하여 $H_0$ 하에서 검정통계량 값을 계산하면

$$Z_T = \frac{(p_1 - p_2) - p_d}{\sqrt{\dfrac{p_1(1-p_1)}{n_1} + \dfrac{p_2(1-p_2)}{n_2}}} = \frac{(0.8 - 0.75) - 0.1}{\sqrt{\dfrac{0.8(1-0.8)}{10} + \dfrac{0.75(1-0.75)}{12}}} = -0.28$$

**의사결정**

유의수준 0.05 $\Leftrightarrow$ [부록 표 5] $\Leftrightarrow -z_{0.05} = -1.645$

- 기각역 : $[-\infty, \; -1.645]$

  기각역이 $Z_T$ 값을 포함하고 있지 않으므로 $H_0$를 기각하지 못한다.

- $p$-값 = 0.389

  $p$-값 > 0.05이므로 $H_0$를 기각하지 못한다.

  즉, A와 B의 업무 간의 차이가 10% 이하라고 할 수 없다. ■

# 제 8 장 연습문제

8.1 다음 용어들을 설명하시오.

(1) 가설검정 (2) 검정 통계량 (3) 귀무 가설
(4) 제 I 종 오류 (5) 제 II 종 오류 (6) 유의 확률
(7) 임계값

8.2 정규 모집단으로부터 추출된 49개의 표본으로부터 계산된 표본평균과 표본표준편차는 각각 99.75, 5.80이다. 다음 물음에 답하시오,

(1) 실제 평균 $\mu$가 100보다 작은지를 검정하고자 한다. 가설을 설정하시오.
(2) 검정통계량을 계산하시오.
(3) 유의수준 0.01하에서 검정하시오.
(4) 유의수준 0.05하에서 검정하시오.
(5) 만약 평균 $\mu$가 100보다 큰지를 검정한다면 (1) ~ (4)의 결론은 달라질 것인가? 설명하시오.

8.3 정규 모집단으로부터 추출된 $n = 25$의 표본으로부터 계산된 표본분산은 $s^2 = 21.4$이다. 이를 이용하여 모분산 $\sigma^2 > 15$에 대한 판단을 하고자 한다.

(1) 가설을 설정하시오.
(2) 유의수준 0.05하에서 가설 검정을 실시하시오.

8.4 신용카드 결제율에 따른 고객신용도를 조사하고자 550명을 조사하였다. 이중 140명은 자주 연체를 하는 것으로 확인되었다. 연체율에 대하여 다음과 같은 가설을 설정하였다. $H_0 : \pi \geq 0.3$ , $H_1 : \pi < 0.3$

(1) 추정된 연체율 $p$를 구하시오.
(2) 유의수준 0.05하에서 가설 검정을 실시하시오.

9
장

# 검정력과 표본 크기의 결정
Calculating Sample Size with Power of Test

**S. G. Ko**

현상을 명확히 하면 무언가를 줄일 수 있다.

### 학습 목표

- 적절한 표본크기 결정의 필요성을 이해한다.
- 검정력과 표본크기간의 관계를 이해한다.
- 중요한 모수 또는 모수들의 함수에 대한 표본크기를 계산할 수 있다.

### 차례


9.1 개요
9.2 표본 크기 결정의 원리
9.3 모평균의 차이
9.4 모분산과 모분산의 비
9.5 모비율과 모비율의 차이
9.6 실무적 고려사항


### 중요 용어

- 최대 추정오차
  Maximum Estimation error
- 효과 크기, 검정력
  Effect size, Statistical power

# 9.1 개요

Introduction

적절한 표본 크기를 선정하는 것은 경제적인 의사결정을 위한 기초 작업이다. 데이터를 이용한 의사결정에서 표본 크기를 충분히 크게 할 수 있다면 바람직하겠지만, 의미 있는 데이터를 많이 수집한다는 것은 적게 수집할 때와 비교했을 때 필연적으로 더 많은 시간과 비용 그리고 노력을 필요로 한다. 최근에는 실무분야에서 수집되는 데이터가 많아지면서 표본 크기를 별도로 고려하지 않는 경우도 많은데, 이때는 앞서 설명한 측정의 타당성 그리고 측정오차 등을 확인해야 한다.

이 장에서 고려하는 적절한 표본 크기는 명확한 목적 하에서 중요한 관심 특성을 측정하는 경우로 제한하여 설명한다. 일반적으로 최적 표본 크기란 주어진 상황과 수집 가능한 정보에 따라 결정된다. [그림 9.1]은 실무적 투입 자원과 의사결정의 유용성을 기준으로 정의된 최적 표본 크기를 나타낸다.

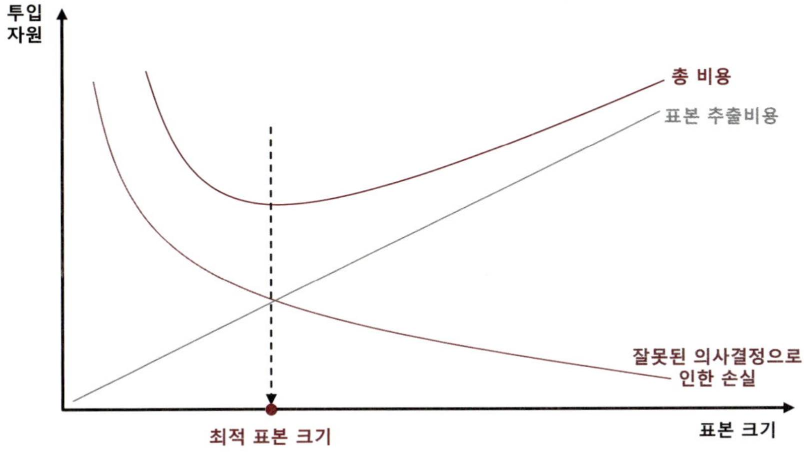


[그림 9.1] 투입 자원과 의사결정의 유용성을 고려한 최적 표본 크기

표본 추출 비용은 표본 크기에 비례하지만 표본 크기를 너무 작게 결정하면 잘못된 의사 결정으로 인한 손실이 커지므로 궁극적으로 투입 자원이 많아지게 된다. 따라서 표본 크기는 의사결정의 유용성과 함께 고려되어야 하고「적절한」최적의 표본 크기가 항상 존재할 수 있다. 여기서는 통계적 의사결정의 유용성을 중심으로 적절한 표본크기를 결정하는 방법에 대하여 알아보도록 하자.

## 9.2 표본 크기 결정의 원리

Principles of Sample Size Determination

먼저 모집단에 대한 가장 기초적인 관심 사항인 모평균에 대하여 고려해 보자. 모분산을 알고 있다고 가정하는 경우 구간추정을 이용한다면 주어진 $100(1-\alpha)\%$의 신뢰도 하에서 다음과 같이 신뢰구간이 결정된다.

$$\Pr\left[\bar{y} - z_{\alpha/2}\frac{\sigma}{\sqrt{n}} \le \mu \le \bar{y} + z_{\alpha/2}\frac{\sigma}{\sqrt{n}}\right] = 1-\alpha$$

이를 원하는 모평균과 표본으로부터 계산된 표본평균의 차이로 정의해 보면 다음과 같다.

$$\Pr\left[\ |\bar{y} - \mu| \le z_{\alpha/2}\frac{\sigma}{\sqrt{n}}\right] = 1-\alpha$$

여기서 주어진 신뢰도 $100(1-\alpha)\%$ 하에서 모평균과 표본평균의 차이인 $|\bar{y}-\mu|$에 대하여 최대 한계로 정의된 값을 최대 추정오차Estimation Error라고 하며 이는 신뢰구간 길이의 절반Half-width에 해당한다.

> **최대 추정오차 $\delta^*$**
>
> 주어진 신뢰도 $100(1-\alpha)\%$ 하에서 계산된 신뢰구간의 절반 길이
>
> (예) $\delta^* = z_{\alpha/2}\dfrac{\sigma}{\sqrt{n}}$

만일 최대 추정 오차 $\delta^*$에 대한 기준이 주어진다면, 이를 만족하는 표본 크기 $n$을 다음과 같이 결정할 수 있다. 단, 표본크기 $n$은 반드시 정수값을 가져야 하고, 정수가 아닌 경우 큰 쪽으로 가까운 정수로 결정한다. 예를 들어, 계산된 값이 $n=43.13$이라면 $n = 44$로 결정한다.

**주어진 $\delta^*$와 신뢰도 $100(1-\alpha)\%$ 하에서 모평균 추정을 위한 표본크기 $n$**

$$n=\left(z_{\alpha/2}\frac{\sigma}{\delta^*}\right)^2, \quad \text{단 } n \text{은 정수}$$

이와 같이 구간 추정을 이용한 표본 크기 결정은 원하는 모수 또는 모수들의 함수와 추정량 또는 추정량의 함수간의 최대 추정오차에 대한 정보를 결정할 수 있어야 한다. 하지만 이는 실무적으로 항상 가능한 것은 아니다. 즉, 모수와 모수의 함수가 실무적으로 익숙한 측정 단위와 범위 내에서 발생한다면 이를 쉽게 결정할 수 있겠지만, 그렇지 않은 경우에는 명확한 최대 추정오차를 객관적으로 결정하기 어렵다.

가설 검정을 이용하는 경우 앞서 설명한 구간 추정의 경우와 동일한 모평균에 대하여 다음과 같은 통계적 가설을 고려해 보자.

$$H_0 : \mu = \mu_0 \ vs. \ H_1 : \mu \neq \mu_0$$

이 경우 $H_1$의 범위 중에서 하나의 값 $\mu = \mu_0 + \delta\,(\delta > 0)$에 대한 검정력 $1-\beta$를 구해보면 다음 [그림 9.2]와 같다. 여기서 $\delta = \mu_1 - \mu_0$로 정의되며, 이를 효과 크기(Effect Size)라고 부른다.

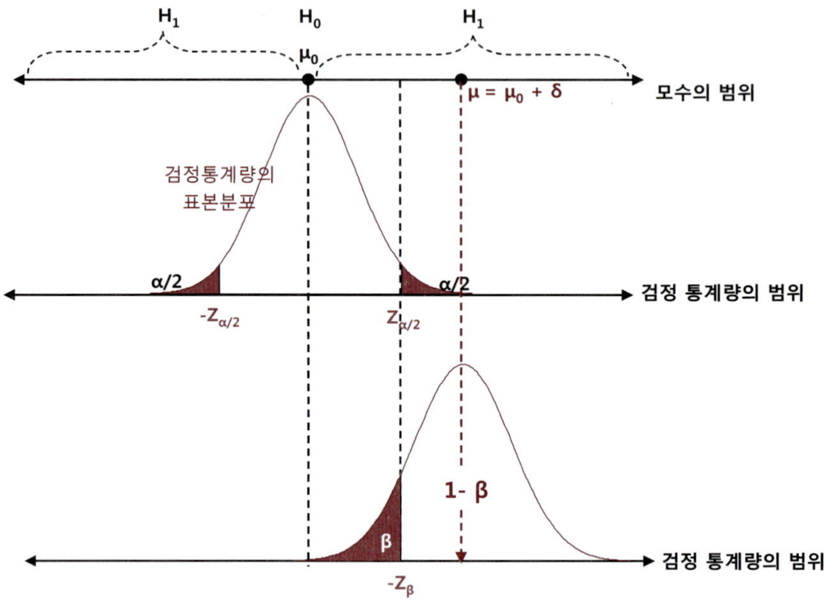


[그림 9.2] 양측 가설의 유의 수준과 검정력

이때 $H_0$ 하에서 계산되는 $z_{\alpha/2}$와 $H_1$ 하에서 계산되는 $z_\beta$는 다음과 같이 계산된다.

$$\Pr\left[\frac{\bar{y}-\mu_0}{\sigma/\sqrt{n}} > z_{\alpha/2}\right] = \alpha/2 \quad \Leftrightarrow \Pr\left[\bar{y} > \mu_0 + z_{\alpha/2}\frac{\sigma}{\sqrt{n}}\right] = \alpha/2$$

$$\Pr\left[\frac{\bar{y}-\mu_1}{\sigma/\sqrt{n}} < z_\beta\right] = \beta \quad \Leftrightarrow \Pr\left[\bar{y} < \mu_1 - z_\beta\frac{\sigma}{\sqrt{n}}\right] = \beta$$

[그림 9.2]에서 확인할 수 있듯이 $H_0$하에서 $z_{\alpha/2}$와 $z_\beta$는 동일한 값이므로 주어진 식을 이용하여 다음의 관계를 도출할 수 있다.

$$\mu_0 + z_{\alpha/2}\frac{\sigma}{\sqrt{n}} = \mu_1 - z_\beta\frac{\sigma}{\sqrt{n}}$$

이를 효과 크기 $\delta$로 표현해 보면 다음과 같다.

$$\delta = \mu_1 - \mu_0 = (z_{\alpha/2} + z_\beta)\frac{\sigma}{\sqrt{n}}$$

따라서 검정력 $1-\beta$를 갖는 표본크기는 다음과 같이 결정된다.

**유의 수준 $\alpha$와 검정력 $1-\beta$를 갖는 모평균에 대한 양측 가설에서의 표본 크기 $n$**

$$n = \left((z_{\alpha/2} + z_\beta)\frac{\sigma}{\delta}\right)^2, \quad \text{단 } n\text{은 정수}$$

이와 같이 모평균의 구간 추정과 가설 검정에서 적절한 표본 크기를 결정하기 위해서는 [표 9.1]과 같은 정보를 필요로 한다.

**[표 9.1] 적절한 표본 크기($n$)를 결정하기 위한 필요 정보**

| 구간 추정 | 가설 검정 |
|---|---|
| 신뢰도 $100(1-\alpha)\%$ | 유의수준, $\alpha$ |
| | 검정력, $1-\beta$ |
| 최대 추정오차, $\delta^*$ | 효과 크기, $\delta$ |
| $\sigma^2$ | $\sigma^2$ |
| 구간의 형태 | 가설의 형태 |

실무적으로 어떤 정보를 용이하게 수집할 수 있는가에 따라 구간 추정 또는 가설 검정에 대한 적절한 표본 크기를 결정할 수 있다. 이 장에서는 목표가 명확한 경우 원하는 관심 사항을 반영할 수 있다는 점과 각 모수에 의해 최대 추정오차 보다는 각 분야별로 일정한 기준이 되는 검정력이 유리할 수 있다는 점을 고려하여 가설 검정을 위한 적절한 표본 크기 결정 방법을 소개하기로 한다. 물론 가설 검정을 통하여 결정된 표본 크기 하에서 데이터가 수집된다면 동일한 데이터를 이

용하여 구간 추정을 실시 할 수 있다.

## 9.3 모평균의 차이

Function of Population Mean

모평균의 차이를 설명하면서 상호독립 집단과 쌍체 집단으로 구분하였다. 쌍체인 경우에는 하나의 모평균에 대한 표본 크기와 동일하므로 9.1절의 설명으로 대신하고 이 절에서는 상호독립인 모평균의 차이에 대하여 알아보기로 한다. 지금까지 상호독립인 집단을 구분한 결과는 다음과 같다.

(1) 두 모분산을 모두 아는 경우
(2) 두 모분산을 모르지만 두 모분산이 동일한 경우
(3) 두 모분산을 모르고 두 모분산이 동일하지 않은 경우

하지만 표본크기의 결정에서는 (1)과 (2)만을 고려하기로 한다. 만일 모분산이 동일하지 않다면 표본 크기를 결정하기 위하여 모분산이 얼마나 동일하지 않은지에 대한 정보가 필요한데, 이에 대한 정보는 사실상 확인할 수 없으므로 고려하지 않기로 한다.

먼저 두 모분산을 아는 경우 다음의 통계적 가설을 고려해 보자.

$$H_0 : \mu_1 - \mu_2 = \Delta \ vs \ H_0 : \mu_1 - \mu_2 \neq \Delta$$

이 경우 검정 통계량과 검정력은 다음과 같이 정의된다.

$$Z = \frac{(\overline{y_1} - \overline{y_2}) - \Delta}{\sqrt{\frac{\sigma_1^2}{n_1} + \frac{\sigma_2^2}{n_2}}} \sim N(0, 1)$$

$$1-\beta = \Pr(-\infty < Z < z_\beta),\ z_\beta = \frac{\Delta}{\sqrt{\frac{\sigma_1^2}{n_1}+\frac{\sigma_2^2}{n_2}}} - z_{\alpha/2}$$

따라서 이를 정리하면 $\Delta$의 차이를 확인하기 위하여 $1-\beta$를 만족하는 표본 크기 $n_1$을 다음과 같이 결정할 수 있다. 모분산의 정보가 알려져 있으므로 모분산 또는 모표준편차를 고려하여 $n_2$를 결정한다. 즉, $n_1$을 기준으로 하여 $\sigma_1$과 $\sigma_2$의 크기에 비례하도록 $n_2$의 크기를 결정할 수 있다.

**두 모분산을 알고 있는 경우 모평균의 차 $\Delta$의 표본 크기**

주어진 $\alpha$, $1-\beta$ 하에서

- $n_1 = \left(\frac{(z_{\alpha/2}+z_\beta)}{\Delta}\right)^2\left(\sigma_1^2 + \frac{n_1}{n_2}\sigma_2^2\right)$, 단, $n_1$은 정수

- $n_2$는 다음을 만족하도록 결정한다.

  $n_1 : n_2 = \sigma_1 : \sigma_2$

만일 알려진 모분산이 $\sigma_1^2 = \sigma_2^2 = \sigma^2$으로 모두 같다면 동일한 가설하에서 최적 표본 크기는 다음과 같이 간단해진다. 이때 $n_2$는 $n_1$과 동일한 값으로 지정한다.

$$n_1 = n_2 = 2\sigma^2\left(\frac{(z_{\alpha/2}+z_\beta)}{\Delta}\right)^2,\quad \text{단 } n_1,\ n_2\text{는 정수}$$

### 예제 9.1

두 종류의 업무 A, B의 모평균의 차이가 5인지에 대한 여부를 확인하고자 한다. 유의수준 0.05와 검정력 0.9 하에서 표본 크기 $n$을 결정하시오. 단, 두 집단의 모분산은 $10^2$으로 동일하다.

(결과)

. [부록]의 [표 I]를 이용 $\Leftrightarrow$ $z_{0.025} = 1.96,\ z_{0.1} = 1.282$

$$n_1 = n_2 = 2\,(10^2)\left(\frac{(1.960 + 1.282)}{5}\right)^2 = 84.08$$

그러므로 $n_1 = n_2 = 85$ ■

만일 모분산의 정보가 없으나 통계적으로 동일하다고 판단된 경우에는 $t$-분포와 합동 표본분산 $s_p^2$을 이용하여 다음과 같이 계산한다.

**두 모집단을 모르는 경우 모평균의 차 $\Delta$의 표본 크기 (등분산 가정)**

주어진 $\alpha,\ 1-\beta$ 하에서

$$n = n_1 = n_2 = 2\,(t_{\alpha/2}(\nu) + t_\beta(\nu))\left(\frac{s_p}{\Delta}\right)^2,$$ 단 $n_1,\ n_2$는 정수

여기서, $t_\beta = \sqrt{\frac{n}{2}}\left(\frac{\Delta}{s_p}\right) - t_{\alpha/2}$

이 경우, 표본 크기를 구하는 식에서 $t$-분포의 자유도인 $\nu$를 결정해야 한다. 이때 자유도는 $2n-2$로 계산하지만 $n$값이 결정되기 전에는 적절한 $t$-분포의 자유도를 선택할 수 없다. 따라서 근사 분포로 사용되는 표준 정규분포를 적용하여 초기 표본 크기 $n_1^*$을 구하고 이를 반영한 자유도를 이용하여 반복적으로 계산한 후 수렴되는 값을 결정한다.

## 예제 9.2

두 종류의 업무 A, B의 모평균 차이가 5인지에 대한 여부를 확인하고자 한다. 유의수준 0.05와 검정력 0.9 하에서 표본 크기 $n$을 결정하시오. (단, 두 집단의 모분산은 동일할 것으로 판단되며 약 $s_p^2 = 9$ 일 것으로 예상된다.)

(결과)

. 근사적으로 초기 표본 크기 결정

[부록]의 [표 I]를 이용 $\Leftrightarrow$ $z_{0.025} = 1.96,\ z_{0.1} = 1.282$

$$n_1^* = 2\,(3^2)\left(\frac{(1.960 + 1.282)}{5}\right)^2 = 8$$

. $\nu_1^* = 2(8) - 2 = 14$와 [부록]의 [표 III]을 이용하여

$t_{0.025}(14) = \ -2.145\quad ,\ t_{0.1}(14) = \ -1.345$

이를 이용하여 새로운 표본 크기 계산

$$n_1^* = 2\,(3^2)\left(\frac{(2.145 + 1.345)}{5}\right)^2 = 8.77 \approx 9$$

. $\nu_2^* = 2(9) - 2 = 16$를 이용하여

$t_{0.025}(16) = \ -2.120,\ t_{0.1}(16) = \ -1.337$

이를 이용하여 새로운 표본 크기 계산

$$n_2^* = 2\,(3^2)\left(\frac{(2.120 + 1.337)}{5}\right)^2 = 8.60 \approx 9$$

그 값이 수렴하므로, $n_1 = n_2 = 9$

∴ 즉, 표본 크기는 9라고 할 수 있다. ■

# 9.4 모분산과 모분산의 비

Basic Concept of Interval Estimation

모분산에 대한 정보는 모집단의 분포를 결정하는데 중요한 역할을 할 뿐만 아니라 앞 절의 모평균의 비교를 위하여 전제 조건이 된다는 점은 여러 번 강조하였다. 이 절에서는 모분산 그리고 모분산의 비에 대한 표본 크기 결정 방법을 알아보기로 한다.

## 9.4.1 모분산

정규모집단 $N(\mu, \sigma^2)$에서 추출한 크기 $n$인 확률표본 $y_1, y_2, \cdots, y_n$의 표본분산을 $s^2 = \frac{1}{n-1}\sum_{i=1}^{n}(y_i - \bar{y})^2$ 으로 정의했다.

다음의 통계적 가설을 고려해 보자.

$$H_0 : \sigma^2 = \sigma_0^2 \;\; vs. \;\; H_1 : \sigma^2 > \sigma_0^2$$

이때, 검정통계량은 다음과 같이 계산되며 이는 $\chi^2(n-1)$을 따른다.

$$X_0^2 = \frac{(n-1)s^2}{\sigma_0^2} \sim \chi^2(n-1)$$

유의수준 $\alpha$에서 $H_0$를 기각하는 기각역과 $H_1$에서 정의되는 하나의 값 $\sigma_1^2(\sigma_1^2 > \sigma_0^2)$에서 검정력 $1-\beta$를 만족하는 조건은 다음과 같다.

$$\Pr\left[\frac{(n-1)s^2}{\sigma_0^2} > \chi_{1-\alpha}^2\right] = 1-\alpha, \quad \Pr\left[\frac{(n-1)s^2}{\sigma_1^2} < \chi_\beta^2\right] = \beta$$

주어진 2 개의 조건을 표본평균 $s^2$으로 정리하면 다음과 같이 간단히 표현할 수 있다.

$$\chi_\beta^2 = \chi_{1-\alpha}^2\left(\frac{\sigma_0^2}{\sigma_1^2}\right)$$

따라서 검정력과 표본 크기 $n$은 다음과 같이 결정된다.

$$1-\beta = \Pr\left(\chi^2_\beta < \chi^2 < \infty\right)$$
$$= \Pr\left(\chi^2_{1-\alpha}\left(\frac{\sigma_0^2}{\sigma_1^2}\right) < \chi^2 < \infty\right)$$

**모분산에 대한 표본 크기의 결정**

주어진 $\alpha$, $1-\beta$ 하에서

$H_0 : \sigma^2 = \sigma_0^2 \;\; vs. \;\; H_1 : \sigma^2 > \sigma_0^2$

$H_1$의 한 값 $\sigma_1^2$이 주어졌을 때, 다음을 만족하는 표본 크기 $n$을 결정

$$\frac{\chi^2_{1-\alpha}(n-1)}{\chi^2_\beta(n-1)} \le \frac{\sigma_1^2}{\sigma_0^2}$$

다음의 [표 9.2]는 표본 크기를 판단할 때 유용한 값을 정리한 것이다.

**[표 9.2] 모분산 가설 검정을 위한 기준값**

| $\nu$ | $\chi^2_{0.95}/\chi^2_{0.05}$ | $\chi^2_{0.90}/\chi^2_{0.10}$ | $\nu$ | $\chi^2_{0.95}/\chi^2_{0.05}$ | $\chi^2_{0.90}/\chi^2_{0.10}$ |
|---|---|---|---|---|---|
| 2 | 28.43 | 44.89 | 15 | 2.93 | 3.07 |
| 3 | 13.37 | 17.77 | 20 | 2.52 | 2.62 |
| 4 | 8.92 | 10.95 | 25 | 2.29 | 2.35 |
| 5 | 6.88 | 8.06 | 30 | 2.13 | 2.18 |
| 6 | 5.71 | 6.51 | 40 | 1.92 | 1.95 |
| 7 | 4.97 | 5.55 | 50 | 1.79 | 1.82 |
| 8 | 4.44 | 4.89 | 70 | 1.64 | 1.65 |
| 9 | 4.06 | 4.42 | 100 | 1.51 | 1.52 |
| 10 | 3.76 | 4.06 | 500 | 1.20 | 1.20 |

### 예제 9.3

다음의 통계적 가설을 검정하기 위한 적절한 표본 크기를 결정하시오.

$$H_0 : \sigma^2 = 40 \quad vs. \ H_1 : \sigma^2 > 40$$

(단, 유의수준은 0.05, 검정력은 0.9 , $H_1$에서 관심 있는 값 $\sigma_1^2 = 10^2$이다.)

(결과)

. [부록]의 [표 II] 또는 [표 9.3]을 이용하여 다음을 만족하는 자유도를 찾아 $n = \nu + 1$을 결정

$$\frac{\chi_{1-\alpha}^2}{\chi_\beta^2} \le \frac{100}{40} = 2.5$$

. $\dfrac{\chi_{1-\alpha}^2(21)}{\chi_\beta^2(21)} \le \dfrac{32.67}{13.24} = 2.469$ 이므로 $n = 21 + 1 = 22$가 된다.

[표 9.2]를 이용하여 근사적으로 계산하는 경우

. $\dfrac{\chi_{1-\alpha}^2(25)}{\chi_\beta^2(25)} \le 2.29 < 2.5$ 이므로 $n = 25 + 1 = 26$이 된다. ■

## 9.4.2 모분산의 비

모분산의 비에 대하여 가장 관심이 있는 가설은 다음과 같다.

$$H_0 : \frac{\sigma_1^2}{\sigma_2^2} = 1 \quad vs. \ H_1 : \frac{\sigma_1^2}{\sigma_2^2} > 1$$

이에 대한 검정통계량 $s_1^2/s_2^2$은 다음과 같이 자유도 $(n_1 - 1, n_2 - 1)$을 갖는 $F$-분포를 따른다.

$$F = \frac{s_1^2/\sigma_1^2}{s_2^2/\sigma_2^2} = \frac{s_1^2\,\sigma_2^2}{s_2^2\,\sigma_1^2} \sim F(n_1 - 1,\, n_2 - 1),\ n_i, i = 1,2$$

따라서 주어진 가설에 대하여 다음이 성립한다.

$$F_\beta = \left(\frac{\sigma_2}{\sigma_1}\right)^2 F_{1-\alpha}$$

이를 이용하여 다음과 같이 검정력을 구할 수 있다.

$$\begin{aligned} 1-\beta &= \Pr(F_\beta < F < \infty) \\ &= \Pr\left[\left(\frac{\sigma_2}{\sigma_1}\right)^2 F_{1-\alpha} < F < \infty\right] \end{aligned}$$

## 예제 9.4

다음의 통계적 가설을 검정하기 위하여 $n_1 = n_2 = 26$개의 표본을 추출하였고, $\sigma_1^2 = 15,\ \sigma_2^2 = 5$를 가정하였다. 검정력을 계산하시오. (단, 유의수준은 0.05이다.)

$$H_0 : \sigma_1^2 = \sigma_2^2 \ \ vs.\ H_1 : \sigma_1^2 > \sigma_2^2$$

(결과)

$$\begin{aligned} .\ 1-\beta &= \Pr\left[\left(\frac{5}{15}\right)^2 F_{1-0.05}(25,25) < F < \infty\right] \\ &= \Pr(0.652 < F < \infty) = 0.854 \end{aligned}$$

■

정확한 $F$-분포를 이용하여 검정력을 만족하는 2 개의 자유도를 결정하고 이를 이용하여 표본 크기를 결정하기 위해서는 여러 번의 반복적인 확률 계산 작업을 필요로 한다. 따라서 표본 크기를 결정할 때는 다음과 같이 근사적 방법이 유용하다. 동일한 가설을 모표준편차를 이용하여 정의하면 다음과 같다.

$$H_0 : \frac{\sigma_1}{\sigma_2} = 1 \ \ vs. \ \ H_1 : \frac{\sigma_1}{\sigma_2} > 1$$

이때 $\ln(s_1/s_2)$는 다음과 같이 근사적으로 정규분포를 따른다.

$$\ln(s_1/s_2) \simeq N\left(\ln(\sigma_1/\sigma_2), \sqrt{\frac{1}{2}\left(\frac{1}{n_1}+\frac{1}{n_2}\right)}\right)$$

이를 이용하여 모평균의 차이에서 다루었던 방법을 적용하면 다음과 같이 근사적인 검정력을 구할 수 있으며, 반복적인 절차 없이 표본 크기를 결정할 수 있다.

$$1-\beta = \Phi(-z_\beta < Z < \infty)$$

여기서 $\Phi(\bullet)$는 표준 정규분포의 누적분포 함수

$$z_\beta = \frac{\ln(\sigma_1/\sigma_2)}{\sqrt{\frac{1}{2}\left(\frac{1}{n_1}+\frac{1}{n_2}\right)}} - z_\alpha$$

**모표준편차의 비에 대한 표본 크기의 결정 (근사적 방법)**

주어진 $\alpha$, $1-\beta$ 하에서

$$H_0 : \frac{\sigma_1}{\sigma_2} = 1 \ \ vs. \ \ H_1 : \frac{\sigma_1}{\sigma_2} > 1$$

- $n_1 = \dfrac{1}{2}\left(1+\dfrac{n_1}{n_2}\right)\left(\dfrac{z_\alpha + z_\beta}{\ln(\sigma_1/\sigma_2)}\right)^2$

여기서 $n_1$은 정수이며 $n_2$는 $\dfrac{n_1}{n_2} = \dfrac{\sigma_1}{\sigma_2}$가 되도록 결정

만일 $n_1 = n_2$을 가정한다면 표본 크기 $n$은 다음과 같이 간단해 진다.

$$n = n_1 = n_2 = \left( \frac{z_\alpha + z_\beta}{\ln(\sigma_1/\sigma_2)} \right)^2, \text{ 단 } n\text{은 정수}$$

### 예제 9.5

고려하는 두 집단의 모표준편차는 2배의 차이가 날 것으로 예상된다. 이를 확인하기 위한 표본 크기를 결정하시오. (단, 유의수준은 0.05, 검정력은 0.9를 만족하고 두 집단의 표본 크기는 동일하게 결정되어야 한다.)

(결과)

$$. \ n = n_1 = n_2 = \left( \frac{z_\alpha + z_\beta}{\ln(\sigma_1/\sigma_2)} \right)^2$$

$$= \left( \frac{1.645 + 1.282}{\ln(2)} \right)^2 = 18$$ ■

# 9.5 모비율과 모비율의 차이

Population Proportions and their Difference

일반적으로 모비율과 모비율의 차이는 모평균 또는 모평균의 차이에 비하여 더 많은 표본 크기를 요구한다. 따라서 정규근사 방법에 기초한 표본 크기의 결정 방법을 고려해보도록 하자.

## 9.5.1 모비율

모비율 $\pi$에 대한 다음의 통계적 가설을 고려해 보면 다음과 같다.

$$H_0 : \pi = \pi_0 \ vs \ H_1 : \pi \neq \pi_0$$

표본비율 $p$는 다음과 같이 근사적으로 정규분포를 따른다.

$$Z_T = \frac{p - \pi_0}{\sqrt{\frac{\pi_0(1-\pi_0)}{n}}} \simeq N(0,1)$$

만일 $H_1$ 하에서 하나의 값 $\pi = \pi_1$을 고려한다면 이 역시 근사적으로 정규분포를 따르고 평균 $n\pi_1$, 표준편차 $\sqrt{n\pi_1(1-\pi_1)}$를 갖는다. 따라서 모평균에서와 같이 효과 크기를 결정할 수 있다.

$$\begin{aligned}\delta = \pi_1 - \pi_2 &= \frac{z_{\alpha/2}\sqrt{n\pi_0(1-\pi_0)} + z_\beta\sqrt{n\pi_1(1-\pi_1)}}{n} \\ &= z_{\alpha/2}\sqrt{\frac{\pi_0(1-\pi_0)}{n}} + z_\beta\sqrt{\frac{\pi_1(1-\pi_1)}{n}}\end{aligned}$$

따라서 검정력은 다음과 같이 결정된다.

$$1-\beta = 1 - \Phi(-\infty < z < z_\beta)$$

$$\text{여기서 } z_\beta = \frac{\sqrt{n}\,|\pi_1 - \pi_0| - z_{\alpha/2}\sqrt{\pi_0(1-\pi_0)}}{\sqrt{\pi_1(1-\pi_1)}}$$

주어진 검정력을 표본 크기 $n$에 대하여 계산해보면 다음과 같이 표본 크기를 결정할 수 있다.

**모비율의 가설 검정을 위한 표본 크기의 결정(근사적 방법)**

주어진 $\alpha$, $1-\beta$ 하에서

$H_0 : \pi = \pi_0 \ vs. \ H_1 : \pi \neq \pi_0$

$$n = \left(\frac{z_{\alpha/2}\sqrt{\pi_0(1-\pi_0)} + z_\beta\sqrt{\pi_1(1-\pi_1)}}{\pi_1 - \pi_0}\right)^2 \text{ 단, } n\text{은 정수}$$

만일 $\pi_0$와 $\pi_1$이 비슷한 값을 갖는다면 표본 크기 $n$은 다음과 같이 근사적으로 계산할 수 있다.

$$n = \overline{\pi}(1-\overline{\pi})\left(\frac{z_{\alpha/2} + z_\beta}{\pi_1 - \pi_0}\right)^2, \text{ 여기서 } \overline{\pi} = (\pi_0 + \pi_1)/2$$

### 예제 9.6

$H_0 : \pi = 0.05$를 검정하고자 한다. 단 $H_1$의 한 값인 $\pi = 0.10$에서 검정력은 0.9이 되어야 하고 유의수준은 0.05를 가정하였다. 필요한 표본 크기를 구하시오.

(결과)

$$. \; n = \left(\frac{1.96\sqrt{0.05(1-0.05)} + 1.282\sqrt{0.1(1-0.1)}}{0.1-0.05}\right)^2 = 264 \quad ■$$

## 9.5.2 모비율의 차이

모비율의 차이 역시 정규 근사를 이용하면 표본분포의 모수들을 제외하고는 모분산을 알 때 모평균의 차이와 동일하다. 이를 정리하면 다음과 같다. 각각 모비율 $\pi_1, \pi_2$를 갖고 상호독립인 두 이항모집단에서 다음의 통계적 가설을 고려해 보자.

$$H_0 : \pi_1 = \pi_2 \;\; vs. \;\; H_1 : \pi_1 \neq \pi_2$$

만일 $n_1$, $n_2$개의 표본으로부터 계산된 표본비율을 각각 $p_1$, $p_2$라고 하면 가설 검정을 위한 검정통계량은 다음과 같이 정의된다.

$$Z_0 = \frac{|p_1 - p_2|}{\sqrt{p^*(1-p^*)(\frac{1}{n_1} + \frac{1}{n_2})}}, \text{ 여기서 } p^* = \frac{n_1 p_1 + n_2 p_2}{n_1 + n_2}$$

표본 크기와 검정력을 계산하고자 할 때, $|\pi_1 - \pi_2|$에 대한 사전 정보가 없다면 동일한 표본 크기를 가정해야한다. 이러한 경우, 검정통계량은 다음과 같이 간단해진다.

$$Z_0 = \frac{|p_1 - p_2|}{\sqrt{\frac{2p^*(1-p^*)}{n}}}, \text{ 여기서 } p^* = \frac{1}{2}(p_1 + p_2)$$

이를 이용하여 검정력을 정의하면 다음과 같다.

$$1 - \beta = \Phi(-\infty < Z < z_\beta)$$

$$\text{여기서 } z_\beta = \frac{|p_1 - p_2|}{\sqrt{\frac{2p^*(1-p^*)}{n}}} - z_{\alpha/2}$$

이를 표본 크기 $n$에 대하여 정리하면 주어진 유의수준 $\alpha$와 검정력 $1-\beta$를 만족하는 표본크기 $n$을 구할 수 있다.

**모비율의 차에 대한 가설 검정을 위한 표본 크기의 결정 (근사적 방법)**

주어진 $\alpha$, $1-\beta$ 하에서

$H_0 : \pi_1 = \pi_2 \ vs \ H_1 : \pi_1 \neq \pi_2$

$$n = \frac{2\pi^*(1-\pi^*)}{(\pi_1 - \pi_2)^2}(z_\beta + z_{\alpha/2})^2 \quad \text{단, } n\text{은 정수,} \quad \pi^* = \frac{1}{2}(\pi_1 + \pi_2)$$

### 예제 9.7

두 개의 모비율 $\pi_1 = 0.10$, $\pi_2 = 0.20$이 기대되는 모집단으로부터 표본 크기를 결정하고자 한다. 단, 검정력은 0.9가 되어야 하고 유의 수준은 0.05를 가정하였다. 필요한 표본 크기를 구하시오.

(결과)

. $\pi^* = \frac{1}{2}(\pi_1 + \pi_2) = 0.15,\ \pi_1 - \pi_2 =- 0.1$ 이므로

$$n = \frac{2(0.15)(1-0.15)}{(-0.1)^2}(1.282 + 1.96)^2 = 268$$

■

적절한 표본 크기의 결정은 실무적 관점 또는 통계적 관점에서 매우 중요한 활동이다. 실무적인 관심 특성의 관심 사항을 표현할 수 있는 모수 또는 모수들의 함수에 대하여 표본크기를 계산할 수 있는 방법을 설명했으나 이를 [부록]의 [확률분포 표]를 이용하여 계산하는 것은 한계가 있다. 따라서 하나 이상의 공인된 통계 소프트웨어를 통하여 원하는 표본 크기를 확인하는 것이 좋다.

가설 검정에서 검정력에 기초한 적절한 표본 크기를 결정하는 것을 예기된[Prospective] 검정력 판단이라고 한다. 이는 실무에서 충분한 정보를 수집하고 통계적인 의사 결정에 필요한 적절한 표본 크기를 결정하는 것을 말한다. 이와 반대로 이미 수집된 데이터를 통하여 결정된 통계적 의사 결정 결과가 타당한가의 여부 또는 추가적인 표본을 수집해야 하는가를 확인하기 위해 검정력을 확인해 보는 것을 소급적[Retrospective] 검정력 판단이라고 한다. [그림 9.3]은 이에 대한 판단 기준을 설명한다.

예기된 검정력 판단의 경우 효과 크기, 모분산 등의 정보를 얼마나 올바로 수집하는가에 따라 유용성이 결정된다. 소급된 검정력 판단의 경우 $H_0$가 기각된다면 검정력을 굳이 확인할 필요가 없다. 왜냐하면 유의수준은 가설의 형태 또는 표본 크기와 상관없이 항상 보장되기 때문이나. 하지만 분석자가 관심을 갖는 $H_0$를 기각 못하는 경우, 표본크기가 작은때

는 검정력이 낮아 $H_0$를 기각하지 못하는 경우가 발생할 수 있다. 이러한 경우에는 검정력을 계산해 보고 기준값 (일반적으로 0.9)을 넘지 못하는 경우 추가 표본을 고려하거나 새롭게 설계된 표본크기로 가설 검정을 재실행한다면 그 결과가 바뀔 수도 있다.

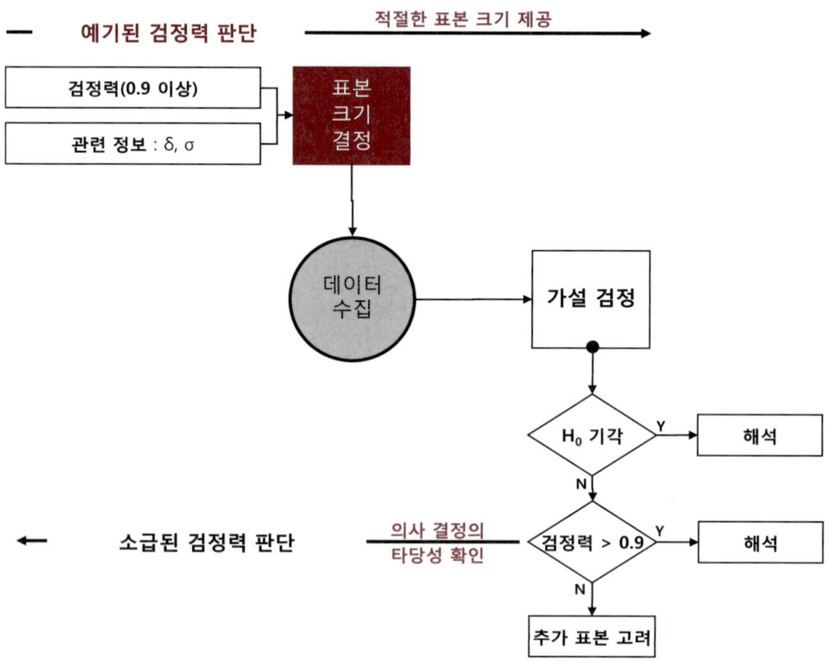


[그림 9.3] 검정력 판단

## 9.6 실무적 고려 사항

실무적으로 통계방법론을 적용할 때 표본 크기에 대한 좋지 못한 사례들이 많다. 다음 사항들을 고려해 보자.

1. 실무적 상황과 상관없이 항상 동일한 표본 크기를 적용한다.
   (예) 개발 분야 $n=5$, 생산 분야 $n=30$
   불량률 판단 $n = \sqrt{N} + 1$, 여기서 $N$은 생산 수량 등

   이는 실무에서 가장 흔한 경우로 표본 크기의 결정보다 통계방법론을 적용하기 위한 연산 방법이나 공식에 치중해서 얻어지는 결과이다. 실무적 상황은 고유한 정보를 가지고 있으므로 단 하나의 기준으로 이를 표현할 수 없다. 따라서 실무적 상황에 대한 올바른 정보를 수집하여 표본 크기를 설계할 수 있어야 한다.

2. 권위 있는 기관에서 제공하는 표본 크기를 그대로 사용하는 경우
   (예) ANSI/ASQ Z1.4~Z1.9

   이 상황 역시 많은 오류가 있는 경우로 특정 제품 또는 기능에 대하여 대략적으로 또는 특정 분야의 일정한 합격 기준에 대하여 계산된 표본 크기를 맹목적으로 사용한다는 것은 문제가 있다. 표본 크기는 제도나 기준으로 결정되는 경우도 있지만, 일반적으로 원하는 프로세스에 대해 올바른 판단을 할 수 있도록 결정되어야 한다.

3. 검증되지 않은 소프트웨어 또는 인터넷이 제공하는 방법을 사용하는 경우

   앞 절에서 소개한 바와 같이 표본 크기는 다양한 통계적 확률과 수학적 연산 과정에 의해 결정된다. 또한 다양한 근사 방법이 연구되어 왔으며 지금도 연구되고 있다. 하지만 검증되지 않은 소프트웨어 또는 개인이 제작하여 제공하는 인터넷 사이트의 방법은 경우에 따

라서 정확하지 않을 수 있다. 통계학을 학습하기 위하여 사용해 보는 것은 큰 문제가 없겠으나, 실무적으로 중요한 표본크기를 검증되지 않은 방법으로 계산하는 것은 여러 가지 이유에서 바람직하지 않다.

### 4. 이미 실행된 조사/실험의 검정력 계산시 효과 크기를 확대 사용하는 경우

검정력은 모분산/모표준편차 그리고 효과 크기 $\delta$의 함수이다. 만일 일정한 검정력을 관리하고자 할 때, 이미 정해진 표본 크기로 결과를 얻은 후 효과 크기를 확대하여 검정력을 높이는 경우가 있다. 표본을 선택하기 전에 모분산에 대한 정보를 수집하고 적절한 효과 크기를 결정한 후 표본크기를 결정해야 하는 것이지 결과를 확인한 후에 그 값을 맞추어 가는 것은 현장에 아무런 도움이 되지 않는다.

표본 크기를 판단하기 위한 정보가 부족하다는 것은 올바른 통계적 의사결정을 할 수 없다는 의미가 된다. 따라서 필요한 경우 실제 조사/실험 전에 소수의 표본을 이용하여 파일럿 조사/실험을 실시하거나 유사 프로세스의 관련 정보를 수집하여 해당 프로세스의 환경에 맞게 조정을 하는 등 여러 가지 방법을 시도해 보아야 한다.

**10 장**

# 기초적인 통계 분석의 도구 소개

## Introducing Statistical Methods

**S. G. Ko**

통계 분석의 도구의 유용성은 사용된 데이터만큼 만 높다.

### 학습 목표

- 통계적 사고 방법과 통계 분석 도구간의 연관성을 이해한다.
- 데이터의 유형별로 적절한 통계 분석 도구를 구별할 수 있다.

### 차례

10.1 정리
10.2 기초적인 통계분석의 도구
10.3 실무적 고려 사항

### 중요 용어

- 데이터의 형태, 데이터 레쥬메
  Data form, Data resume
- 오적용, 과적용
  Wrong application, Over application

# 10.1 정리

Summary of Statistical Thinking

지금까지 통계적 의사 결정을 중심으로 한 통계적 사고 방법을 설명하였다. 그림을 다시 확인해 보고 처음에 제시했던 3 가지 명제를 기억해 보도록 보자.

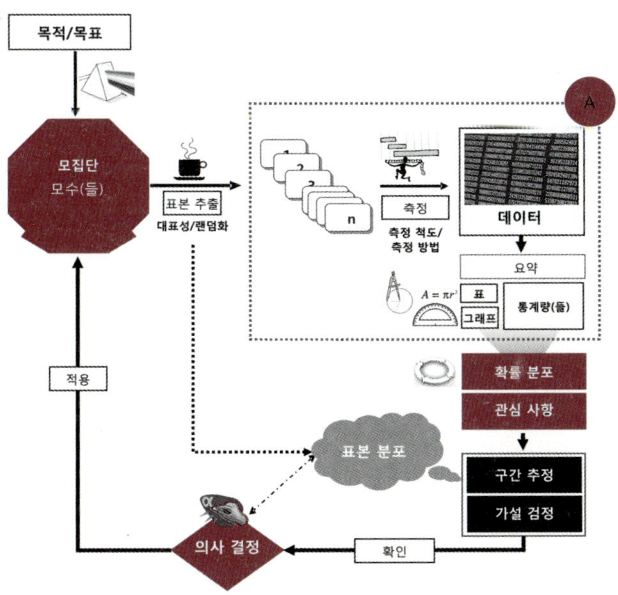


> ❶ **모든 관심 특성은 변수이다.**
> ❶ **모든 통계량/추정량은 고유의 분포를 갖는다.**
> ❶ **표본 오차가 존재한다면 이를 의사 결정에 반영해야 한다.**

통계적 사고 방법이란 위의 그림의 절차에 따라 주어진 3 가지 명제를 통하여 데이터를 다루는 것을 말한다. 따라서 데이터를 사용하는 실무자들은 통계 분석 도구에 대한 학습 이전에 반드시 잘 이해해야 한다.

# 10.2 기초적인 통계분석의 도구

Basic Statistical Tools and Methods

대부분의 분야에서 데이터를 사용하는 만큼 통계적 도구와 방법은 매우 다양하고 지금도 지속적으로 개발되고 있다.

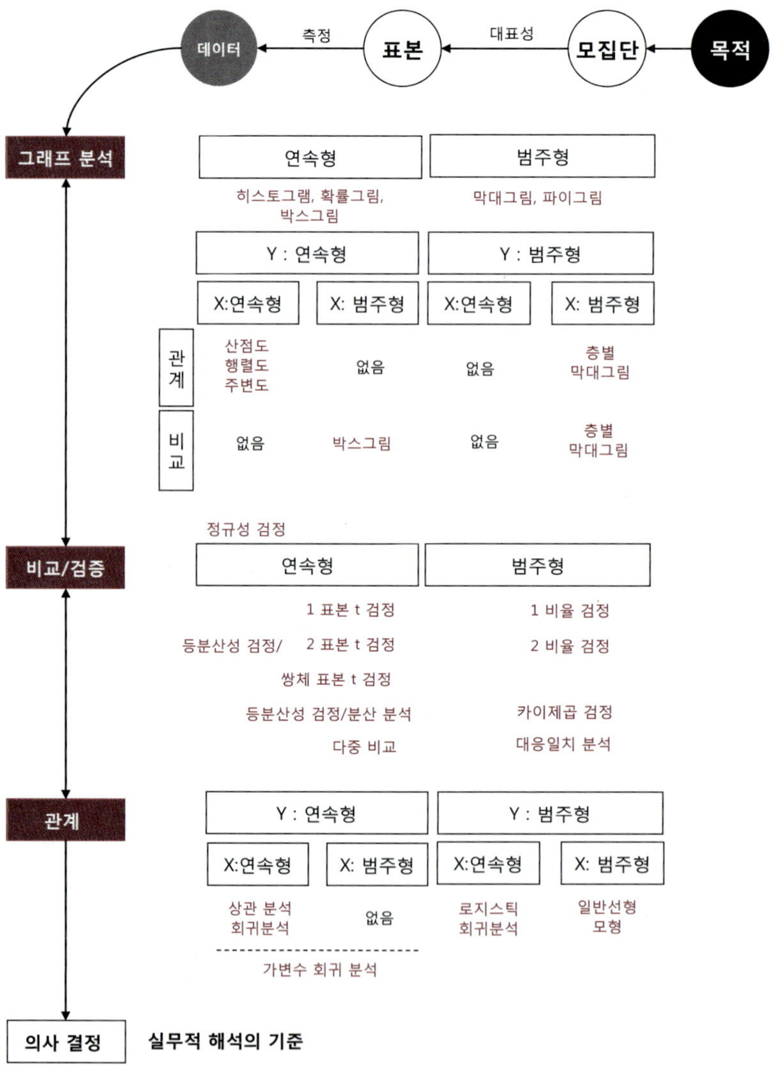


[그림 10.1] 기본적인 통계 분석의 도구

[그림 10.1]은 기초적인 통계 도구와 방법을 보여준다.[11] 그래프 분석에서는 관심 특성의 확률분포를 대략적으로 확인하거나 2 개 이상 변수간의 관계를 확인하는 통계적 도구를 사용한다. 즉, 연속형으로 측정된 단일 변수에 대해서는 히스토그램[Histogram], 확률 그림[Probability Plot], 박스 그림[Box Plot] 등이 사용되고, 범주형으로 측정되는 경우에는 막대 그림[Bar Chart]을 이용하여 빈도를 확인하거나 파이 그림[Pie Chart]을 통해 비중을 확인하게 된다. 특히 범주형의 막대그림과 연속형의 히스토그램을 혼동하는 책이 많은데, 이 점은 명확히 구분해 두어야 한다.

만일 2 개 이상의 변수를 측정한 경우를 보자. 결과 또는 시간적으로 나중에 측정되는 변수를 $Y$라 하고 이 경우 원인으로 예상되거나 시간상으로 먼저 측정되는 변수를 $X$라고 가정할 때, $Y$가 연속형이라면 사용 가능한 다양한 통계 분석의 도구가 존재한다. 하지만 만일 $Y$가 범주형이라면 층별 막대그림을 제외하고는 특별한 통계 분석의 도구가 존재하지 않는다.

이러한 통계적 도구의 활용 가능성을 미리 확인해 보는 것은 실무적으로 유용하다. 만일 데이터를 수집해 놓았으나 그래프 분석조차 할 수 없다면 실제로 그 데이터로부터 새로운 사실을 도출할 가능성은 거의 없기 때문이다.

만일 $Y$가 연속형이고 $X$도 연속형이라면 산점도[Scatter Plot], 행렬도[Matrix Plot], 주변도[Marginal Plot]와 같은 다양한 그래프를 그려볼 수 있다. 이러한 그림을 이용하여 관계의 밀접도, 군집 유무, 이상점 유무 등 추가적인 통계 분석을 통해 중요한 점을 사전에 확인할 수 있다.

이러한 체계적인 그래프 분석은 실무자들에게 많은 분석적 힌트를 제공한다. 따라서 동일한 데이터라고 하더라도 가능한 한 많은 종류의 그래프를 그려보아야 한다. 다양한 그래프를 적용해 보는 것은 다양한 시각에서 현장을 바라보는 것과 같다.

그래프 분석을 통하여 확인된 기존의 사실, 의심스러운 사실 또는 새로운 사실을 발견하였다면 이를 비교하고 검증해 볼 필요가 있다. 실무적 관심 특성의 모수들은 관심 특성의 확률분포를 결정해 준다. 따라서

---

11) 액션 리더, 고승곤/이종설 저, 2012, 엘빅미디어

관심 특성의 모수들에 대한 다양한 통계 분석의 도구가 제공된다. 비교 및 검증에 사용되는 통계적 방법은 대부분 제 7장과 제 8장에서 설명되었고, 설명되지 않은 일부 방법은 앞으로 다른 지면을 통해 소개할 예정이다.

또한 관심 변수들 간의 관계에 관심이 있을 수 있다. 2 개의 변수 또는 2 개 이상의 변수들에 대한 관계에 관심이 있다면 $Y$의 수집 형태에 따라 다양한 방법이 존재한다. 만일 $Y$가 연속형이고 $X$ 역시 연속형이라면 상관분석Correlation Analysis과 회귀 분석Regression Analysis을 통하여 관계의 밀접도 또는 관계식을 도출할 수 있다. 이를 경험적 모형 설정 방법이라고 한다. 또한 여러 개의 $X$들 중에서 일부가 연속형이고 나머지가 범주형이라면 가변수Dummy Variables 회귀분석을 통하여 범주형으로 정의된 범주들 간의 관계식을 도출하고 비교해 볼 수도 있다. 만일 $Y$가 범주형이라면 제한적이지만 로지스틱Logistic 회귀 분석과 일반 선형 모형General Linear Model을 사용할 수 있다.

수집된 데이터는 이러한 통계 분석의 도구를 통하여 요약되고 중요한 정보로 변환된다. 이는 실무적 해석의 기준으로 다양한 실무적 의사결정에서 핵심적인 역할을 하게 된다.

## 10.3 실무적 고려 사항

Practical Considerations

올바른 통계 분석을 위하여 실무적으로 고려할 사항을 간단히 정리해 보면 다음과 같다.

### 1. 데이터의 유형 확인

실무적인 목적과 원하는 구별력이 측정 척도를 결정한다면 측정 활동에 의해 수집되는 데이터의 형태는 분석 방법을 결정한다. 따라서 데이터의 유형을 먼저 확인하고 적절한 통계 분석 방법을 결정해야 한다.

## 2. 데이터 레쥬메의 작성 그리고 군집과 이상점의 확인

그래프를 제외한 대부분의 통계분석 도구들은 평균 중심으로 결과를 제공한다. 따라서 이상점의 영향을 많이 받고 군집이 있는 경우 실무적으로 타당한 결과를 얻기 힘들다. 따라서 실무적으로 데이터 수집 계획을 결정할 때 반드시 중요 항목에 대한 데이터 레쥬메를 작성하고 필요한 경우 군집을 구분하고 이상점을 관리할 수 있어야 한다.

## 3. 적절한 표본 크기의 결정

통계 분석이란 데이터가 가지고 있는 일정한 패턴을 확인하고 이를 근거로 오차를 반영할 수 있는 통계적 모형 하에서 실행된다. 따라서 너무 적은 표본크기는 패턴을 확인하기 어렵다. 실무자들은 자신이 원하는 목적에 적합하도록 적절한 표본 크기를 결정하고 이를 이용하여 통계 분석을 실행할 필요가 있다.

## 4. 통계적 결론과 실무적 결론의 구분

통계 분석의 결과가 통계적 결론이다. 이는 분석자가 설정한 통계적 모형에 대한 결과로서 올바른 데이터 수집과 올바른 분석 방법 적용이라는 전제 조건을 갖는다. 만일 실무적 문제를 통계적 문제에 올바로 반영된 경우라면 통계적 결론은 실무적 결론일 가능성이 높아진다. 하지만 그렇지 않은 경우도 있을 수 있으므로 데이터를 통해 얻어진 통계적 결론을 실무적으로 적용하기 위해서는 현장의 상황을 반영한 실무적 해석 과정을 거쳐야 한다. 이때 통계적 결론은 실무적 해석의 객관적 기준을 제공한다.

### 5. 오적용과 과적용 방지

오적용Wrong Application이란 실무적으로 측정되는 데이터를 목적에 적합하지 않은 통계 분석의 도구에 적용한 경우를 말한다. 대부분이 통계 분석에 대한 심도 있는 학습 없이 데이터를 분석하고자 할 때 발생하는 오류를 말한다. 과적용Over Application이란 굳이 데이터를 수집할 필요가 없는 실무적 상황에서 시간과 비용을 투자하여 데이터를 수집하고 명백한 결론이 있는데도 불구하고 통계 분석을 통하여 의사 결정하고자 할 때 발생하는 오류를 말한다. 두 경우 모두 바람직하지 않으며 명확한 실무적 목적 하에서 꼭 필요한 경우에 한하여 올바른 통계분석 방법을 적용하고자 노력해야 한다.

실무적인 진단 및 문제 해결을 위하여 사용되는 통계 분석의 도구들은 매우 유용하지만, 올바르지 못한 데이터를 수집하여 적용하거나 데이터에 적절한 통계 분석의 도구를 적용하는 경우에는 도움이 되지 않거나 심지어 위험할 수도 있다는 점을 잘 기억할 필요가 있다.

부록

# 통계분포 표

## 학습 목표

- 통계분포 표를 이용하여 누적확률과 역 누적확률 값의 계산법을 이해한다.

## 차례

I. 표준 정규분포 표

II. 카이제곱($\chi^2$)분포 표

III. $t$-분포 표

IV. $F$-분포 표

## 중요 용어

상위 누적확률, 역 누적확률

Upper Cumulative Probability, Inverse Cumulative Probability

**[표 1] 표준 정규분포 표**

$$\Pr(Z \geq z_\alpha) = \alpha$$

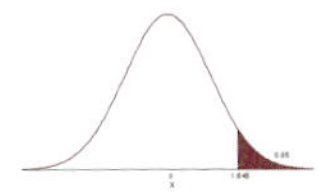

| Z | 0.00 | 0.01 | 0.02 | 0.03 | 0.04 | 0.05 | 0.06 | 0.07 | 0.08 | 0.09 | Z |
|---|---|---|---|---|---|---|---|---|---|---|---|
| 0.0 | .5000 | .4960 | .4920 | .4880 | .4840 | .4801 | .4761 | .4721 | .4681 | .4641 | 0.0 |
| 0.1 | .4602 | .4562 | .4522 | .4483 | .4443 | .4404 | .4364 | .4325 | .4286 | .4247 | 0.1 |
| 0.2 | .4207 | .4168 | .4129 | .4090 | .4052 | .4013 | .3974 | .3936 | .3897 | .3859 | 0.2 |
| 0.3 | .3821 | .3783 | .3745 | .3707 | .3669 | .3632 | .3594 | .3557 | .3520 | .3483 | 0.3 |
| 0.4 | .3446 | .3409 | .3372 | .3336 | .3300 | .3264 | .3228 | .3192 | .3156 | .3121 | 0.4 |
| 0.5 | .3085 | .3050 | .3015 | .2981 | .2946 | .2912 | .2877 | .2843 | .2810 | .2776 | 0.5 |
| 0.6 | .2743 | .2709 | .2676 | .2643 | .2611 | .2578 | .2546 | .2514 | .2483 | .2451 | 0.6 |
| 0.7 | .2420 | .2389 | .2358 | .2327 | .2296 | .2266 | .2236 | .2206 | .2177 | .2148 | 0.7 |
| 0.8 | .2119 | .2090 | .2061 | .2033 | .2005 | .1977 | .1949 | .1922 | .1894 | .1867 | 0.8 |
| 0.9 | .1841 | .1814 | .1788 | .1762 | .1736 | .1711 | .1685 | .1660 | .1635 | .1611 | 0.9 |
| 1.0 | .1587 | .1562 | .1539 | .1515 | .1492 | .1469 | .1446 | .1423 | .1401 | .1379 | 1.0 |
| 1.1 | .1357 | .1335 | .1314 | .1292 | .1271 | .1251 | .1230 | .1210 | .1190 | .1170 | 1.1 |
| 1.2 | .1151 | .1131 | .1112 | .1093 | .1075 | .1056 | .1038 | .1020 | .1003 | .0985 | 1.2 |
| 1.3 | .0968 | .0951 | .0934 | .0918 | .0901 | .0885 | .0869 | .0853 | .0838 | .0823 | 1.3 |
| 1.4 | .0808 | .0793 | .0778 | .0764 | .0749 | .0735 | .0721 | .0708 | .0694 | .0681 | 1.4 |
| 1.5 | .0668 | .0655 | .0643 | .0630 | .0618 | .0606 | .0594 | .0582 | .0571 | .0559 | 1.5 |
| 1.6 | .0548 | .0537 | .0526 | .0516 | .0505 | .0495 | .0485 | .0475 | .0465 | .0455 | 1.6 |
| 1.7 | .0446 | .0436 | .0427 | .0418 | .0409 | .0401 | .0392 | .0384 | .0375 | .0367 | 1.7 |
| 1.8 | .0359 | .0351 | .0344 | .0336 | .0329 | .0322 | .0314 | .0307 | .0301 | .0294 | 1.8 |
| 1.9 | .0287 | .0281 | .0274 | .0268 | .0262 | .0256 | .0250 | .0244 | .0239 | .0233 | 1.9 |
| 2.0 | .0228 | .0222 | .0217 | .0212 | .0207 | .0202 | .0197 | .0192 | .0188 | .0183 | 2.0 |
| 2.1 | .0179 | .0174 | .0170 | .0166 | .0162 | .0158 | .0154 | .0150 | .0146 | .0143 | 2.1 |
| 2.2 | .0139 | .0136 | .0132 | .0129 | .0125 | .0122 | .0119 | .0116 | .0113 | .0110 | 2.2 |
| 2.3 | .0107 | .0104 | .0102 | .0099 | .0096 | .0094 | .0091 | .0089 | .0087 | .0084 | 2.3 |
| 2.4 | .0082 | .0080 | .0078 | .0075 | .0073 | .0071 | .0069 | .0068 | .0066 | .0064 | 2.4 |
| 2.5 | .0062 | .0060 | .0059 | .0057 | .0055 | .0054 | .0052 | .0051 | .0049 | .0048 | 2.5 |
| 2.6 | .0047 | .0045 | .0044 | .0043 | .0041 | .0040 | .0039 | .0038 | .0037 | .0036 | 2.6 |
| 2.7 | .0035 | .0034 | .0033 | .0032 | .0031 | .0030 | .0029 | .0028 | .0027 | .0026 | 2.7 |
| 2.8 | .0026 | .0025 | .0024 | .0023 | .0023 | .0022 | .0021 | .0021 | .0020 | .0019 | 2.8 |
| 2.9 | .0019 | .0018 | .0018 | .0017 | .0016 | .0016 | .0015 | .0015 | .0014 | .0014 | 2.9 |
| 3.0 | .0013 | .0013 | .0013 | .0012 | .0012 | .0011 | .0011 | .0011 | .0010 | .0010 | 3.0 |
| 3.1 | .0010 | .0009 | .0009 | .0009 | .0008 | .0008 | .0008 | .0008 | .0007 | .0007 | 3.1 |
| 3.2 | .0007 | .0007 | .0006 | .0006 | .0006 | .0006 | .0006 | .0005 | .0005 | .0005 | 3.2 |
| 3.3 | .0005 | .0005 | .0005 | .0004 | .0004 | .0004 | .0004 | .0004 | .0004 | .0003 | 3.3 |
| 3.4 | .0003 | .0003 | .0003 | .0003 | .0003 | .0003 | .0003 | .0003 | .0003 | .0002 | 3.4 |
| 3.5 | .0002 | .0002 | .0002 | .0002 | .0002 | .0002 | .0002 | .0002 | .0002 | .0002 | 3.5 |
| 3.6 | .0002 | .0002 | .0001 | .0001 | .0001 | .0001 | .0001 | .0001 | .0001 | .0001 | 3.6 |
| 3.7 | .0001 | .0001 | .0001 | .0001 | .0001 | .0001 | .0001 | .0001 | .0001 | .0001 | 3.7 |
| 3.8 | .0001 | .0001 | .0001 | .0001 | .0001 | .0001 | .0001 | .0001 | .0001 | .0001 | 3.8 |
| 3.9 | .0000 | .0000 | .0000 | .0000 | .0000 | .0000 | .0000 | .0000 | .0000 | .0000 | 3.9 |

## [부록 II] 카이제곱($\chi^2$) 분포 표

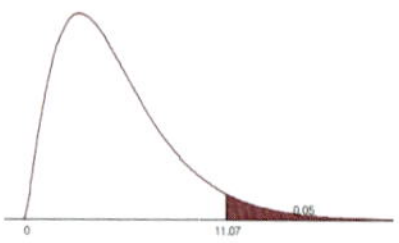

$$\Pr(\chi^2 \geq \chi_\alpha(\nu)\ ) = \alpha$$

| $\nu$ \ $\alpha$ | 0.009 | 0.995 | 0.990 | 0.975 | 0.950 | 0.500 | 0.050 | 0.025 | 0.010 | 0.005 | 0.001 |
|---|---|---|---|---|---|---|---|---|---|---|---|
| 1 | 0.000 | 0.000 | 0.000 | 0.001 | 0.004 | 0.455 | 3.841 | 5.024 | 6.635 | 7.879 | 10.828 |
| 2 | 0.002 | 0.010 | 0.020 | 0.051 | 0.103 | 1.386 | 5.991 | 7.378 | 9.210 | 10.597 | 13.816 |
| 3 | 0.024 | 0.072 | 0.115 | 0.216 | 0.352 | 2.366 | 7.815 | 9.348 | 11.345 | 12.838 | 16.266 |
| 4 | 0.091 | 0.207 | 0.297 | 0.484 | 0.711 | 3.357 | 9.488 | 11.143 | 13.277 | 14.860 | 18.467 |
| 5 | 0.210 | 0.412 | 0.554 | 0.831 | 1.145 | 4.351 | 11.070 | 12.833 | 15.086 | 16.750 | 20.515 |
| 6 | 0.381 | 0.676 | 0.872 | 1.237 | 1.635 | 5.348 | 12.592 | 14.449 | 16.812 | 18.548 | 22.458 |
| 7 | 0.598 | 0.989 | 1.239 | 1.690 | 2.167 | 6.346 | 14.067 | 16.013 | 18.475 | 20.278 | 24.322 |
| 8 | 0.857 | 1.344 | 1.646 | 2.180 | 2.733 | 7.344 | 15.507 | 17.535 | 20.090 | 21.955 | 26.124 |
| 9 | 1.152 | 1.735 | 2.088 | 2.700 | 3.325 | 8.343 | 16.919 | 19.023 | 21.666 | 23.589 | 27.877 |
| 10 | 1.479 | 2.156 | 2.558 | 3.247 | 3.940 | 9.342 | 18.307 | 20.483 | 23.209 | 25.188 | 29.588 |
| 11 | 1.834 | 2.603 | 3.053 | 3.816 | 4.575 | 10.341 | 19.675 | 21.920 | 24.725 | 26.757 | 31.264 |
| 12 | 2.214 | 3.074 | 3.571 | 4.404 | 5.226 | 11.340 | 21.026 | 23.337 | 26.217 | 28.300 | 32.909 |
| 13 | 2.617 | 3.565 | 4.107 | 5.009 | 5.892 | 12.340 | 22.362 | 24.736 | 27.688 | 29.819 | 34.528 |
| 14 | 3.041 | 4.075 | 4.660 | 5.629 | 6.571 | 13.339 | 23.685 | 26.119 | 29.141 | 31.319 | 36.123 |
| 15 | 3.483 | 4.601 | 5.229 | 6.262 | 7.261 | 14.339 | 24.996 | 27.488 | 30.578 | 32.801 | 37.697 |
| 16 | 3.942 | 5.142 | 5.812 | 6.908 | 7.962 | 15.338 | 26.296 | 28.845 | 32.000 | 34.267 | 39.252 |
| 17 | 4.416 | 5.697 | 6.408 | 7.564 | 8.672 | 16.338 | 27.587 | 30.191 | 33.409 | 35.718 | 40.790 |
| 18 | 4.905 | 6.265 | 7.015 | 8.231 | 9.390 | 17.338 | 28.869 | 31.526 | 34.805 | 37.156 | 42.312 |
| 19 | 5.407 | 6.844 | 7.633 | 8.907 | 10.117 | 18.338 | 30.144 | 32.852 | 36.191 | 38.582 | 43.820 |
| 20 | 5.921 | 7.434 | 8.260 | 9.591 | 10.851 | 19.337 | 31.410 | 34.170 | 37.566 | 39.997 | 45.315 |
| 25 | 8.649 | 10.520 | 11.524 | 13.120 | 14.611 | 24.337 | 37.652 | 40.646 | 44.314 | 46.928 | 52.620 |
| 30 | 11.588 | 13.787 | 14.953 | 16.791 | 18.493 | 29.336 | 43.773 | 46.979 | 50.892 | 53.672 | 59.703 |
| 40 | 17.916 | 20.707 | 22.164 | 24.433 | 26.509 | 39.335 | 55.758 | 59.342 | 63.691 | 66.766 | 73.402 |
| 50 | 24.674 | 27.991 | 29.707 | 32.357 | 34.764 | 49.335 | 67.505 | 71.420 | 76.154 | 79.490 | 86.661 |
| 60 | 31.738 | 35.534 | 37.485 | 40.482 | 43.188 | 59.335 | 79.082 | 83.298 | 88.379 | 91.952 | 99.607 |
| 70 | 39.036 | 43.275 | 45.442 | 48.758 | 51.739 | 69.334 | 90.531 | 95.023 | 100.425 | 104.215 | 112.317 |
| 80 | 46.520 | 51.172 | 53.540 | 57.153 | 60.391 | 79.334 | 101.879 | 106.629 | 112.329 | 116.321 | 124.839 |
| 90 | 54.155 | 59.196 | 61.754 | 65.647 | 69.126 | 89.334 | 113.145 | 118.136 | 124.116 | 128.299 | 137.208 |
| 100 | 61.918 | 67.328 | 70.065 | 74.222 | 77.929 | 99.334 | 124.342 | 129.561 | 135.807 | 140.169 | 149.449 |

**[부록 Ⅲ] $t$-분포 표**

$$\Pr(T \geq t_{\alpha}(\nu)) = \alpha$$

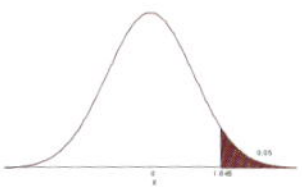

| $\nu$ \ $\alpha$ | 0.40 | 0.25 | 0.10 | 0.05 | 0.025 | 0.01 | 0.005 | 0.0025 | 0.001 | 0.0005 |
|---|---|---|---|---|---|---|---|---|---|---|
| 1 | 0.325 | 1.000 | 3.078 | 6.314 | 12.706 | 31.821 | 63.657 | 127.332 | 318.310 | 636.620 |
| 2 | 0.289 | 0.816 | 1.886 | 2.920 | 4.303 | 6.965 | 9.925 | 14.089 | 22.326 | 31.598 |
| 3 | 0.277 | 0.765 | 1.638 | 2.353 | 3.182 | 4.541 | 5.841 | 7.453 | 10.213 | 12.924 |
| 4 | 0.271 | 0.741 | 1.533 | 2.132 | 2.776 | 3.747 | 4.604 | 5.598 | 7.173 | 8.610 |
| 5 | 0.267 | 0.727 | 1.476 | 2.015 | 2.571 | 3.365 | 4.032 | 4.773 | 5.893 | 6.869 |
| 6 | 0.265 | 0.718 | 1.440 | 1.943 | 2.447 | 3.143 | 3.707 | 4.317 | 5.208 | 5.959 |
| 7 | 0.263 | 0.711 | 1.415 | 1.895 | 2.365 | 2.998 | 3.499 | 4.029 | 4.785 | 5.408 |
| 8 | 0.262 | 0.706 | 1.397 | 1.860 | 2.306 | 2.896 | 3.355 | 3.833 | 4.501 | 5.041 |
| 9 | 0.261 | 0.703 | 1.383 | 1.833 | 2.262 | 2.821 | 3.250 | 3.690 | 4.297 | 4.781 |
| 10 | 0.260 | 0.700 | 1.372 | 1.812 | 2.228 | 2.764 | 3.169 | 3.581 | 4.144 | 4.587 |
| 11 | 0.260 | 0.697 | 1.363 | 1.796 | 2.201 | 2.718 | 3.106 | 3.497 | 4.025 | 4.437 |
| 12 | 0.259 | 0.695 | 1.356 | 1.782 | 2.179 | 2.681 | 3.055 | 3.428 | 3.930 | 4.318 |
| 13 | 0.259 | 0.694 | 1.350 | 1.771 | 2.160 | 2.650 | 3.012 | 3.372 | 3.852 | 4.221 |
| 14 | 0.258 | 0.692 | 1.345 | 1.761 | 2.145 | 2.624 | 2.977 | 3.326 | 3.787 | 4.140 |
| 15 | 0.258 | 0.691 | 1.341 | 1.753 | 2.131 | 2.602 | 2.947 | 3.286 | 3.733 | 4.073 |
| 16 | 0.258 | 0.690 | 1.337 | 1.746 | 2.120 | 2.583 | 2.921 | 3.252 | 3.686 | 4.015 |
| 17 | 0.257 | 0.689 | 1.333 | 1.740 | 2.110 | 2.567 | 2.898 | 3.222 | 3.646 | 3.965 |
| 18 | 0.257 | 0.688 | 1.330 | 1.734 | 2.101 | 2.552 | 2.878 | 3.197 | 3.610 | 3.922 |
| 19 | 0.257 | 0.688 | 1.328 | 1.729 | 2.093 | 2.539 | 2.861 | 3.174 | 3.579 | 3.883 |
| 20 | 0.257 | 0.687 | 1.325 | 1.725 | 2.086 | 2.528 | 2.845 | 3.153 | 3.552 | 3.850 |
| 21 | 0.257 | 0.686 | 1.323 | 1.721 | 2.080 | 2.518 | 2.831 | 3.135 | 3.527 | 3.819 |
| 22 | 0.256 | 0.686 | 1.321 | 1.717 | 2.074 | 2.508 | 2.819 | 3.119 | 3.505 | 3.792 |
| 23 | 0.256 | 0.685 | 1.319 | 1.714 | 2.069 | 2.500 | 2.807 | 3.104 | 3.485 | 3.768 |
| 24 | 0.256 | 0.685 | 1.318 | 1.711 | 2.064 | 2.492 | 2.797 | 3.091 | 3.467 | 3.745 |
| 25 | 0.256 | 0.684 | 1.316 | 1.708 | 2.060 | 2.485 | 2.787 | 3.078 | 3.450 | 3.725 |
| 26 | 0.256 | 0.684 | 1.315 | 1.706 | 2.056 | 2.479 | 2.779 | 3.067 | 3.435 | 3.707 |
| 27 | 0.256 | 0.684 | 1.314 | 1.703 | 2.052 | 2.473 | 2.771 | 3.057 | 3.421 | 3.690 |
| 28 | 0.256 | 0.683 | 1.313 | 1.701 | 2.048 | 2.467 | 2.763 | 3.047 | 3.408 | 3.674 |
| 29 | 0.256 | 0.683 | 1.311 | 1.699 | 2.045 | 2.462 | 2.756 | 3.038 | 3.396 | 3.659 |
| 30 | 0.256 | 0.683 | 1.310 | 1.697 | 2.042 | 2.457 | 2.750 | 3.030 | 3.385 | 3.646 |
| 40 | 0.255 | 0.681 | 1.303 | 1.684 | 2.021 | 2.423 | 2.704 | 2.971 | 3.307 | 3.551 |
| 60 | 0.254 | 0.679 | 1.296 | 1.671 | 2.000 | 2.390 | 2.660 | 2.915 | 3.232 | 3.460 |
| 120 | 0.254 | 0.677 | 1.289 | 1.658 | 1.980 | 2.358 | 2.617 | 2.860 | 3.160 | 3.373 |
| $\infty$ | 0.253 | 0.674 | 1.282 | 1.645 | 1.960 | 2.326 | 2.576 | 2.807 | 3.090 | 3.291 |

**[부록 Ⅳ] $F$-분포 표 : $\alpha = 0.10$**

$$\Pr(F \geq F_{(\alpha)}(\nu_1, \nu_2)\ ) = \alpha$$

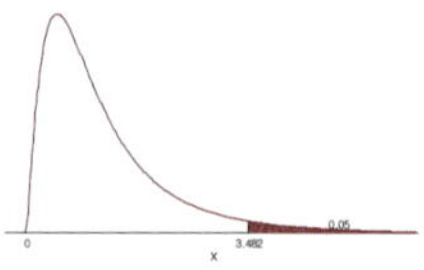

| $\nu_2$ \ $\nu_1$ | 1 | 2 | 3 | 4 | 5 | 6 | 7 | 8 | 9 | 10 | 11 | 12 | 13 | 14 | 15 | 16 | 17 |
|---|---|---|---|---|---|---|---|---|---|---|---|---|---|---|---|---|---|
| 1 | 39.86 | 49.50 | 53.59 | 55.83 | 57.24 | 58.20 | 58.91 | 59.44 | 59.86 | 60.19 | 60.47 | 60.71 | 60.90 | 61.07 | 61.22 | 61.35 | 61.46 |
| 2 | 8.53 | 9.00 | 9.16 | 9.24 | 9.29 | 9.33 | 9.35 | 9.37 | 9.38 | 9.39 | 9.40 | 9.41 | 9.41 | 9.42 | 9.42 | 9.43 | 9.43 |
| 3 | 5.54 | 5.46 | 5.39 | 5.34 | 5.31 | 5.28 | 5.27 | 5.25 | 5.24 | 5.23 | 5.22 | 5.22 | 5.21 | 5.20 | 5.20 | 5.20 | 5.19 |
| 4 | 4.54 | 4.32 | 4.19 | 4.11 | 4.05 | 4.01 | 3.98 | 3.95 | 3.94 | 3.92 | 3.91 | 3.90 | 3.89 | 3.88 | 3.87 | 3.86 | 3.86 |
| 5 | 4.06 | 3.78 | 3.62 | 3.52 | 3.45 | 3.40 | 3.37 | 3.34 | 3.32 | 3.30 | 3.28 | 3.27 | 3.26 | 3.25 | 3.24 | 3.23 | 3.22 |
| 6 | 3.78 | 3.46 | 3.29 | 3.18 | 3.11 | 3.05 | 3.01 | 2.98 | 2.96 | 2.94 | 2.92 | 2.90 | 2.89 | 2.88 | 2.87 | 2.86 | 2.85 |
| 7 | 3.59 | 3.26 | 3.07 | 2.96 | 2.88 | 2.83 | 2.78 | 2.75 | 2.72 | 2.70 | 2.68 | 2.67 | 2.65 | 2.64 | 2.63 | 2.62 | 2.61 |
| 8 | 3.46 | 3.11 | 2.92 | 2.81 | 2.73 | 2.67 | 2.62 | 2.59 | 2.56 | 2.54 | 2.52 | 2.50 | 2.49 | 2.48 | 2.46 | 2.45 | 2.45 |
| 9 | 3.36 | 3.01 | 2.81 | 2.69 | 2.61 | 2.55 | 2.51 | 2.47 | 2.44 | 2.42 | 2.40 | 2.38 | 2.36 | 2.35 | 2.34 | 2.33 | 2.32 |
| 10 | 3.29 | 2.92 | 2.73 | 2.61 | 2.52 | 2.46 | 2.41 | 2.38 | 2.35 | 2.32 | 2.30 | 2.28 | 2.27 | 2.26 | 2.24 | 2.23 | 2.22 |
| 11 | 3.23 | 2.86 | 2.66 | 2.54 | 2.45 | 2.39 | 2.34 | 2.30 | 2.27 | 2.25 | 2.23 | 2.21 | 2.19 | 2.18 | 2.17 | 2.16 | 2.15 |
| 12 | 3.18 | 2.81 | 2.61 | 2.48 | 2.39 | 2.33 | 2.28 | 2.24 | 2.21 | 2.19 | 2.17 | 2.15 | 2.13 | 2.12 | 2.10 | 2.09 | 2.08 |
| 13 | 3.14 | 2.76 | 2.56 | 2.43 | 2.35 | 2.28 | 2.23 | 2.20 | 2.16 | 2.14 | 2.12 | 2.10 | 2.08 | 2.07 | 2.05 | 2.04 | 2.03 |
| 14 | 3.10 | 2.73 | 2.52 | 2.39 | 2.31 | 2.24 | 2.19 | 2.15 | 2.12 | 2.10 | 2.07 | 2.05 | 2.04 | 2.02 | 2.01 | 2.00 | 1.99 |
| 15 | 3.07 | 2.70 | 2.49 | 2.36 | 2.27 | 2.21 | 2.16 | 2.12 | 2.09 | 2.06 | 2.04 | 2.02 | 2.00 | 1.99 | 1.97 | 1.96 | 1.95 |
| 16 | 3.05 | 2.67 | 2.46 | 2.33 | 2.24 | 2.18 | 2.13 | 2.09 | 2.06 | 2.03 | 2.01 | 1.99 | 1.97 | 1.95 | 1.94 | 1.93 | 1.92 |
| 17 | 3.03 | 2.64 | 2.44 | 2.31 | 2.22 | 2.15 | 2.10 | 2.06 | 2.03 | 2.00 | 1.98 | 1.96 | 1.94 | 1.93 | 1.91 | 1.90 | 1.89 |
| 18 | 3.01 | 2.62 | 2.42 | 2.29 | 2.20 | 2.13 | 2.08 | 2.04 | 2.00 | 1.98 | 1.95 | 1.93 | 1.92 | 1.90 | 1.89 | 1.87 | 1.86 |
| 19 | 2.99 | 2.61 | 2.40 | 2.27 | 2.18 | 2.11 | 2.06 | 2.02 | 1.98 | 1.96 | 1.93 | 1.91 | 1.89 | 1.88 | 1.86 | 1.85 | 1.84 |
| 20 | 2.97 | 2.59 | 2.38 | 2.25 | 2.16 | 2.09 | 2.04 | 2.00 | 1.96 | 1.94 | 1.91 | 1.89 | 1.87 | 1.86 | 1.84 | 1.83 | 1.82 |
| 21 | 2.96 | 2.57 | 2.36 | 2.23 | 2.14 | 2.08 | 2.02 | 1.98 | 1.95 | 1.92 | 1.90 | 1.87 | 1.86 | 1.84 | 1.83 | 1.81 | 1.80 |
| 22 | 2.95 | 2.56 | 2.35 | 2.22 | 2.13 | 2.06 | 2.01 | 1.97 | 1.93 | 1.90 | 1.88 | 1.86 | 1.84 | 1.83 | 1.81 | 1.80 | 1.79 |
| 23 | 2.94 | 2.55 | 2.34 | 2.21 | 2.11 | 2.05 | 1.99 | 1.95 | 1.92 | 1.89 | 1.87 | 1.84 | 1.83 | 1.81 | 1.80 | 1.78 | 1.77 |
| 24 | 2.93 | 2.54 | 2.33 | 2.19 | 2.10 | 2.04 | 1.98 | 1.94 | 1.91 | 1.88 | 1.85 | 1.83 | 1.81 | 1.80 | 1.78 | 1.77 | 1.76 |
| 25 | 2.92 | 2.53 | 2.32 | 2.18 | 2.09 | 2.02 | 1.97 | 1.93 | 1.89 | 1.87 | 1.84 | 1.82 | 1.80 | 1.79 | 1.77 | 1.76 | 1.75 |
| 26 | 2.91 | 2.52 | 2.31 | 2.17 | 2.08 | 2.01 | 1.96 | 1.92 | 1.88 | 1.86 | 1.83 | 1.81 | 1.79 | 1.77 | 1.76 | 1.75 | 1.73 |
| 27 | 2.90 | 2.51 | 2.30 | 2.17 | 2.07 | 2.00 | 1.95 | 1.91 | 1.87 | 1.85 | 1.82 | 1.80 | 1.78 | 1.76 | 1.75 | 1.74 | 1.72 |
| 28 | 2.89 | 2.50 | 2.29 | 2.16 | 2.06 | 2.00 | 1.94 | 1.90 | 1.87 | 1.84 | 1.81 | 1.79 | 1.77 | 1.75 | 1.74 | 1.73 | 1.71 |
| 29 | 2.89 | 2.50 | 2.28 | 2.15 | 2.06 | 1.99 | 1.93 | 1.89 | 1.86 | 1.83 | 1.80 | 1.78 | 1.76 | 1.75 | 1.73 | 1.72 | 1.71 |
| 30 | 2.88 | 2.49 | 2.28 | 2.14 | 2.05 | 1.98 | 1.93 | 1.88 | 1.85 | 1.82 | 1.79 | 1.77 | 1.75 | 1.74 | 1.72 | 1.71 | 1.70 |
| 40 | 2.84 | 2.44 | 2.23 | 2.09 | 2.00 | 1.93 | 1.87 | 1.83 | 1.79 | 1.76 | 1.74 | 1.71 | 1.70 | 1.68 | 1.66 | 1.65 | 1.64 |
| 60 | 2.79 | 2.39 | 2.18 | 2.04 | 1.95 | 1.87 | 1.82 | 1.77 | 1.74 | 1.71 | 1.68 | 1.66 | 1.64 | 1.62 | 1.60 | 1.59 | 1.58 |
| 120 | 2.75 | 2.35 | 2.13 | 1.99 | 1.90 | 1.82 | 1.77 | 1.72 | 1.68 | 1.65 | 1.63 | 1.60 | 1.58 | 1.56 | 1.55 | 1.53 | 1.52 |

※ $F_{0.9}(\nu_1, \nu_2) = \dfrac{1}{F_{0.1}(\nu_1, \nu_2)}$

**[부록 IV] $F$-분포 표 : $\alpha = 0.10$(계속)**

| $\nu_2$ \ $\nu_1$ | 18 | 19 | 20 | 21 | 22 | 23 | 24 | 25 | 26 | 27 | 28 | 29 | 30 | 40 | 60 | 120 |
|---|---|---|---|---|---|---|---|---|---|---|---|---|---|---|---|---|
| 1 | 61.57 | 61.66 | 61.74 | 61.81 | 61.88 | 61.95 | 62.00 | 62.05 | 62.10 | 62.15 | 62.19 | 62.23 | 62.26 | 62.53 | 62.79 | 63.06 |
| 2 | 9.44 | 9.44 | 9.44 | 9.44 | 9.45 | 9.45 | 9.45 | 9.45 | 9.45 | 9.45 | 9.46 | 9.46 | 9.46 | 9.47 | 9.47 | 9.48 |
| 3 | 5.19 | 5.19 | 5.18 | 5.18 | 5.18 | 5.18 | 5.18 | 5.17 | 5.17 | 5.17 | 5.17 | 5.17 | 5.17 | 5.16 | 5.15 | 5.14 |
| 4 | 3.85 | 3.85 | 3.84 | 3.84 | 3.84 | 3.83 | 3.83 | 3.83 | 3.83 | 3.82 | 3.82 | 3.82 | 3.82 | 3.80 | 3.79 | 3.78 |
| 5 | 3.22 | 3.21 | 3.21 | 3.20 | 3.20 | 3.19 | 3.19 | 3.19 | 3.18 | 3.18 | 3.18 | 3.18 | 3.17 | 3.16 | 3.14 | 3.12 |
| 6 | 2.85 | 2.84 | 2.84 | 2.83 | 2.83 | 2.82 | 2.82 | 2.81 | 2.81 | 2.81 | 2.81 | 2.80 | 2.80 | 2.78 | 2.76 | 2.74 |
| 7 | 2.61 | 2.60 | 2.59 | 2.59 | 2.58 | 2.58 | 2.58 | 2.57 | 2.57 | 2.56 | 2.56 | 2.56 | 2.56 | 2.54 | 2.51 | 2.49 |
| 8 | 2.44 | 2.43 | 2.42 | 2.42 | 2.41 | 2.41 | 2.40 | 2.40 | 2.40 | 2.39 | 2.39 | 2.39 | 2.38 | 2.36 | 2.34 | 2.32 |
| 9 | 2.31 | 2.30 | 2.30 | 2.29 | 2.29 | 2.28 | 2.28 | 2.27 | 2.27 | 2.26 | 2.26 | 2.26 | 2.25 | 2.23 | 2.21 | 2.18 |
| 10 | 2.22 | 2.21 | 2.20 | 2.19 | 2.19 | 2.18 | 2.18 | 2.17 | 2.17 | 2.17 | 2.16 | 2.16 | 2.16 | 2.13 | 2.11 | 2.08 |
| 11 | 2.14 | 2.13 | 2.12 | 2.12 | 2.11 | 2.11 | 2.10 | 2.10 | 2.09 | 2.09 | 2.08 | 2.08 | 2.08 | 2.05 | 2.03 | 2.00 |
| 12 | 2.08 | 2.07 | 2.06 | 2.05 | 2.05 | 2.04 | 2.04 | 2.03 | 2.03 | 2.02 | 2.02 | 2.01 | 2.01 | 1.99 | 1.96 | 1.93 |
| 13 | 2.02 | 2.01 | 2.01 | 2.00 | 1.99 | 1.99 | 1.98 | 1.98 | 1.97 | 1.97 | 1.96 | 1.96 | 1.96 | 1.93 | 1.90 | 1.88 |
| 14 | 1.98 | 1.97 | 1.96 | 1.96 | 1.95 | 1.94 | 1.94 | 1.93 | 1.93 | 1.92 | 1.92 | 1.92 | 1.91 | 1.89 | 1.86 | 1.83 |
| 15 | 1.94 | 1.93 | 1.92 | 1.92 | 1.91 | 1.90 | 1.90 | 1.89 | 1.89 | 1.88 | 1.88 | 1.88 | 1.87 | 1.85 | 1.82 | 1.79 |
| 16 | 1.91 | 1.90 | 1.89 | 1.88 | 1.88 | 1.87 | 1.87 | 1.86 | 1.86 | 1.85 | 1.85 | 1.84 | 1.84 | 1.81 | 1.78 | 1.75 |
| 17 | 1.88 | 1.87 | 1.86 | 1.86 | 1.85 | 1.84 | 1.84 | 1.83 | 1.83 | 1.82 | 1.82 | 1.81 | 1.81 | 1.78 | 1.75 | 1.72 |
| 18 | 1.85 | 1.84 | 1.84 | 1.83 | 1.82 | 1.82 | 1.81 | 1.80 | 1.80 | 1.80 | 1.79 | 1.79 | 1.78 | 1.75 | 1.72 | 1.69 |
| 19 | 1.83 | 1.82 | 1.81 | 1.81 | 1.80 | 1.79 | 1.79 | 1.78 | 1.78 | 1.77 | 1.77 | 1.76 | 1.76 | 1.73 | 1.70 | 1.67 |
| 20 | 1.81 | 1.80 | 1.79 | 1.79 | 1.78 | 1.77 | 1.77 | 1.76 | 1.76 | 1.75 | 1.75 | 1.74 | 1.74 | 1.71 | 1.68 | 1.64 |
| 21 | 1.79 | 1.78 | 1.78 | 1.77 | 1.76 | 1.75 | 1.75 | 1.74 | 1.74 | 1.73 | 1.73 | 1.72 | 1.72 | 1.69 | 1.66 | 1.62 |
| 22 | 1.78 | 1.77 | 1.76 | 1.75 | 1.74 | 1.74 | 1.73 | 1.73 | 1.72 | 1.72 | 1.71 | 1.71 | 1.70 | 1.67 | 1.64 | 1.60 |
| 23 | 1.76 | 1.75 | 1.74 | 1.74 | 1.73 | 1.72 | 1.72 | 1.71 | 1.70 | 1.70 | 1.69 | 1.69 | 1.69 | 1.66 | 1.62 | 1.59 |
| 24 | 1.75 | 1.74 | 1.73 | 1.72 | 1.71 | 1.71 | 1.70 | 1.70 | 1.69 | 1.69 | 1.68 | 1.68 | 1.67 | 1.64 | 1.61 | 1.57 |
| 25 | 1.74 | 1.73 | 1.72 | 1.71 | 1.70 | 1.70 | 1.69 | 1.68 | 1.68 | 1.67 | 1.67 | 1.66 | 1.66 | 1.63 | 1.59 | 1.56 |
| 26 | 1.72 | 1.71 | 1.71 | 1.70 | 1.69 | 1.68 | 1.68 | 1.67 | 1.67 | 1.66 | 1.66 | 1.65 | 1.65 | 1.61 | 1.58 | 1.54 |
| 27 | 1.71 | 1.70 | 1.70 | 1.69 | 1.68 | 1.67 | 1.67 | 1.66 | 1.65 | 1.65 | 1.64 | 1.64 | 1.64 | 1.60 | 1.57 | 1.53 |
| 28 | 1.70 | 1.69 | 1.69 | 1.68 | 1.67 | 1.66 | 1.66 | 1.65 | 1.64 | 1.64 | 1.63 | 1.63 | 1.63 | 1.59 | 1.56 | 1.52 |
| 29 | 1.69 | 1.68 | 1.68 | 1.67 | 1.66 | 1.65 | 1.65 | 1.64 | 1.63 | 1.63 | 1.62 | 1.62 | 1.62 | 1.58 | 1.55 | 1.51 |
| 30 | 1.69 | 1.68 | 1.67 | 1.66 | 1.65 | 1.64 | 1.64 | 1.63 | 1.63 | 1.62 | 1.62 | 1.61 | 1.61 | 1.57 | 1.54 | 1.50 |
| 40 | 1.62 | 1.61 | 1.61 | 1.60 | 1.59 | 1.58 | 1.57 | 1.57 | 1.56 | 1.56 | 1.55 | 1.55 | 1.54 | 1.51 | 1.47 | 1.42 |
| 60 | 1.56 | 1.55 | 1.54 | 1.53 | 1.53 | 1.52 | 1.51 | 1.50 | 1.50 | 1.49 | 1.49 | 1.48 | 1.48 | 1.44 | 1.40 | 1.35 |
| 120 | 1.50 | 1.49 | 1.48 | 1.47 | 1.46 | 1.46 | 1.45 | 1.44 | 1.43 | 1.43 | 1.42 | 1.41 | 1.41 | 1.37 | 1.32 | 1.26 |

## [부록 IV] $F$-분포 표 : $\alpha = 0.05$

$$\Pr(F \geq F_{(\alpha)}(\nu_1, \nu_2)) = \alpha$$

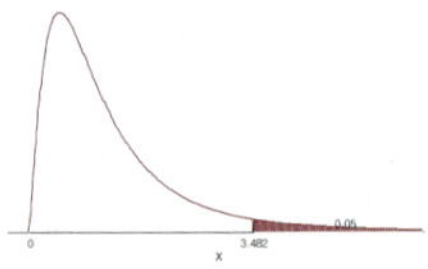

| $\nu_2$ \ $\nu_1$ | 1 | 2 | 3 | 4 | 5 | 6 | 7 | 8 | 9 | 10 | 11 | 12 | 13 | 14 | 15 | 16 | 17 |
|---|---|---|---|---|---|---|---|---|---|---|---|---|---|---|---|---|---|
| 1 | 161.45 | 199.50 | 215.71 | 224.58 | 230.16 | 233.99 | 236.77 | 238.88 | 240.54 | 241.88 | 242.98 | 243.91 | 244.69 | 245.36 | 245.95 | 246.46 | 246.92 |
| 2 | 18.51 | 19.00 | 19.16 | 19.25 | 19.30 | 19.33 | 19.35 | 19.37 | 19.38 | 19.40 | 19.40 | 19.41 | 19.42 | 19.42 | 19.43 | 19.43 | 19.44 |
| 3 | 10.13 | 9.55 | 9.28 | 9.12 | 9.01 | 8.94 | 8.89 | 8.85 | 8.81 | 8.79 | 8.76 | 8.74 | 8.73 | 8.71 | 8.70 | 8.69 | 8.68 |
| 4 | 7.71 | 6.94 | 6.59 | 6.39 | 6.26 | 6.16 | 6.09 | 6.04 | 6.00 | 5.96 | 5.94 | 5.91 | 5.89 | 5.87 | 5.86 | 5.84 | 5.83 |
| 5 | 6.61 | 5.79 | 5.41 | 5.19 | 5.05 | 4.95 | 4.88 | 4.82 | 4.77 | 4.74 | 4.70 | 4.68 | 4.66 | 4.64 | 4.62 | 4.60 | 4.59 |
| 6 | 5.99 | 5.14 | 4.76 | 4.53 | 4.39 | 4.28 | 4.21 | 4.15 | 4.10 | 4.06 | 4.03 | 4.00 | 3.98 | 3.96 | 3.94 | 3.92 | 3.91 |
| 7 | 5.59 | 4.74 | 4.35 | 4.12 | 3.97 | 3.87 | 3.79 | 3.73 | 3.68 | 3.64 | 3.60 | 3.57 | 3.55 | 3.53 | 3.51 | 3.49 | 3.48 |
| 8 | 5.32 | 4.46 | 4.07 | 3.84 | 3.69 | 3.58 | 3.50 | 3.44 | 3.39 | 3.35 | 3.31 | 3.28 | 3.26 | 3.24 | 3.22 | 3.20 | 3.19 |
| 9 | 5.12 | 4.26 | 3.86 | 3.63 | 3.48 | 3.37 | 3.29 | 3.23 | 3.18 | 3.14 | 3.10 | 3.07 | 3.05 | 3.03 | 3.01 | 2.99 | 2.97 |
| 10 | 4.96 | 4.10 | 3.71 | 3.48 | 3.33 | 3.22 | 3.14 | 3.07 | 3.02 | 2.98 | 2.94 | 2.91 | 2.89 | 2.86 | 2.85 | 2.83 | 2.81 |
| 11 | 4.84 | 3.98 | 3.59 | 3.36 | 3.20 | 3.09 | 3.01 | 2.95 | 2.90 | 2.85 | 2.82 | 2.79 | 2.76 | 2.74 | 2.72 | 2.70 | 2.69 |
| 12 | 4.75 | 3.89 | 3.49 | 3.26 | 3.11 | 3.00 | 2.91 | 2.85 | 2.80 | 2.75 | 2.72 | 2.69 | 2.66 | 2.64 | 2.62 | 2.60 | 2.58 |
| 13 | 4.67 | 3.81 | 3.41 | 3.18 | 3.03 | 2.92 | 2.83 | 2.77 | 2.71 | 2.67 | 2.63 | 2.60 | 2.58 | 2.55 | 2.53 | 2.51 | 2.50 |
| 14 | 4.60 | 3.74 | 3.34 | 3.11 | 2.96 | 2.85 | 2.76 | 2.70 | 2.65 | 2.60 | 2.57 | 2.53 | 2.51 | 2.48 | 2.46 | 2.44 | 2.43 |
| 15 | 4.54 | 3.68 | 3.29 | 3.06 | 2.90 | 2.79 | 2.71 | 2.64 | 2.59 | 2.54 | 2.51 | 2.48 | 2.45 | 2.42 | 2.40 | 2.38 | 2.37 |
| 16 | 4.49 | 3.63 | 3.24 | 3.01 | 2.85 | 2.74 | 2.66 | 2.59 | 2.54 | 2.49 | 2.46 | 2.42 | 2.40 | 2.37 | 2.35 | 2.33 | 2.32 |
| 17 | 4.45 | 3.59 | 3.20 | 2.96 | 2.81 | 2.70 | 2.61 | 2.55 | 2.49 | 2.45 | 2.41 | 2.38 | 2.35 | 2.33 | 2.31 | 2.29 | 2.27 |
| 18 | 4.41 | 3.55 | 3.16 | 2.93 | 2.77 | 2.66 | 2.58 | 2.51 | 2.46 | 2.41 | 2.37 | 2.34 | 2.31 | 2.29 | 2.27 | 2.25 | 2.23 |
| 19 | 4.38 | 3.52 | 3.13 | 2.90 | 2.74 | 2.63 | 2.54 | 2.48 | 2.42 | 2.38 | 2.34 | 2.31 | 2.28 | 2.26 | 2.23 | 2.21 | 2.20 |
| 20 | 4.35 | 3.49 | 3.10 | 2.87 | 2.71 | 2.60 | 2.51 | 2.45 | 2.39 | 2.35 | 2.31 | 2.28 | 2.25 | 2.22 | 2.20 | 2.18 | 2.17 |
| 21 | 4.32 | 3.47 | 3.07 | 2.84 | 2.68 | 2.57 | 2.49 | 2.42 | 2.37 | 2.32 | 2.28 | 2.25 | 2.22 | 2.20 | 2.18 | 2.16 | 2.14 |
| 22 | 4.30 | 3.44 | 3.05 | 2.82 | 2.66 | 2.55 | 2.46 | 2.40 | 2.34 | 2.30 | 2.26 | 2.23 | 2.20 | 2.17 | 2.15 | 2.13 | 2.11 |
| 23 | 4.28 | 3.42 | 3.03 | 2.80 | 2.64 | 2.53 | 2.44 | 2.37 | 2.32 | 2.27 | 2.24 | 2.20 | 2.18 | 2.15 | 2.13 | 2.11 | 2.09 |
| 24 | 4.26 | 3.40 | 3.01 | 2.78 | 2.62 | 2.51 | 2.42 | 2.36 | 2.30 | 2.25 | 2.22 | 2.18 | 2.15 | 2.13 | 2.11 | 2.09 | 2.07 |
| 25 | 4.24 | 3.39 | 2.99 | 2.76 | 2.60 | 2.49 | 2.40 | 2.34 | 2.28 | 2.24 | 2.20 | 2.16 | 2.14 | 2.11 | 2.09 | 2.07 | 2.05 |
| 26 | 4.23 | 3.37 | 2.98 | 2.74 | 2.59 | 2.47 | 2.39 | 2.32 | 2.27 | 2.22 | 2.18 | 2.15 | 2.12 | 2.09 | 2.07 | 2.05 | 2.03 |
| 27 | 4.21 | 3.35 | 2.96 | 2.73 | 2.57 | 2.46 | 2.37 | 2.31 | 2.25 | 2.20 | 2.17 | 2.13 | 2.10 | 2.08 | 2.06 | 2.04 | 2.02 |
| 28 | 4.20 | 3.34 | 2.95 | 2.71 | 2.56 | 2.45 | 2.36 | 2.29 | 2.24 | 2.19 | 2.15 | 2.12 | 2.09 | 2.06 | 2.04 | 2.02 | 2.00 |
| 29 | 4.18 | 3.33 | 2.93 | 2.70 | 2.55 | 2.43 | 2.35 | 2.28 | 2.22 | 2.18 | 2.14 | 2.10 | 2.08 | 2.05 | 2.03 | 2.01 | 1.99 |
| 30 | 4.17 | 3.32 | 2.92 | 2.69 | 2.53 | 2.42 | 2.33 | 2.27 | 2.21 | 2.16 | 2.13 | 2.09 | 2.06 | 2.04 | 2.01 | 1.99 | 1.98 |
| 40 | 4.08 | 3.23 | 2.84 | 2.61 | 2.45 | 2.34 | 2.25 | 2.18 | 2.12 | 2.08 | 2.04 | 2.00 | 1.97 | 1.95 | 1.92 | 1.90 | 1.89 |
| 60 | 4.00 | 3.15 | 2.76 | 2.53 | 2.37 | 2.25 | 2.17 | 2.10 | 2.04 | 1.99 | 1.95 | 1.92 | 1.89 | 1.86 | 1.84 | 1.82 | 1.80 |
| 120 | 3.92 | 3.07 | 2.68 | 2.45 | 2.29 | 2.18 | 2.09 | 2.02 | 1.96 | 1.91 | 1.87 | 1.83 | 1.80 | 1.78 | 1.75 | 1.73 | 1.71 |

※ $F_{0.95}(\nu_1, \nu_2) = \dfrac{1}{F_{0.05}(\nu_1, \nu_2)}$

**[부록 Ⅳ] $F$-분포 표 : $\alpha = 0.05$(계속)**

| $\nu_2$ \ $\nu_1$ | 18 | 19 | 20 | 21 | 22 | 23 | 24 | 25 | 26 | 27 | 28 | 29 | 30 | 40 | 60 | 120 |
|---|---|---|---|---|---|---|---|---|---|---|---|---|---|---|---|---|
| 1 | 247.32 | 247.69 | 248.01 | 248.31 | 248.58 | 248.83 | 249.05 | 249.26 | 249.45 | 249.63 | 249.80 | 249.95 | 250.10 | 251.14 | 252.20 | 253.25 |
| 2 | 19.44 | 19.44 | 19.45 | 19.45 | 19.45 | 19.45 | 19.45 | 19.46 | 19.46 | 19.46 | 19.46 | 19.46 | 19.46 | 19.47 | 19.48 | 19.49 |
| 3 | 8.67 | 8.67 | 8.66 | 8.65 | 8.65 | 8.64 | 8.64 | 8.63 | 8.63 | 8.63 | 8.62 | 8.62 | 8.62 | 8.59 | 8.57 | 8.55 |
| 4 | 5.82 | 5.81 | 5.80 | 5.79 | 5.79 | 5.78 | 5.77 | 5.77 | 5.76 | 5.76 | 5.75 | 5.75 | 5.75 | 5.72 | 5.69 | 5.66 |
| 5 | 4.58 | 4.57 | 4.56 | 4.55 | 4.54 | 4.53 | 4.53 | 4.52 | 4.52 | 4.51 | 4.50 | 4.50 | 4.50 | 4.46 | 4.43 | 4.40 |
| 6 | 3.90 | 3.88 | 3.87 | 3.86 | 3.86 | 3.85 | 3.84 | 3.83 | 3.83 | 3.82 | 3.82 | 3.81 | 3.81 | 3.77 | 3.74 | 3.70 |
| 7 | 3.47 | 3.46 | 3.44 | 3.43 | 3.43 | 3.42 | 3.41 | 3.40 | 3.40 | 3.39 | 3.39 | 3.38 | 3.38 | 3.34 | 3.30 | 3.27 |
| 8 | 3.17 | 3.16 | 3.15 | 3.14 | 3.13 | 3.12 | 3.12 | 3.11 | 3.10 | 3.10 | 3.09 | 3.08 | 3.08 | 3.04 | 3.01 | 2.97 |
| 9 | 2.96 | 2.95 | 2.94 | 2.93 | 2.92 | 2.91 | 2.90 | 2.89 | 2.89 | 2.88 | 2.87 | 2.87 | 2.86 | 2.83 | 2.79 | 2.75 |
| 10 | 2.80 | 2.79 | 2.77 | 2.76 | 2.75 | 2.75 | 2.74 | 2.73 | 2.72 | 2.72 | 2.71 | 2.70 | 2.70 | 2.66 | 2.62 | 2.58 |
| 11 | 2.67 | 2.66 | 2.65 | 2.64 | 2.63 | 2.62 | 2.61 | 2.60 | 2.59 | 2.59 | 2.58 | 2.58 | 2.57 | 2.53 | 2.49 | 2.45 |
| 12 | 2.57 | 2.56 | 2.54 | 2.53 | 2.52 | 2.51 | 2.51 | 2.50 | 2.49 | 2.48 | 2.48 | 2.47 | 2.47 | 2.43 | 2.38 | 2.34 |
| 13 | 2.48 | 2.47 | 2.46 | 2.45 | 2.44 | 2.43 | 2.42 | 2.41 | 2.41 | 2.40 | 2.39 | 2.39 | 2.38 | 2.34 | 2.30 | 2.25 |
| 14 | 2.41 | 2.40 | 2.39 | 2.38 | 2.37 | 2.36 | 2.35 | 2.34 | 2.33 | 2.33 | 2.32 | 2.31 | 2.31 | 2.27 | 2.22 | 2.18 |
| 15 | 2.35 | 2.34 | 2.33 | 2.32 | 2.31 | 2.30 | 2.29 | 2.28 | 2.27 | 2.27 | 2.26 | 2.25 | 2.25 | 2.20 | 2.16 | 2.11 |
| 16 | 2.30 | 2.29 | 2.28 | 2.26 | 2.25 | 2.24 | 2.24 | 2.23 | 2.22 | 2.21 | 2.21 | 2.20 | 2.19 | 2.15 | 2.11 | 2.06 |
| 17 | 2.26 | 2.24 | 2.23 | 2.22 | 2.21 | 2.20 | 2.19 | 2.18 | 2.17 | 2.17 | 2.16 | 2.15 | 2.15 | 2.10 | 2.06 | 2.01 |
| 18 | 2.22 | 2.20 | 2.19 | 2.18 | 2.17 | 2.16 | 2.15 | 2.14 | 2.13 | 2.13 | 2.12 | 2.11 | 2.11 | 2.06 | 2.02 | 1.97 |
| 19 | 2.18 | 2.17 | 2.16 | 2.14 | 2.13 | 2.12 | 2.11 | 2.11 | 2.10 | 2.09 | 2.08 | 2.08 | 2.07 | 2.03 | 1.98 | 1.93 |
| 20 | 2.15 | 2.14 | 2.12 | 2.11 | 2.10 | 2.09 | 2.08 | 2.07 | 2.07 | 2.06 | 2.05 | 2.05 | 2.04 | 1.99 | 1.95 | 1.90 |
| 21 | 2.12 | 2.11 | 2.10 | 2.08 | 2.07 | 2.06 | 2.05 | 2.05 | 2.04 | 2.03 | 2.02 | 2.02 | 2.01 | 1.96 | 1.92 | 1.87 |
| 22 | 2.10 | 2.08 | 2.07 | 2.06 | 2.05 | 2.04 | 2.03 | 2.02 | 2.01 | 2.00 | 2.00 | 1.99 | 1.98 | 1.94 | 1.89 | 1.84 |
| 23 | 2.08 | 2.06 | 2.05 | 2.04 | 2.02 | 2.01 | 2.01 | 2.00 | 1.99 | 1.98 | 1.97 | 1.97 | 1.96 | 1.91 | 1.86 | 1.81 |
| 24 | 2.05 | 2.04 | 2.03 | 2.01 | 2.00 | 1.99 | 1.98 | 1.97 | 1.97 | 1.96 | 1.95 | 1.95 | 1.94 | 1.89 | 1.84 | 1.79 |
| 25 | 2.04 | 2.02 | 2.01 | 2.00 | 1.98 | 1.97 | 1.96 | 1.96 | 1.95 | 1.94 | 1.93 | 1.93 | 1.92 | 1.87 | 1.82 | 1.77 |
| 26 | 2.02 | 2.00 | 1.99 | 1.98 | 1.97 | 1.96 | 1.95 | 1.94 | 1.93 | 1.92 | 1.91 | 1.91 | 1.90 | 1.85 | 1.80 | 1.75 |
| 27 | 2.00 | 1.99 | 1.97 | 1.96 | 1.95 | 1.94 | 1.93 | 1.92 | 1.91 | 1.90 | 1.90 | 1.89 | 1.88 | 1.84 | 1.79 | 1.73 |
| 28 | 1.99 | 1.97 | 1.96 | 1.95 | 1.93 | 1.92 | 1.91 | 1.91 | 1.90 | 1.89 | 1.88 | 1.88 | 1.87 | 1.82 | 1.77 | 1.71 |
| 29 | 1.97 | 1.96 | 1.94 | 1.93 | 1.92 | 1.91 | 1.90 | 1.89 | 1.88 | 1.88 | 1.87 | 1.86 | 1.85 | 1.81 | 1.75 | 1.70 |
| 30 | 1.96 | 1.95 | 1.93 | 1.92 | 1.91 | 1.90 | 1.89 | 1.88 | 1.87 | 1.86 | 1.85 | 1.85 | 1.84 | 1.79 | 1.74 | 1.68 |
| 40 | 1.87 | 1.85 | 1.84 | 1.83 | 1.81 | 1.80 | 1.79 | 1.78 | 1.77 | 1.77 | 1.76 | 1.75 | 1.74 | 1.69 | 1.64 | 1.58 |
| 60 | 1.78 | 1.76 | 1.75 | 1.73 | 1.72 | 1.71 | 1.70 | 1.69 | 1.68 | 1.67 | 1.66 | 1.66 | 1.65 | 1.59 | 1.53 | 1.47 |
| 120 | 1.69 | 1.67 | 1.66 | 1.64 | 1.63 | 1.62 | 1.61 | 1.60 | 1.59 | 1.58 | 1.57 | 1.56 | 1.55 | 1.50 | 1.43 | 1.35 |

**[부록 IV] $F$-분포 표 : $\alpha \; = \; 0.025$**

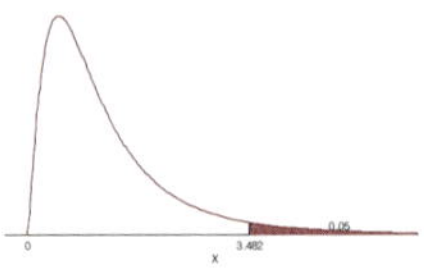

$$\Pr(F \geq F_{(\alpha)}(\nu_1, \nu_2)\,) = \alpha$$

| $\nu_2$ \ $\nu_1$ | 1 | 2 | 3 | 4 | 5 | 6 | 7 | 8 | 9 | 10 | 11 | 12 | 13 | 14 | 15 | 16 | 17 |
|---|---|---|---|---|---|---|---|---|---|---|---|---|---|---|---|---|---|
| 1 | 647.79 | 799.50 | 864.16 | 899.58 | 921.85 | 937.11 | 948.22 | 956.66 | 963.28 | 968.63 | 973.03 | 976.71 | 979.84 | 982.53 | 984.87 | 986.92 | 988.73 |
| 2 | 38.51 | 39.00 | 39.17 | 39.25 | 39.30 | 39.33 | 39.36 | 39.37 | 39.39 | 39.40 | 39.41 | 39.41 | 39.42 | 39.43 | 39.43 | 39.44 | 39.44 |
| 3 | 17.44 | 16.04 | 15.44 | 15.10 | 14.88 | 14.73 | 14.62 | 14.54 | 14.47 | 14.42 | 14.37 | 14.34 | 14.30 | 14.28 | 14.25 | 14.23 | 14.21 |
| 4 | 12.22 | 10.65 | 9.98 | 9.60 | 9.36 | 9.20 | 9.07 | 8.98 | 8.90 | 8.84 | 8.79 | 8.75 | 8.71 | 8.68 | 8.66 | 8.63 | 8.61 |
| 5 | 10.01 | 8.43 | 7.76 | 7.39 | 7.15 | 6.98 | 6.85 | 6.76 | 6.68 | 6.62 | 6.57 | 6.52 | 6.49 | 6.46 | 6.43 | 6.40 | 6.38 |
| 6 | 8.81 | 7.26 | 6.60 | 6.23 | 5.99 | 5.82 | 5.70 | 5.60 | 5.52 | 5.46 | 5.41 | 5.37 | 5.33 | 5.30 | 5.27 | 5.24 | 5.22 |
| 7 | 8.07 | 6.54 | 5.89 | 5.52 | 5.29 | 5.12 | 4.99 | 4.90 | 4.82 | 4.76 | 4.71 | 4.67 | 4.63 | 4.60 | 4.57 | 4.54 | 4.52 |
| 8 | 7.57 | 6.06 | 5.42 | 5.05 | 4.82 | 4.65 | 4.53 | 4.43 | 4.36 | 4.30 | 4.24 | 4.20 | 4.16 | 4.13 | 4.10 | 4.08 | 4.05 |
| 9 | 7.21 | 5.71 | 5.08 | 4.72 | 4.48 | 4.32 | 4.20 | 4.10 | 4.03 | 3.96 | 3.91 | 3.87 | 3.83 | 3.80 | 3.77 | 3.74 | 3.72 |
| 10 | 6.94 | 5.46 | 4.83 | 4.47 | 4.24 | 4.07 | 3.95 | 3.85 | 3.78 | 3.72 | 3.66 | 3.62 | 3.58 | 3.55 | 3.52 | 3.50 | 3.47 |
| 11 | 6.72 | 5.26 | 4.63 | 4.28 | 4.04 | 3.88 | 3.76 | 3.66 | 3.59 | 3.53 | 3.47 | 3.43 | 3.39 | 3.36 | 3.33 | 3.30 | 3.28 |
| 12 | 6.55 | 5.10 | 4.47 | 4.12 | 3.89 | 3.73 | 3.61 | 3.51 | 3.44 | 3.37 | 3.32 | 3.28 | 3.24 | 3.21 | 3.18 | 3.15 | 3.13 |
| 13 | 6.41 | 4.97 | 4.35 | 4.00 | 3.77 | 3.60 | 3.48 | 3.39 | 3.31 | 3.25 | 3.20 | 3.15 | 3.12 | 3.08 | 3.05 | 3.03 | 3.00 |
| 14 | 6.30 | 4.86 | 4.24 | 3.89 | 3.66 | 3.50 | 3.38 | 3.29 | 3.21 | 3.15 | 3.09 | 3.05 | 3.01 | 2.98 | 2.95 | 2.92 | 2.90 |
| 15 | 6.20 | 4.77 | 4.15 | 3.80 | 3.58 | 3.41 | 3.29 | 3.20 | 3.12 | 3.06 | 3.01 | 2.96 | 2.92 | 2.89 | 2.86 | 2.84 | 2.81 |
| 16 | 6.12 | 4.69 | 4.08 | 3.73 | 3.50 | 3.34 | 3.22 | 3.12 | 3.05 | 2.99 | 2.93 | 2.89 | 2.85 | 2.82 | 2.79 | 2.76 | 2.74 |
| 17 | 6.04 | 4.62 | 4.01 | 3.66 | 3.44 | 3.28 | 3.16 | 3.06 | 2.98 | 2.92 | 2.87 | 2.82 | 2.79 | 2.75 | 2.72 | 2.70 | 2.67 |
| 18 | 5.98 | 4.56 | 3.95 | 3.61 | 3.38 | 3.22 | 3.10 | 3.01 | 2.93 | 2.87 | 2.81 | 2.77 | 2.73 | 2.70 | 2.67 | 2.64 | 2.62 |
| 19 | 5.92 | 4.51 | 3.90 | 3.56 | 3.33 | 3.17 | 3.05 | 2.96 | 2.88 | 2.82 | 2.76 | 2.72 | 2.68 | 2.65 | 2.62 | 2.59 | 2.57 |
| 20 | 5.87 | 4.46 | 3.86 | 3.51 | 3.29 | 3.13 | 3.01 | 2.91 | 2.84 | 2.77 | 2.72 | 2.68 | 2.64 | 2.60 | 2.57 | 2.55 | 2.52 |
| 21 | 5.83 | 4.42 | 3.82 | 3.48 | 3.25 | 3.09 | 2.97 | 2.87 | 2.80 | 2.73 | 2.68 | 2.64 | 2.60 | 2.56 | 2.53 | 2.51 | 2.48 |
| 22 | 5.79 | 4.38 | 3.78 | 3.44 | 3.22 | 3.05 | 2.93 | 2.84 | 2.76 | 2.70 | 2.65 | 2.60 | 2.56 | 2.53 | 2.50 | 2.47 | 2.45 |
| 23 | 5.75 | 4.35 | 3.75 | 3.41 | 3.18 | 3.02 | 2.90 | 2.81 | 2.73 | 2.67 | 2.62 | 2.57 | 2.53 | 2.50 | 2.47 | 2.44 | 2.42 |
| 24 | 5.72 | 4.32 | 3.72 | 3.38 | 3.15 | 2.99 | 2.87 | 2.78 | 2.70 | 2.64 | 2.59 | 2.54 | 2.50 | 2.47 | 2.44 | 2.41 | 2.39 |
| 25 | 5.69 | 4.29 | 3.69 | 3.35 | 3.13 | 2.97 | 2.85 | 2.75 | 2.68 | 2.61 | 2.56 | 2.51 | 2.48 | 2.44 | 2.41 | 2.38 | 2.36 |
| 26 | 5.66 | 4.27 | 3.67 | 3.33 | 3.10 | 2.94 | 2.82 | 2.73 | 2.65 | 2.59 | 2.54 | 2.49 | 2.45 | 2.42 | 2.39 | 2.36 | 2.34 |
| 27 | 5.63 | 4.24 | 3.65 | 3.31 | 3.08 | 2.92 | 2.80 | 2.71 | 2.63 | 2.57 | 2.51 | 2.47 | 2.43 | 2.39 | 2.36 | 2.34 | 2.31 |
| 28 | 5.61 | 4.22 | 3.63 | 3.29 | 3.06 | 2.90 | 2.78 | 2.69 | 2.61 | 2.55 | 2.49 | 2.45 | 2.41 | 2.37 | 2.34 | 2.32 | 2.29 |
| 29 | 5.59 | 4.20 | 3.61 | 3.27 | 3.04 | 2.88 | 2.76 | 2.67 | 2.59 | 2.53 | 2.48 | 2.43 | 2.39 | 2.36 | 2.32 | 2.30 | 2.27 |
| 30 | 5.57 | 4.18 | 3.59 | 3.25 | 3.03 | 2.87 | 2.75 | 2.65 | 2.57 | 2.51 | 2.46 | 2.41 | 2.37 | 2.34 | 2.31 | 2.28 | 2.26 |
| 40 | 5.42 | 4.05 | 3.46 | 3.13 | 2.90 | 2.74 | 2.62 | 2.53 | 2.45 | 2.39 | 2.33 | 2.29 | 2.25 | 2.21 | 2.18 | 2.15 | 2.13 |
| 60 | 5.29 | 3.93 | 3.34 | 3.01 | 2.79 | 2.63 | 2.51 | 2.41 | 2.33 | 2.27 | 2.22 | 2.17 | 2.13 | 2.09 | 2.06 | 2.03 | 2.01 |
| 120 | 5.15 | 3.80 | 3.23 | 2.89 | 2.67 | 2.52 | 2.39 | 2.30 | 2.22 | 2.16 | 2.10 | 2.05 | 2.01 | 1.98 | 1.94 | 1.92 | 1.89 |

※ $F_{0.975}(\nu_1, \nu_2) \; = \; \dfrac{1}{F_{0.025}(\nu_1, \nu_2)}$

**[부록 Ⅳ] $F$-분포 표 : $\alpha = 0.025$(계속)**

| $\nu_2$ \ $\nu_1$ | 18 | 19 | 20 | 21 | 22 | 23 | 24 | 25 | 26 | 27 | 28 | 29 | 30 | 40 | 60 | 120 |
|---|---|---|---|---|---|---|---|---|---|---|---|---|---|---|---|---|
| 1 | 990.35 | 991.80 | 993.10 | 994.29 | 995.36 | 996.35 | 997.25 | 998.08 | 998.85 | 999.56 | 1000.2 | 1000.8 | 1001.4 | 1005.6 | 1009.8 | 1014.0 |
| 2 | 39.44 | 39.45 | 39.45 | 39.45 | 39.45 | 39.45 | 39.46 | 39.46 | 39.46 | 39.46 | 39.46 | 39.46 | 39.46 | 39.47 | 39.48 | 39.49 |
| 3 | 14.20 | 14.18 | 14.17 | 14.16 | 14.14 | 14.13 | 14.12 | 14.12 | 14.11 | 14.10 | 14.09 | 14.09 | 14.08 | 14.04 | 13.99 | 13.95 |
| 4 | 8.59 | 8.58 | 8.56 | 8.55 | 8.53 | 8.52 | 8.51 | 8.50 | 8.49 | 8.48 | 8.48 | 8.47 | 8.46 | 8.41 | 8.36 | 8.31 |
| 5 | 6.36 | 6.34 | 6.33 | 6.31 | 6.30 | 6.29 | 6.28 | 6.27 | 6.26 | 6.25 | 6.24 | 6.23 | 6.23 | 6.18 | 6.12 | 6.07 |
| 6 | 5.20 | 5.18 | 5.17 | 5.15 | 5.14 | 5.13 | 5.12 | 5.11 | 5.10 | 5.09 | 5.08 | 5.07 | 5.07 | 5.01 | 4.96 | 4.90 |
| 7 | 4.50 | 4.48 | 4.47 | 4.45 | 4.44 | 4.43 | 4.41 | 4.40 | 4.39 | 4.39 | 4.38 | 4.37 | 4.36 | 4.31 | 4.25 | 4.20 |
| 8 | 4.03 | 4.02 | 4.00 | 3.98 | 3.97 | 3.96 | 3.95 | 3.94 | 3.93 | 3.92 | 3.91 | 3.90 | 3.89 | 3.84 | 3.78 | 3.73 |
| 9 | 3.70 | 3.68 | 3.67 | 3.65 | 3.64 | 3.63 | 3.61 | 3.60 | 3.59 | 3.58 | 3.58 | 3.57 | 3.56 | 3.51 | 3.45 | 3.39 |
| 10 | 3.45 | 3.44 | 3.42 | 3.40 | 3.39 | 3.38 | 3.37 | 3.35 | 3.34 | 3.34 | 3.33 | 3.32 | 3.31 | 3.26 | 3.20 | 3.14 |
| 11 | 3.26 | 3.24 | 3.23 | 3.21 | 3.20 | 3.18 | 3.17 | 3.16 | 3.15 | 3.14 | 3.13 | 3.13 | 3.12 | 3.06 | 3.00 | 2.94 |
| 12 | 3.11 | 3.09 | 3.07 | 3.06 | 3.04 | 3.03 | 3.02 | 3.01 | 3.00 | 2.99 | 2.98 | 2.97 | 2.96 | 2.91 | 2.85 | 2.79 |
| 13 | 2.98 | 2.96 | 2.95 | 2.93 | 2.92 | 2.91 | 2.89 | 2.88 | 2.87 | 2.86 | 2.85 | 2.85 | 2.84 | 2.78 | 2.72 | 2.66 |
| 14 | 2.88 | 2.86 | 2.84 | 2.83 | 2.81 | 2.80 | 2.79 | 2.78 | 2.77 | 2.76 | 2.75 | 2.74 | 2.73 | 2.67 | 2.61 | 2.55 |
| 15 | 2.79 | 2.77 | 2.76 | 2.74 | 2.73 | 2.71 | 2.70 | 2.69 | 2.68 | 2.67 | 2.66 | 2.65 | 2.64 | 2.59 | 2.52 | 2.46 |
| 16 | 2.72 | 2.70 | 2.68 | 2.67 | 2.65 | 2.64 | 2.63 | 2.61 | 2.60 | 2.59 | 2.58 | 2.58 | 2.57 | 2.51 | 2.45 | 2.38 |
| 17 | 2.65 | 2.63 | 2.62 | 2.60 | 2.59 | 2.57 | 2.56 | 2.55 | 2.54 | 2.53 | 2.52 | 2.51 | 2.50 | 2.44 | 2.38 | 2.32 |
| 18 | 2.60 | 2.58 | 2.56 | 2.54 | 2.53 | 2.52 | 2.50 | 2.49 | 2.48 | 2.47 | 2.46 | 2.45 | 2.44 | 2.38 | 2.32 | 2.26 |
| 19 | 2.55 | 2.53 | 2.51 | 2.49 | 2.48 | 2.46 | 2.45 | 2.44 | 2.43 | 2.42 | 2.41 | 2.40 | 2.39 | 2.33 | 2.27 | 2.20 |
| 20 | 2.50 | 2.48 | 2.46 | 2.45 | 2.43 | 2.42 | 2.41 | 2.40 | 2.39 | 2.38 | 2.37 | 2.36 | 2.35 | 2.29 | 2.22 | 2.16 |
| 21 | 2.46 | 2.44 | 2.42 | 2.41 | 2.39 | 2.38 | 2.37 | 2.36 | 2.34 | 2.33 | 2.33 | 2.32 | 2.31 | 2.25 | 2.18 | 2.11 |
| 22 | 2.43 | 2.41 | 2.39 | 2.37 | 2.36 | 2.34 | 2.33 | 2.32 | 2.31 | 2.30 | 2.29 | 2.28 | 2.27 | 2.21 | 2.14 | 2.08 |
| 23 | 2.39 | 2.37 | 2.36 | 2.34 | 2.33 | 2.31 | 2.30 | 2.29 | 2.28 | 2.27 | 2.26 | 2.25 | 2.24 | 2.18 | 2.11 | 2.04 |
| 24 | 2.36 | 2.35 | 2.33 | 2.31 | 2.30 | 2.28 | 2.27 | 2.26 | 2.25 | 2.24 | 2.23 | 2.22 | 2.21 | 2.15 | 2.08 | 2.01 |
| 25 | 2.34 | 2.32 | 2.30 | 2.28 | 2.27 | 2.26 | 2.24 | 2.23 | 2.22 | 2.21 | 2.20 | 2.19 | 2.18 | 2.12 | 2.05 | 1.98 |
| 26 | 2.31 | 2.29 | 2.28 | 2.26 | 2.24 | 2.23 | 2.22 | 2.21 | 2.19 | 2.18 | 2.17 | 2.17 | 2.16 | 2.09 | 2.03 | 1.95 |
| 27 | 2.29 | 2.27 | 2.25 | 2.24 | 2.22 | 2.21 | 2.19 | 2.18 | 2.17 | 2.16 | 2.15 | 2.14 | 2.13 | 2.07 | 2.00 | 1.93 |
| 28 | 2.27 | 2.25 | 2.23 | 2.22 | 2.20 | 2.19 | 2.17 | 2.16 | 2.15 | 2.14 | 2.13 | 2.12 | 2.11 | 2.05 | 1.98 | 1.91 |
| 29 | 2.25 | 2.23 | 2.21 | 2.20 | 2.18 | 2.17 | 2.15 | 2.14 | 2.13 | 2.12 | 2.11 | 2.10 | 2.09 | 2.03 | 1.96 | 1.89 |
| 30 | 2.23 | 2.21 | 2.20 | 2.18 | 2.16 | 2.15 | 2.14 | 2.12 | 2.11 | 2.10 | 2.09 | 2.08 | 2.07 | 2.01 | 1.94 | 1.87 |
| 40 | 2.11 | 2.09 | 2.07 | 2.05 | 2.03 | 2.02 | 2.01 | 1.99 | 1.98 | 1.97 | 1.96 | 1.95 | 1.94 | 1.88 | 1.80 | 1.72 |
| 60 | 1.98 | 1.96 | 1.94 | 1.93 | 1.91 | 1.90 | 1.88 | 1.87 | 1.86 | 1.85 | 1.83 | 1.82 | 1.82 | 1.74 | 1.67 | 1.58 |
| 120 | 1.87 | 1.84 | 1.82 | 1.81 | 1.79 | 1.77 | 1.76 | 1.75 | 1.73 | 1.72 | 1.71 | 1.70 | 1.69 | 1.61 | 1.53 | 1.43 |

## [부록 Ⅳ] $F$-분포 표 : $\alpha = 0.01$

$$\Pr(F \geq F_{(\alpha)}(\nu_1, \nu_2)) = \alpha$$

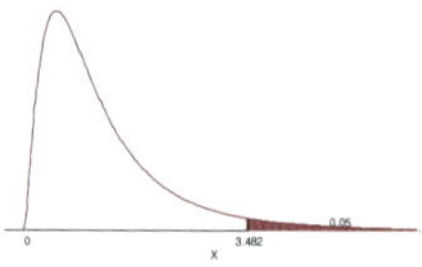

| $\nu_2$ \ $\nu_1$ | 1 | 2 | 3 | 4 | 5 | 6 | 7 | 8 | 9 | 10 | 11 | 12 | 13 | 14 | 15 | 16 | 17 |
|---|---|---|---|---|---|---|---|---|---|---|---|---|---|---|---|---|---|
| 1 | 4052.2 | 4999.5 | 5403.4 | 5624.6 | 5763.6 | 5859.0 | 5928.4 | 5981.1 | 6022.5 | 6055.8 | 6083.3 | 6106.3 | 6125.9 | 6142.7 | 6157.3 | 6170.1 | 6181.4 |
| 2 | 98.50 | 99.00 | 99.17 | 99.25 | 99.30 | 99.33 | 99.36 | 99.37 | 99.39 | 99.40 | 99.41 | 99.42 | 99.42 | 99.43 | 99.43 | 99.44 | 99.44 |
| 3 | 34.12 | 30.82 | 29.46 | 28.71 | 28.24 | 27.91 | 27.67 | 27.49 | 27.35 | 27.23 | 27.13 | 27.05 | 26.98 | 26.92 | 26.87 | 26.83 | 26.79 |
| 4 | 21.20 | 18.00 | 16.69 | 15.98 | 15.52 | 15.21 | 14.98 | 14.80 | 14.66 | 14.55 | 14.45 | 14.37 | 14.31 | 14.25 | 14.20 | 14.15 | 14.11 |
| 5 | 16.26 | 13.27 | 12.06 | 11.39 | 10.97 | 10.67 | 10.46 | 10.29 | 10.16 | 10.05 | 9.96 | 9.89 | 9.82 | 9.77 | 9.72 | 9.68 | 9.64 |
| 6 | 13.75 | 10.92 | 9.78 | 9.15 | 8.75 | 8.47 | 8.26 | 8.10 | 7.98 | 7.87 | 7.79 | 7.72 | 7.66 | 7.60 | 7.56 | 7.52 | 7.48 |
| 7 | 12.25 | 9.55 | 8.45 | 7.85 | 7.46 | 7.19 | 6.99 | 6.84 | 6.72 | 6.62 | 6.54 | 6.47 | 6.41 | 6.36 | 6.31 | 6.28 | 6.24 |
| 8 | 11.26 | 8.65 | 7.59 | 7.01 | 6.63 | 6.37 | 6.18 | 6.03 | 5.91 | 5.81 | 5.73 | 5.67 | 5.61 | 5.56 | 5.52 | 5.48 | 5.44 |
| 9 | 10.56 | 8.02 | 6.99 | 6.42 | 6.06 | 5.80 | 5.61 | 5.47 | 5.35 | 5.26 | 5.18 | 5.11 | 5.05 | 5.01 | 4.96 | 4.92 | 4.89 |
| 10 | 10.04 | 7.56 | 6.55 | 5.99 | 5.64 | 5.39 | 5.20 | 5.06 | 4.94 | 4.85 | 4.77 | 4.71 | 4.65 | 4.60 | 4.56 | 4.52 | 4.49 |
| 11 | 9.65 | 7.21 | 6.22 | 5.67 | 5.32 | 5.07 | 4.89 | 4.74 | 4.63 | 4.54 | 4.46 | 4.40 | 4.34 | 4.29 | 4.25 | 4.21 | 4.18 |
| 12 | 9.33 | 6.93 | 5.95 | 5.41 | 5.06 | 4.82 | 4.64 | 4.50 | 4.39 | 4.30 | 4.22 | 4.16 | 4.10 | 4.05 | 4.01 | 3.97 | 3.94 |
| 13 | 9.07 | 6.70 | 5.74 | 5.21 | 4.86 | 4.62 | 4.44 | 4.30 | 4.19 | 4.10 | 4.02 | 3.96 | 3.91 | 3.86 | 3.82 | 3.78 | 3.75 |
| 14 | 8.86 | 6.51 | 5.56 | 5.04 | 4.69 | 4.46 | 4.28 | 4.14 | 4.03 | 3.94 | 3.86 | 3.80 | 3.75 | 3.70 | 3.66 | 3.62 | 3.59 |
| 15 | 8.68 | 6.36 | 5.42 | 4.89 | 4.56 | 4.32 | 4.14 | 4.00 | 3.89 | 3.80 | 3.73 | 3.67 | 3.61 | 3.56 | 3.52 | 3.49 | 3.45 |
| 16 | 8.53 | 6.23 | 5.29 | 4.77 | 4.44 | 4.20 | 4.03 | 3.89 | 3.78 | 3.69 | 3.62 | 3.55 | 3.50 | 3.45 | 3.41 | 3.37 | 3.34 |
| 17 | 8.40 | 6.11 | 5.18 | 4.67 | 4.34 | 4.10 | 3.93 | 3.79 | 3.68 | 3.59 | 3.52 | 3.46 | 3.40 | 3.35 | 3.31 | 3.27 | 3.24 |
| 18 | 8.29 | 6.01 | 5.09 | 4.58 | 4.25 | 4.01 | 3.84 | 3.71 | 3.60 | 3.51 | 3.43 | 3.37 | 3.32 | 3.27 | 3.23 | 3.19 | 3.16 |
| 19 | 8.18 | 5.93 | 5.01 | 4.50 | 4.17 | 3.94 | 3.77 | 3.63 | 3.52 | 3.43 | 3.36 | 3.30 | 3.24 | 3.19 | 3.15 | 3.12 | 3.08 |
| 20 | 8.10 | 5.85 | 4.94 | 4.43 | 4.10 | 3.87 | 3.70 | 3.56 | 3.46 | 3.37 | 3.29 | 3.23 | 3.18 | 3.13 | 3.09 | 3.05 | 3.02 |
| 21 | 8.02 | 5.78 | 4.87 | 4.37 | 4.04 | 3.81 | 3.64 | 3.51 | 3.40 | 3.31 | 3.24 | 3.17 | 3.12 | 3.07 | 3.03 | 2.99 | 2.96 |
| 22 | 7.95 | 5.72 | 4.82 | 4.31 | 3.99 | 3.76 | 3.59 | 3.45 | 3.35 | 3.26 | 3.18 | 3.12 | 3.07 | 3.02 | 2.98 | 2.94 | 2.91 |
| 23 | 7.88 | 5.66 | 4.76 | 4.26 | 3.94 | 3.71 | 3.54 | 3.41 | 3.30 | 3.21 | 3.14 | 3.07 | 3.02 | 2.97 | 2.93 | 2.89 | 2.86 |
| 24 | 7.82 | 5.61 | 4.72 | 4.22 | 3.90 | 3.67 | 3.50 | 3.36 | 3.26 | 3.17 | 3.09 | 3.03 | 2.98 | 2.93 | 2.89 | 2.85 | 2.82 |
| 25 | 7.77 | 5.57 | 4.68 | 4.18 | 3.85 | 3.63 | 3.46 | 3.32 | 3.22 | 3.13 | 3.06 | 2.99 | 2.94 | 2.89 | 2.85 | 2.81 | 2.78 |
| 26 | 7.72 | 5.53 | 4.64 | 4.14 | 3.82 | 3.59 | 3.42 | 3.29 | 3.18 | 3.09 | 3.02 | 2.96 | 2.90 | 2.86 | 2.81 | 2.78 | 2.75 |
| 27 | 7.68 | 5.49 | 4.60 | 4.11 | 3.78 | 3.56 | 3.39 | 3.26 | 3.15 | 3.06 | 2.99 | 2.93 | 2.87 | 2.82 | 2.78 | 2.75 | 2.71 |
| 28 | 7.64 | 5.45 | 4.57 | 4.07 | 3.75 | 3.53 | 3.36 | 3.23 | 3.12 | 3.03 | 2.96 | 2.90 | 2.84 | 2.79 | 2.75 | 2.72 | 2.68 |
| 29 | 7.60 | 5.42 | 4.54 | 4.04 | 3.73 | 3.50 | 3.33 | 3.20 | 3.09 | 3.00 | 2.93 | 2.87 | 2.81 | 2.77 | 2.73 | 2.69 | 2.66 |
| 30 | 7.56 | 5.39 | 4.51 | 4.02 | 3.70 | 3.47 | 3.30 | 3.17 | 3.07 | 2.98 | 2.91 | 2.84 | 2.79 | 2.74 | 2.70 | 2.66 | 2.63 |
| 40 | 7.31 | 5.18 | 4.31 | 3.83 | 3.51 | 3.29 | 3.12 | 2.99 | 2.89 | 2.80 | 2.73 | 2.66 | 2.61 | 2.56 | 2.52 | 2.48 | 2.45 |
| 60 | 7.08 | 4.98 | 4.13 | 3.65 | 3.34 | 3.12 | 2.95 | 2.82 | 2.72 | 2.63 | 2.56 | 2.50 | 2.44 | 2.39 | 2.35 | 2.31 | 2.28 |
| 120 | 6.85 | 4.79 | 3.95 | 3.48 | 3.17 | 2.96 | 2.79 | 2.66 | 2.56 | 2.47 | 2.40 | 2.34 | 2.28 | 2.23 | 2.19 | 2.15 | 2.12 |

※ $F_{0.99}(\nu_1, \nu_2) = \dfrac{1}{F_{0.01}(\nu_1, \nu_2)}$

**[부록 IV] $F$-분포 표 : $\alpha\ =\ 0.01$(계속)**

| $\nu_2$ \ $\nu_1$ | 18 | 19 | 20 | 21 | 22 | 23 | 24 | 25 | 26 | 27 | 28 | 29 | 30 | 40 | 60 | 120 |
|---|---|---|---|---|---|---|---|---|---|---|---|---|---|---|---|---|
| 1 | 6191.5 | 6200.6 | 6208.7 | 6216.1 | 6222.8 | 6229.0 | 6234.6 | 6239.8 | 6244.6 | 6249.1 | 6253.2 | 6257.1 | 6260.6 | 6286.8 | 6313.0 | 6339.4 |
| 2 | 99.44 | 99.45 | 99.45 | 99.45 | 99.45 | 99.46 | 99.46 | 99.46 | 99.46 | 99.46 | 99.46 | 99.46 | 99.47 | 99.47 | 99.48 | 99.49 |
| 3 | 26.75 | 26.72 | 26.69 | 26.66 | 26.64 | 26.62 | 26.60 | 26.58 | 26.56 | 26.55 | 26.53 | 26.52 | 26.50 | 26.41 | 26.32 | 26.22 |
| 4 | 14.08 | 14.05 | 14.02 | 13.99 | 13.97 | 13.95 | 13.93 | 13.91 | 13.89 | 13.88 | 13.86 | 13.85 | 13.84 | 13.75 | 13.65 | 13.56 |
| 5 | 9.61 | 9.58 | 9.55 | 9.53 | 9.51 | 9.49 | 9.47 | 9.45 | 9.43 | 9.42 | 9.40 | 9.39 | 9.38 | 9.29 | 9.20 | 9.11 |
| 6 | 7.45 | 7.42 | 7.40 | 7.37 | 7.35 | 7.33 | 7.31 | 7.30 | 7.28 | 7.27 | 7.25 | 7.24 | 7.23 | 7.14 | 7.06 | 6.97 |
| 7 | 6.21 | 6.18 | 6.16 | 6.13 | 6.11 | 6.09 | 6.07 | 6.06 | 6.04 | 6.03 | 6.02 | 6.00 | 5.99 | 5.91 | 5.82 | 5.74 |
| 8 | 5.41 | 5.38 | 5.36 | 5.34 | 5.32 | 5.30 | 5.28 | 5.26 | 5.25 | 5.23 | 5.22 | 5.21 | 5.20 | 5.12 | 5.03 | 4.95 |
| 9 | 4.86 | 4.83 | 4.81 | 4.79 | 4.77 | 4.75 | 4.73 | 4.71 | 4.70 | 4.68 | 4.67 | 4.66 | 4.65 | 4.57 | 4.48 | 4.40 |
| 10 | 4.46 | 4.43 | 4.41 | 4.38 | 4.36 | 4.34 | 4.33 | 4.31 | 4.30 | 4.28 | 4.27 | 4.26 | 4.25 | 4.17 | 4.08 | 4.00 |
| 11 | 4.15 | 4.12 | 4.10 | 4.08 | 4.06 | 4.04 | 4.02 | 4.01 | 3.99 | 3.98 | 3.96 | 3.95 | 3.94 | 3.86 | 3.78 | 3.69 |
| 12 | 3.91 | 3.88 | 3.86 | 3.84 | 3.82 | 3.80 | 3.78 | 3.76 | 3.75 | 3.74 | 3.72 | 3.71 | 3.70 | 3.62 | 3.54 | 3.45 |
| 13 | 3.72 | 3.69 | 3.66 | 3.64 | 3.62 | 3.60 | 3.59 | 3.57 | 3.56 | 3.54 | 3.53 | 3.52 | 3.51 | 3.43 | 3.34 | 3.25 |
| 14 | 3.56 | 3.53 | 3.51 | 3.48 | 3.46 | 3.44 | 3.43 | 3.41 | 3.40 | 3.38 | 3.37 | 3.36 | 3.35 | 3.27 | 3.18 | 3.09 |
| 15 | 3.42 | 3.40 | 3.37 | 3.35 | 3.33 | 3.31 | 3.29 | 3.28 | 3.26 | 3.25 | 3.24 | 3.23 | 3.21 | 3.13 | 3.05 | 2.96 |
| 16 | 3.31 | 3.28 | 3.26 | 3.24 | 3.22 | 3.20 | 3.18 | 3.16 | 3.15 | 3.14 | 3.12 | 3.11 | 3.10 | 3.02 | 2.93 | 2.84 |
| 17 | 3.21 | 3.19 | 3.16 | 3.14 | 3.12 | 3.10 | 3.08 | 3.07 | 3.05 | 3.04 | 3.03 | 3.01 | 3.00 | 2.92 | 2.83 | 2.75 |
| 18 | 3.13 | 3.10 | 3.08 | 3.05 | 3.03 | 3.02 | 3.00 | 2.98 | 2.97 | 2.95 | 2.94 | 2.93 | 2.92 | 2.84 | 2.75 | 2.66 |
| 19 | 3.05 | 3.03 | 3.00 | 2.98 | 2.96 | 2.94 | 2.92 | 2.91 | 2.89 | 2.88 | 2.87 | 2.86 | 2.84 | 2.76 | 2.67 | 2.58 |
| 20 | 2.99 | 2.96 | 2.94 | 2.92 | 2.90 | 2.88 | 2.86 | 2.84 | 2.83 | 2.81 | 2.80 | 2.79 | 2.78 | 2.69 | 2.61 | 2.52 |
| 21 | 2.93 | 2.90 | 2.88 | 2.86 | 2.84 | 2.82 | 2.80 | 2.79 | 2.77 | 2.76 | 2.74 | 2.73 | 2.72 | 2.64 | 2.55 | 2.46 |
| 22 | 2.88 | 2.85 | 2.83 | 2.81 | 2.78 | 2.77 | 2.75 | 2.73 | 2.72 | 2.70 | 2.69 | 2.68 | 2.67 | 2.58 | 2.50 | 2.40 |
| 23 | 2.83 | 2.80 | 2.78 | 2.76 | 2.74 | 2.72 | 2.70 | 2.69 | 2.67 | 2.66 | 2.64 | 2.63 | 2.62 | 2.54 | 2.45 | 2.35 |
| 24 | 2.79 | 2.76 | 2.74 | 2.72 | 2.70 | 2.68 | 2.66 | 2.64 | 2.63 | 2.61 | 2.60 | 2.59 | 2.58 | 2.49 | 2.40 | 2.31 |
| 25 | 2.75 | 2.72 | 2.70 | 2.68 | 2.66 | 2.64 | 2.62 | 2.60 | 2.59 | 2.58 | 2.56 | 2.55 | 2.54 | 2.45 | 2.36 | 2.27 |
| 26 | 2.72 | 2.69 | 2.66 | 2.64 | 2.62 | 2.60 | 2.58 | 2.57 | 2.55 | 2.54 | 2.53 | 2.51 | 2.50 | 2.42 | 2.33 | 2.23 |
| 27 | 2.68 | 2.66 | 2.63 | 2.61 | 2.59 | 2.57 | 2.55 | 2.54 | 2.52 | 2.51 | 2.49 | 2.48 | 2.47 | 2.38 | 2.29 | 2.20 |
| 28 | 2.65 | 2.63 | 2.60 | 2.58 | 2.56 | 2.54 | 2.52 | 2.51 | 2.49 | 2.48 | 2.46 | 2.45 | 2.44 | 2.35 | 2.26 | 2.17 |
| 29 | 2.63 | 2.60 | 2.57 | 2.55 | 2.53 | 2.51 | 2.49 | 2.48 | 2.46 | 2.45 | 2.44 | 2.42 | 2.41 | 2.33 | 2.23 | 2.14 |
| 30 | 2.60 | 2.57 | 2.55 | 2.53 | 2.51 | 2.49 | 2.47 | 2.45 | 2.44 | 2.42 | 2.41 | 2.40 | 2.39 | 2.30 | 2.21 | 2.11 |
| 40 | 2.42 | 2.39 | 2.37 | 2.35 | 2.33 | 2.31 | 2.29 | 2.27 | 2.26 | 2.24 | 2.23 | 2.22 | 2.20 | 2.11 | 2.02 | 1.92 |
| 60 | 2.25 | 2.22 | 2.20 | 2.17 | 2.15 | 2.13 | 2.12 | 2.10 | 2.08 | 2.07 | 2.05 | 2.04 | 2.03 | 1.94 | 1.84 | 1.73 |
| 120 | 2.09 | 2.06 | 2.03 | 2.01 | 1.99 | 1.97 | 1.95 | 1.93 | 1.92 | 1.90 | 1.89 | 1.87 | 1.86 | 1.76 | 1.66 | 1.53 |

# 찾아보기

## 국 문

### (ㄱ)

가법성 132
가변수 256
가부번 35
가설 15, 194
가설 검정 21, 149, 194
가우스 99
값 18
개선 40
검정 통계량 197
검정력 202
검정력 곡선 202
검정력 판단 247
검증 153
결점 76
경우의 수 53
계량형 35
계산의 근거 35
계수형 35
과적용 258
교호작용 40
구간 척도 29
구간 추정 21, 149, 159
군집 41, 93
귀무 가설 195
근원사상 49
기각역 199
기술 통계량 15
기회 82

### (ㄴ)

논리적 구조화 51
누적 분포 96

### (ㄷ)

단위 75, 81
단측 196
대립 가설 195
대수의 법칙 54
대표성 18
데이터 3, 18
데이터 레쥬메 38
데이터 빌딩 41
드 므와브르 99
등간 척도 29
등분산 167

### (ㄹ)

라플라스 99

로지스틱 256

(ㅁ)

막대 그림 255
면적 90
명목 척도 29
모수 18, 65
모수 절약의 원칙 18
모집단 17
몬테카를로 시뮬레이션 77
무한 모집단 17

(ㅂ)

박스 그림 13, 255
반복성 32
백분율 82
범위 77
범주 18, 35
범주형 데이터 35
베르누이 66
베르누이 확률변수 66
베이지안 55
변동 13, 15
변수 13, 15
변환 44
불편분산 129
불편성 117
비 183
비(율) 척도 29, 30
비모수적 41
비율 35, 115, 183
비즈니스 프로세스 6
빈도 35, 65
빈도 데이터 35

(ㅅ)

사건 49
사상 50
산점도 255
산포 115
상관분석 256
상대 도수 53
상위 프로세스 맵 7
상호 독립 166
상호 배반 51
상호 작용 7
선형 조합 117
선형성 31, 117
세터스웨이트 172
소급적 검정력 247
속성형 28, 35
수율 82
수학적 확률 52
순서 척도 29
순서화 92
승 변환 44
시행 49
신뢰 계수 159
신뢰 구간 159
신뢰 상한 160
신뢰 수준 159
신뢰 하한 160
신뢰도 159
실험 33

쌍체 데이터 166, 174

## (ㅇ)

안정성 32
양측 가설 196
역 누적확률 134, 140, 146
역 누적분포 함수 96
연속형 데이터 34, 58, 90, 36
예기된 검정력 247
오적용 258
위치 모수 60, 95, 100
유의수준 197
유의확률 199
유한 모집단 17
이분산 167
이산형 34, 35, 50, 58
이상점 41
이항 67
인과 관계 40
일반 선형 모형 256
일치성 117
임계값 199

## (ㅈ)

자유도 126
재현성 32
전략 5
전술 5
절대적 원점 29
점도표 13, 93
점추정량 149
정규 분포 98
정규분포 99
정밀성 32
정확성 31
제 I 종의 오류 197
제 II 종의 오류 197
제곱합 125, 127, 132
종형 99
좌우대칭 99
주관적 확률 52
주변도 255
중심 성향 115
중심극한정리 123, 160
지표 41

## (ㅊ)

차이 166
척도 60, 95, 100
척도 모수 95
초기 수율 82
최대 추정오차 230
최량 추정량 117
최소 분산성 118
추론적 분석 15
추정 149
추정량 115
추정량의 표본분포 119
측정 27
측정 단위 28
측정 시스템 27
측정 오차 151
측정 장비 28
측정 척도 28

측정 타당도 151
측정 활동 31

**(ㅋ)**

카이제곱 분포 132

**(ㅌ)**

타당성 31
탐색적 15
통계 3
통계 용어 17
통계량 19, 115
통계적 가설 194
통계적 의사 결정 16
통계적 추론 52, 53, 116, 149
통계학 5

**(ㅍ)**

파이 그림 255
편의 31, 118, 128, 129
편차 126
평균 69, 115
평균 건수 115
표본 18
표본 변이 151
표본 분포 119
표본 오차 21, 119, 149, 152
표준 오차 160
표본표준편차 130
표본공간 49
표본분산 125
표본분포 21
표본평균 120
표준 정규분포 102
표준오차 124
표준편차 115
표준화 42, 101, 102
프로세스 7
프로세스 맵핑 8
프로세스의 목소리 38
플로우 차트 8

**(ㅎ)**

합 117
합동 표본분산 170
행렬도 255
현장의 목소리 34
형태 60, 95, 100
형태 모수 95
확률 그림 255
확률 분포 함수 94
확률밀도 96
확률변수 55
확률분포 13, 36, 57
확률의 공리 51
회귀분석 256
횟수 65
효과 크기 231
히스토그램 13, 93, 255

# 영 문

## (A)


Absolute Origin 29
Accuracy 31
Additivity 132
All Possible Cases 53
Alternative Hypothesis 195
Area 90
Attribute 28, 35
Average 69
Axioms of Probability 51


## (B)


Bar Chart 255
Base 35
Bayesian 55
Bell-Shaped 99
Bernoulli 66
Best Estimator 117
Bias 31, 118, 128
Bias Constant 129
Binomial 67
BLUE 117
Box Plot 13, 255
Business Process 6


## (C)


Categorical 35
Categories 18, 35
Causality 40
Central Limit Theorem 123
Central Tendency 115
CLT 160
Cluster 41, 93
Confidence Coefficient 159
Confidence Interval 159
Confidence Level 159
Consistency 117
Constant 18
Continuous 34, 50, 58, 90
COPIS 8
Correlation Analysis 256
Count 35, 65
Countable 35
Critical Value 199
Cumulative Distribution 96
Customer-Focused 8


## (D)


Data Building 41
Data Resume 38
Data 3, 18
Defect 76
Degree of Freedom 126
Descriptive Statistic(s) 15
Deviation 126
Difference 166
Discrete 34, 50, 58

Dispersion 115
Distribution 96
Dot Plot 13, 93
Dummy Variables 256

## (E)

Effect Size 231
Element Event 49
Equal 195
Estimation 149
Estimation Error 230
Estimator 115
Evaluation 40
Event 49, 50
Execution 5
Experiment 33
Exploratory 15

## (F)

Finite 29, 35
First-time Yield 82
Flow Chart 8
Frequency 65

## (G)

Gage 28
General Linear Model 256

## (H)

Half-width 230
Heterogeneous Variances 167
Histogram 13, 93, 255
Homogeneous Variances 167
Hypotheses 194
Hypotheses Testing 21, 149, 194
Hypothesis 15

## (I)

Improvement 40
Independence 166
Index 41
Interaction 7, 40
Interval 149
Interval Estimation 21, 159
Interval Scale 29
Inverse Cumulative
Inverse Cumulative

## (L)

Linear Combination 117
Linearity 31, 117
Location 60, 95, 100
Logical Structuring 52
Logistic 256
Lower Limit 160

## (M)

Management 40
Marginal Plot 255
Matrix Plot 255
Mean 66, 69, 115
Mean Count 115

Measurement 27
Measurement Error 151
Measurement Scale 28
Measurement System 27
MECE 51
Minimum Variance 118
Monte Carlo Simulation 77
Mutually Exclusive 51

## (N)

Nominal Scale 29
Nonparametric 41
Normal Distribution 98
Null Hypothesis 195

## (O)

One-sided 196
Opportunity 82
Ordering 92
Ordinal Scale 29
Outcome 49
Outlier 41
Over Application 258

## (P)

Paired 166
Parameter 18, 65
Percentage 82
Percentile 134
Pie Chart 255
Point 149
Pooled Sample Variance 170
Population 17
Power Curve 202
Power of Test 202
Power Transformation 44
Precision 32
Probability 134, 140, 146
Probability Density 96
Probability Distribution 13, 36, 57
Probability Plot 255
Process 7
Process Mapping 8
Proportion 35, 115, 183
Prospective 247
p-value 199

## (R)

Random Variable 55
Range 77
Ratio 29, 183
Ratio Scale 30
Regression Analysis 256
Rejection Region 199
Relative Frequency 53
Repeatability 32
Reproducibility 32
Retrospective 247

## (S)

sample 18
Sample Mean 120
Sample Space 49

Sample Variance 125
Sample Variation 151
Sampling Distribution 21, 119
Sampling Error 21, 119, 149, 152
Satterthwaite 172
Scale 60, 95, 100
Scatter Plot 255
Shape 60, 95, 100
Significant Level 197
Significant Probability 199
SIPOC 7
Stability 32
Standard Deviation 66, 115, 130
Standard Error 124, 160
Standard Normal Distribution 102
Standardization 42, 101
Statistic 3, 115
statistic 19
Statistical 52, 53
Statistical Hypotheses 194
Statistical Inference 116, 149
Statistics 5
Strategy 5
Subjective 52
Sum 117
Sum of Squares 125
Symmetric 99

## (T)

Tactics 5
Terminology 17
Test Statistic 197
The Law of Large Numbers 54
Transformation 44
Trial 49
Truth 18
Two-sided 196
Type I Error 197
Type II Error 197

## (U)

Unbiased Variance 129
Unbiasedness 117
Uncertainty 49
Unit 28, 75, 81
Upper Limit 160
Upper-level Process Map 7

## (V)

Validity 31, 151
Variable 13
Variance 66, 69, 115
Variation 13
Verify 153
Voice of Process 34
VOP 38

## (W)

Wrong Application 258

## (Y)

Yield 82

## 저자 약력

### 고승곤

(현) 가천대학교 응용통계학과 교수

(미) Iowa State University, 통계학 박사

**(주요 경력)**

LG전자 및 계열사 식스시그마 자문교수, 1999-2007, 2011년-현재

기술신용보증기금 기술 자문위원, 2002-2004

한국통계학회 공업통계연구회 총무, 2002-2004

품질경영학회 식스시그마 연구회 총무, 2004-2006

보건복지부 자문위원, 2000-2004, 2008-2012

미국 Rutgers University 교환교수, 2005-2006

신한은행 경영혁신 자문교수, 2008-2009

한국전력 경영선진화 자문교수, 2010-2012

하이닉스 반도체 경영혁신 자문교수, 2011-2012

**(주요 저서)**

새 일반통계학, 교우사, 고승곤외 2명, 1998

마케팅 조사방법론, 율곡출판사, 고승곤외 2명, 2000

엑스 이노베이션, 엘빅미디어, 고승곤외 1명, 2011

액션 리더, 엘빅미디어, 고승곤외 1명, 2012

원리와 실무 중심의 **통계적 사고 방법**

2014년 12월 26일 초판 발행
2023년 6월 15일 초판 2쇄 발행

저 자 / 고승곤
발행자 / 오판근
발행처 / 교우사

주 소 / 서울특별시 동대문구 약령시로 8 교우빌딩 2층
전 화 / 925-2861(代), 편집부 / 925-2825, 홈쇼핑 / 969-5762
팩 스 / 070-7966-8610

E-mail / kyowoo@kyowoo.co.kr
http://www.kyowoo.co.kr

등록 / 1994. 3. 24 제6-0256호

ISBN 979-11-251-0074-4 (93310)

값 30,000 원